过程咨询 III

建立协助关系

沙因 作品
Edgar H. Schein

[美]埃德加·沙因 著　葛嘉 朱翔 译

PROCESS CONSULTATION REVISITED
Building the Helping Relationship

中国人民大学出版社
·北京·

序言

艾迪生-韦斯利出版公司推出的一系列关于组织发展（organization development，OD）的丛书起源于 20 世纪 60 年代后期。当时，我们的一些同事意识到正在快速发展的 OD 领域并没有得到很好的理解和明确定义，同时我们也发现关于 OD 的学术理论尚未出现。因此，虽然我们暂时还无法写出一本关于 OD 理论和实践的教科书，但我们可以记录 OD 标签下各位实践者所做的具体工作。于是，我们开启了"作为一个持续发展的企业，什么才是核心"这一主题讨论并最初推出了六本书，让不同的作者能够各抒己见，而不是生硬总结和概括这个快速发展且高度多样化的领域。

20 世纪 80 年代早期，OD 快速发展，几乎渗透到了每一个组织领域和互动技术中。当时，许多教科书试图抓取这一领域的核心概念，然而我们认为多样性和创新才是 OD 的重要特性，因此，我们的 OD 系列丛书已经扩展到了 19 本。

随着进入 20 世纪 90 年代，我们开始看到 OD 的基础假设出现了一些真正的趋同。当我们观察到在不同类型的组织和职业社区中，不同的专业人员如何应对他们所面对的案例时，我们发现离形成统一的组织发展模式还有很长的路要走。然而有一些通用的前提假设开始浮出水面；我们看到了一些有效和无效的模式，这些模式也越来越清晰。我们还发现OD领域与其他组织科学与学科，诸如信息技术、沟通理论和组织理论等，存在着越来越多的联系。

20世纪90年代早期，我们在OD系列中新加入了若干新课题来描绘新的重要场景：丹·切帕（Dan Ciampa）的《全面质量管理》说明了员工参与持续改善的重要性；R. 约翰逊（R. Johansen）等人的《领导业务团队》在如何利用电子信息工具提升团队合作方面做出了重要探索；谢霍坚（Dean Tjosvold）的《组织中的积极冲突》展示了如何对冲突进行有效管理，并使之转化为建设性行为；拉里·赫希霍恩（Larry Hirschhorn）的《如何管理新团队》为我们开辟了认知群体心理动力学的新途径。

20世纪90年代中期，我们继续对组织发展新兴主题进行探索，我们新出版了3本书，并对4本书进行了改版修订。沃纳·伯克（Warner Burke）在《组织发展》一书中成功涉足了更加与时俱进和充实的新领域；杰伊·R. 加尔布雷斯（Jay R. Galbraith）通过新出版的《与灵活的横向组织竞争》更新并强化了他关于信息管理如何成为组织设计核心的经典理论；戴尔（William G. Dyer & Jeffrey H. Dyer）将《团队建设》更新到了第三版；此外，拉什福德（Nicholas S. Rashford）和大卫·科格伦（David Coghlan）在《组织动力层次》一书中，将组织复杂度这一重要概念作为组织干预理论的基础进行了介绍；沃纳·P. 伍德沃斯（Warner P. Woodworth）和克里斯托弗·米克（Christopher Meek）则带我们认识到了在生产力问题成为全球竞争力关键的背景下，OD如何在劳动关系领域发挥日益重要的作用；在《综合战略转型》

一书中，克里斯托弗·G.沃利（Christopher G. Worley）、戴维·E.海池因（David E. Hitchin）和沃尔特·L.罗斯（Worley H. Ross）通过对OD角色在战略规划和实施的每一个阶段发挥的重要作用的审视，强有力地揭示了OD领域为何必须有效与战略紧密结合起来；最后，克瑞斯·阿吉里斯（Chris Argyris）和唐纳德·A.肖恩（Donald A. Schön）在他们的经典著作《组织学习Ⅱ：理论、方法和实践》的新版本中提供了组织学习的重要链接。

现在，随着我们继续深入思考OD领域在21世纪的重要意义，我们又加入了几个新的主题，反映出OD的原始概念与这些概念的更加广泛的应用之间不断增长的联系。鲁珀特·F.奇索姆（Rupert F. Chisholm）在所著《发展网络组织：从实践和理论中学习》中，探索并说明了OD与建立社区网络之间的联系；而金·S.卡梅隆（Kim S. Cameron）和罗伯特·E.奎因（Robert E. Quinn）在他们的新书《组织文化诊断与变革》中，阐述了如何理解文化的核心概念以及这个概念与实践者关联起来的相关技术，并建立了模型。

最后，过程咨询这一主题仍然是OD的核心，我们发现它在各种帮助场景之下都持续发挥作用。在《过程咨询Ⅲ：建立协助关系》一书中，沙因将过程咨询聚焦成了为客户提供帮助的通用模型，从而对过程咨询这一概念进行了全面修订与更新。他的新作不仅包含了前作的全部精华，还增加了许多新的理念和案例。

理查德·贝克哈德

埃德加·沙因

前言

我最初在1969年开始撰写《过程咨询》一书是源于一种挫败感：我的同事并不能理解我在组织中与客户合作时所做的事情。时至今日，我依然感到十分挫败，原因在于我的同事和我所接触的管理者仍然不能理解过程咨询的本质。它并不像人们一直以来所误解的，是一种在群体合作中使用的技术或干预措施。过程咨询并不是一个岗位或职能，它也不仅仅是一个应用于组织环境中的非指导式咨询理论模型，而是一种"提供帮助"的理念，同时也包括如何提供帮助的工具方法论。

在我们生活的各个场景中，我们的朋友、配偶、孩子、同事、领导、下属甚至陌生人都需要帮助。一旦我们意识到自身需要帮助或者我们被明确地请求帮助时，就会涉及过程咨询的理念。然而，正如所有提供专业服务的人员所学到的那样，提供帮助并不简单。让一个人承认自己需要帮助很难，提供帮助时让人愿意接受同样很难。因此，为了更好地理解过程咨询，我们需要聚焦于"帮助关系"中的动力系统，了解和掌握更多心理学与社会学的知识。

在本书的早期版本中，我想当然地认为我的读者对于提供和接受帮助的理解甚深，然而我发现即使是我的学生、客户和同事，在这个领域也存在相当多的不足。在过往40年中尝试提供帮助的经验让我对"帮助"这一过程本身产生了很多新的观点。因此，当我开始进行本次修订时，我没有写作现有的两册书的新版，而是特别撰写了一册有关创建更通用的帮助关系的新书。虽然本书中的很多材料来自前两册，但内容框架已被我完全调整，为组织变革、学习、领导力、群体动力和其他与组织发展相关的后续主题的进一步延伸提供了空间。在这本书中，我更加关注咨询顾问和客户在一对一或小组环境中的关系。我的最终目的是为各种帮助行为提供一个通用的，而非企业咨询顾问专用的模型。医生、社会工作者、高中教师、教练、父母、朋友、管理者以及任何希望给人提供帮助的人都能够有一套行之有效的理念、准则和指导方针。

当某人需要并请求帮助时，在施助者与求助者之间会出现一个障碍，原因是施助者会不自觉地进入一个"专家"的角色定位。潜在的原因是我们通常认为施助者拥有一些求助者所缺乏和需要的东西，而且施助者有权决定是否提供帮助。这不仅使得施助者更容易将自己视为专家，还会让施助者处于双方关系中更主导、更权威的位置。如果确实要提供帮助，就要理解、评估和应对在双方关系建立之初便存在的这种心理动力上的失衡。

与此同时，在协助过程中，诸如请求帮助、接受帮助、提供帮助这些行为也受到当地文化传统的影响。尤其是在当地文化传统相对不那么坦率和开放的情况下，理解社会因素对帮助关系的影响尤为必要。在本书中，我将基于我自己的工作背景提供多个学科视角——包括临床和社会心理学，以及社会学和人类学——的综合观点。

　　换言之，在本书中，我将基于对心理动力学和社会动力学的理解，探索出一种通用理论和方法论。本书中呈现的理论框架基于我个人40多年来处理各类帮助情境的经验。我很希望这些理论和方法能够为读者带来帮助。

埃德加·沙因

致谢

这些年来，很多人对我的思想产生了影响，其中最重要的是道格拉斯·麦格雷戈（Douglas McGregor）、亚历克斯·贝沃勒斯（Alex Bavelas）和理查德·贝克哈德（Richard Beckhard）。麦格雷戈和贝沃勒斯在我1952年首次参加学术研讨会时都在麻省理工学院（MIT）任教。当我1956年作为助理教授回到那里时，他们担任了我的导师。我在1957年遇到了贝克哈德，并与他展开了密切的合作，起初在伯特利大学，后来在MIT——那时，他成了MIT的客座教授。沃伦·本尼斯（Warren Bennis）在1958年加入了我在MIT的小组，成了我的同事和合作伙伴。我从这些导师和同事身上学到最多的是：对所有人来说，最好不要对他人发号施令，应该做的是帮助他人发现他们需要的东西，然后帮助和引导他们去追求和实现。我们永远无法真正控制他人的动机、态度和思想，但如果能够了解他人的需求，那么我们至少能够尝试协调和适应，甚至或许可以将双方的需求结合起来。

贝沃勒斯的一段轶事让我始终印象深刻。20世纪50年代他在MIT任教时，他在给学生上的第一节课上宣布："我是亚历克斯·贝沃勒斯，我的办公室就在楼下大厅。等你们想明白你们想在这门课里学到什么的时候再来找我。"然后，他就走出了教室，直到一些学生代表去找他时他才再次出现。经过几个星期的磨合，学生们发现他是认真的。因此，学生们努力发掘出了他们自身想学的东西，并在这个学期的剩余时间中与教授充分互动，收到了极好的效果。这个故事有效地印证了库尔特·勒温（Kurt Lewin）和卡尔·罗杰斯（Carl Rogers）的学习理论：学习者必须参与到学习过程中（而非被动接受），只有自己想学才能教得会。这一理念也成了我担任组织咨询顾问的座右铭。我尤其要向迪克·贝克哈德（Dick Beckhard）表达谢意，因为他不仅让我更好地领悟了这一理念，还在实践中无数次向我展示如何将其落地执行。

我从贝克哈德身上学到的另一个理念是：所谓管理事务，主要就是设计和管理过程。组织咨询顾问作为施助者，真正要做的是成为设计和管理过程——尤其是设计部分——的专家。在伯特利大学工作的15年里，我掌握了如何设计为期1周、2周、3周的人际关系主题研讨会和工作坊。在我的咨询项目中，我学会了如何设计让客户反思的干预方式和工作坊，而在我的教学中，我掌握了如何设计体验式学习和小组互动。设计能力是管理者、教师和咨询顾问必须掌握的核心能力，贝克哈德因当过导演而很自然地掌握了这一能力。在通过设计获得正确结果这一理念上，他比其他任何人对我影响都大。值得庆祝的是，他最终也完成了自己的著作《变革先锋》（*Agent of Change*，1997），大家也能从他的智慧中获益良多。

当我开始重新思考和改版本书时，我得到了一位卓越同事的帮助，他就是我们专业的年轻学者奥托·夏默（Otto Scharmer）。他对过程咨询很感兴趣，他和他的妻子卡特琳（Katrin，同样也是一位才华横溢的社会科学家）在我撰写的过程中对我所完成章节进行了试读，并给出了详细的反馈建议。我非常感谢他们的帮助，他们的很多想法也被我融入了此书。

我的审稿人沃纳·伯克（Warner Burke）、迈克尔·布里姆（Michael Brimm）和迪克·贝克哈德都向我提供了宝贵建议和鼓励。我的另一位朋友兼同事，都柏林大学的教授大卫·科格伦也阅读了手稿，并提出了很多有价值的建议。他在他的著作《组织动力层次》（The Dynamics of Organizational Levels，1994）和《新时代教徒生活》（Renewing Apostolic Religious Life，1997）中展现了他在过程咨询和组织发展领域的开创性工作，从而让这些思想进一步发扬光大。

关于学习这个主题，我和我的朋友兼同事唐·迈克尔（Don Michael）相互探讨了将近50年。早在组织发展及其关系这一领域为世人所认知和理解之前，他就对此展开了深入的研究（《学习计划与计划学习》，Learning to Plan and Planning to Learn，1997）。

多年来，我的客户教会了我很多，其中有几位尤其使我受益匪浅：通用食品公司的贝蒂·杜瓦尔（Betty Duval），数字设备公司的肯·奥尔森（Ken Olsen），汽巴嘉基公司的朱·莱博尔德（Jurg Leupold），以及近期爱迪生联合电气公司的彼得·拉纳罕（Peter Lanahan）和阿莫科公司的劳拉·雷克（Laura Lake）。与他们交流并为他们的公司设计面向未来的学习体验方案一直都是我自我学习的重要来源。

完成一本书真的耗时耗力，在此我要特别感谢我的妻子玛丽（Mary），我因思考写作问题而常常神游物外，感谢她对此的默默忍耐。没有她的支持，我不可能完成本书。

埃德加·沙因

目录

第一部分 定义过程咨询

第一章 何为过程咨询 / 004

咨询模型及其默认假设 / 007

过程咨询的定义 / 023

小结 / 025

案例 / 027

结语：定义顾问角色的复杂性 / 036

第二章 协助关系中的心理动力学 / 038

协助关系最初阶段的不平等状态 / 039

协助关系中潜在的心理定位与状态调整 / 046

通过彼此认可建立协助关系 / 048

结语与练习 / 051

第三章 建立平等关系的要诀：主动探询与认真倾听 / 054

主动探询的提问类型 / 058

建设性地寻找干预机会 / 063

选择时机的要素 / 066

感知对等的关系 / 070

欣赏式探询的概念 / 073

结语、案例与练习 / 077

第四章 关于"客户"的概念 / 085

客户的基本类型 / 086

不同层次的客户角色 / 087

联系客户与中间客户的问题 / 092

主要客户的问题 / 096

不知情客户与最终客户的问题 / 100

客户作为变革对象的情况和相关的"非客户"的影响 / 102

结语、案例与练习 / 105

第二部分 解密高效咨询背后的驱动因素和影响过程

第五章 内在心理过程：ORJI / 114

观察（O）/ 115

情绪反应（R）/ 116

判断（J）/ 118

干预（I）/ 118

更具象化的 ORJI 循环 / 122

如何避免咨询陷阱 / 124

结语、案例与练习 / 129

第六章　交际动因：互动与沟通中的文化规则 / 133

沟通的功能 / 133

语言的作用 / 136

当面沟通中的文化规则 / 137

社会公正：沟通必须平等 / 138

人生如戏 / 140

人之神性：脸面 / 142

初始预判的强化循环过程 / 155

结语与练习 / 157

第三部分　学习中的干预

第七章　沟通与计划反馈 / 163

沟通层次 / 164

互动的沟通效果 / 168

计划反馈：精心设计的学习过程 / 169

为计划反馈创造条件 / 171

计划反馈的原则 / 173

结语、案例与练习 / 182

第八章　引导式过程干预：团队任务过程　/　188

什么是过程　/　189
团队决策制定与团队问题解决　/　196
结语　/　218

第九章　引导式过程干预：人际互动过程　/　220

建立并维系团队的过程　/　221
团队成熟度　/　243
干预任务还是人际关系　/　244
结语、案例与练习　/　246

第十章　引导式过程干预：对话　/　254

对话与敏感性训练　/　256
结语、案例与练习　/　268

第四部分　实践中的过程咨询

第十一章　实践中的咨询　/　277

初次接触、进入组织　/　278
界定关系：探索性会议　/　279
场景设置与工作方法　/　283
心理契约　/　293
结语　/　299

第十二章 正确对待过程咨询和协助关系 / 301

过程咨询的精髓——十项基本原则 / 302
我们能否将干预分类 / 304
显性知识、训练技能、隐性技术 / 305
结语 / 307

01
第一部分

定义过程咨询

在本书的这一部分中，我们定义了过程咨询的基本概念，并将其与其他主流咨询概念进行了比较。过程咨询既是一种哲学理念，也是一种关于对个人、团队、组织和社群实施协助过程的态度，不能简单地将它与其他一系列技术相提并论。过程咨询是组织学习和发展的关键哲学理论基础，因为咨询顾问在帮助组织时所做的大部分工作基于这样一个中心假设：人们只能帮助自助者。为了能够就组织成员应该如何解决问题而提出具体建议，顾问需要了解组织的特定情境和文化，然而这项工作是永远无法做到完美的。

除此之外，只有顾问和客户建立起有效的协助关系，他们才能共同诊断情况并制定恰当的应对措施。因此，过程咨询的最终目标就是建立起有效的协助关系。施助者／顾问需要知道自己需要具备什么样的技能，应该保持什么样的态度以建立和维系有效的协助关系，以及应该如何实施这种理念是本书最主要的关注点。

建立和维护协助关系的这种能力在社交的各种场景中都非常实用。这种协助关系对于治疗、心理辅导以及各种形式的咨询服务至关重要，而且它不仅限于以帮助为目的的关系，成为一个有效的施助者同样适用于配偶、朋友、同事之间，上级与下属之间，父母与子女之间，教师与学生之间。有时候求助是一个明确的要求，有时候我们会接收到一个隐晦的要求，而有时候我们感觉到对方需要帮助，即使对方自身都还没有觉察到。当被求助或意识到对方需要帮助时，能够快速响应、快速胜任施助者这一角色，是成为一个机敏、有担当的人的核心要素。因此，过程咨询的理念和方法是所有人际关系的核心，而并非仅限于施助者和客户的关系。

在思考以下概念时，读者应该结合自身在家庭和工作中的日常生活情境来思考。我发现我对帮助人际关系最深刻的见解正是来自家庭和交友情境，而并非来自组织中的正式咨询情境。同时我也发现，当我处于正式的"帮助"情境中时，我可能会偏执地过多关注于"技术"或"方法"，而非关注与现实生活中的人们建立各种互动关系。正如艺术家必须在创作之前先学会观察一样，施助者需要学会发现当使帮助变得可能的人际关系正在发生时发生了些什么。

在接下来的章节中,我将帮助读者更加清晰地认知概念,并提供一些思考问题的简单模型。

第一章提供了一些基本定义,并对比了三种截然不同的咨询／帮助角色。

第二章透过表象深入挖掘,阐明了施助者与受助者之间的心理动力学问题。

第三章讨论了这些心理动力学问题在关系建立过程中的影响,并介绍了"主动探询"的概念。

在第四章中,我们讨论了"客户"这一概念,并识别了各种情境(尤其是组织或社群咨询服务情境)下的客户类型。

然后在第二部分中,我们将开始研究一些概念,并将模型逐步简化,以帮助顾问和读者了解在咨询过程中将遇到的各种现实情况。

基于我经历过的各种需要帮助的不同情境,我归纳了一些基本普适的原则,我会在各章节中阐述并标注出来,帮助大家了解其重要性,并让大家像施助者一样思考。

第一章
何为过程咨询

本书旨在解释协助关系中所涉及的心理和社交过程。无论是治疗师帮助患者，还是父母帮助孩子，或是朋友之间相互协助，又或是组织咨询顾问与企业管理人员协作以改善组织的某些方面，都蕴含着同样的基本驱动力。在施助者与接受帮助的人或群体之间产生的互动就是我所说的过程咨询（process consultation，PC）。

这个概念的重点在于"过程"，我认为，事情在人们或群体之间演绎的过程，相对于事情的最终结果更加重要。人们表达的方式，也就是"过程"，往往比人们所表达的具体内容更能清晰地传达出真实意图。然而，我们往往不太熟悉这个过程。我们在对过程思考、观察过程执行情况、设计可以实现我们意图的过程等方面都需要增强技能。事实上，我们有时会错误地设计或介入过程，反而不利于实现我们想要实现的目标。因此，了解个体、群体、组织和社群互动的过程，对于改善其运作方式至关重要。

下面，我将阐述什么是过程咨询，以及它在日常生活、组织发展、组织变革和组织学习中所发挥的作用。只要是"咨询"，就意味着一方对另一方的帮助。因此，对过程咨询分析的核心是破解人际互动场景中哪些行为能够起到积极作用，哪些不能。同时，我认为过程咨询是任何组织发展和组织学习活动的核心，无论是在起始阶段还是贯穿过程始终。虽然组织发展项目通常是具有组织整体性的项目，但实施活动往往由顾问和某些个体或团队共同组织展开。这些实施活动展开的方式正体现出过程咨询的基础假设。近年来，人们对组织学习和组织变革愈发关注，这也要求我们建立起"协助关系"的模型和理论，并揭示过程咨询是如何与这一系列组织活动产生关联的。然而，组织发展依旧是我们研究的焦点，因为在我看来，组织发展是融合学习与变革的整体过程。

对于任何组织改善项目来说，其核心都是创建出让学习和变革能够产生的情境，并让个体和团队参与其中。那么，咨询顾问应该如何做好学习和变革的准备工作呢？顾问应该如何在促进学习和变革方面发挥教师、培训师、教练、导师[①]的作用呢？当关键人员过于焦虑而可能影响到整体项目的成功时，顾问又应该如何有效应对呢？

每次我回答这样类似的问题的时候，我想告诉大家的是顾问在当时选择了什么样的咨询模式，是影响咨询实际结果是否有效的关键差

---

① 教师是单向输出知识；培训师是双向沟通，将知识转化为可传输信息，受训者接收信息并转化为自身的知识；教练是提出问题，促进学员反思并激发行动；导师是以师带徒形式出现，解答学员疑惑，帮助学员解决问题。——译者

异点。咨询顾问必须非常清晰地知道以下三种模式的区别：

（1）作为专家给出建议，告诉客户应该做什么。

（2）推荐认为合理的方案或有用的工具。

（3）让客户参与一个最终被双方都认可（对客户最终有帮助）的过程。

正如我们所见，这三种咨询模式的差异是因为对"帮助"的定义存在着本质的不同，而定义的不同又源于对现实本质和帮助性质的不同默认假设。

近年来，咨询行业发展迅速，然而对于咨询顾问这一岗位依然没有清晰定义：他们究竟为组织做了哪些工作？他们的工作是如何完成的？他们提供的服务基于什么样的默认假设？一般而言，组织咨询顾问通常认为自己的工作内容是：提供信息，使用专业的诊断工具分析信息，界定并分析复杂问题，提供解决问题的建议方案，帮助管理者推进复杂或有阻力的决议，给予管理者支持和心理疏导，或是以上工作的组合。

许多咨询过程的分析人员都认为，只有当客户准确地知道他们所需要的东西是什么，而咨询顾问恰好能给出对应的专业建议时，咨询项目才能获得成功。在这样的模式下，一旦客户对咨询结果表示不满，客户就会被指责没有说清需求，或是缺少执行力来完整执行顾问的建议。然而，在我的经验中，寻求帮助的人往往并不知道他们缺少了什么，而且实际上我们也不应该要求他们知道。客户只需要知道某个地方出了问题或某些要求没有达到，并就此寻求帮助即可。而任何咨询项目都必须包含的内容之一就是帮助客户找出问题，而且也只有当这个步骤完成之后，才能进一步了解客户的需求。组织中的管理者常常能够感觉到哪里不够完善或哪里可以提升，但他们缺少工具将模糊的感觉转化为清晰的见解，从而引致具体的行动。

我所要详细阐述的咨询模式和上文所述的那种情况特别匹配。在过程咨询模式下工作的咨询顾问并不会假设组织的管理者知道问题所在，或是自身需要什么帮助，又或是顾问应该做什么。让这个过程建设性地开始的唯一要求就是有人希望改变现状并愿意寻求帮助。然后，客户会通过过程咨询的帮助，确定诊断步骤、制定行动计划和推进变革，最终改善现状。

咨询模型及其默认假设

咨询和帮助过程可以依据影响因素所基于的默认假设进行划分，这些影响因素包括：客户、帮助的性质、咨询顾问的角色，以及实际情境中客户与顾问之间的运作机制等。

下面即将说明的三个基本模型便可以看作三种不同的顾问工作模式，它们也是根据顾问在协助客户时所扮演的三种不同角色来定义的。这些模型的不同之处同样体现于生活情境中，譬如我们的孩子、配偶或朋友寻求我们的帮助时。之所以要清晰地区分三种模型，是因为我们需要根据不同的情境、扮演的角色来选择有效的方式，然而这三种模型的共同之处是都将帮助作为咨询服务的主要功能。"帮助"这一概念既是过程咨询的核心，也是人际交往中的首要原则。

> **原则 1：始终尽力提供有效帮助。**
>
> 咨询就是提供帮助。因此很显然，如果没有帮助他人的意图或不致力于此，帮助关系就根本无法建立。所以每一次与客户的接触都应该尽量提供有效帮助。

这三种模型基于对帮助性质的三种不同假设，带来的结果也不尽相同。在每一个寻求或提供帮助的场景中，我们都必须弄清实际情况，并选择相应的帮助模型与之匹配。因为我们不能同时选择三种模型，所以必须根据特定现实场景，有意识地切换自我角色定位和使用模型。这种意识的养成有赖于我们对现实场景的解读和应对经验。我所谓的"现实"，是指了解当时场景的本质，了解自身内心的想法，也了解他人内心的想法。如果我们仅凭着一厢情愿、心怀成见，或仅仅基于过去的经验进行预测、期望、事前计划，而非基于实际情况，就很难做出明智的选择。

这种"现实"的概念也建立在一个认识论的假设上，即社会文化和个体思想创造了我们赖以生存的外在现实，因此顾问和求助者都处于一个共同解读正在发生的事情的永恒过程中。单凭顾问或单凭求助者本人，都无法准确定义那个客观存在于他们自身人际关系和文化背景之外的外在现实，但他们结合起来，就可以通过分享假设和认知来探寻现实，寻找最好的解决方案，按照求助者的期望来改善现状。因此指导施助者/顾问的第二条基本原则就是：永远从当前现实出发。

> **原则 2：永远从当前现实出发。**
>
> 如果不了解自身和客户系统内发生的真实情况，就无法提供有效的帮助。因此每一次与客户系统内的人员接触时，都要努力收集客户系统当下情况、客户与顾问关系的诊断信息。

模型 1：专家模型

专家模型或称信息/专业技能采购模型，是指客户从顾问处购买了一些自己所不具备的信息或服务。买方（通常是组织中的某位团队管理者或代表）提出了某种需求，并认为所在的组织既没有资源也没有时间来满足这个需求。因此，他会求助于顾问以获得信息或服务。譬如，管理者可能希望获得特定消费群体对某产品的感受，或者某个部门的雇员对某项人事新政策的感受，又或者某个部门的员工士气状态，于是他聘请了顾问通过访谈或问卷的方式进行调研，并对调研数据进行分析。

管理者可能还想了解如何管理某个团队，他也许需要通过顾问来了解其他公司如何对此类团队进行管理。例如，如何在当前的信息技术条件下管理财务和审计部门。又或者，管理者希望了解竞争对手公司的特定事项，譬如它们的营销策略，它们的制造成本和定价策略，它们如何组织研发，某个工厂的员工数量，等等。然后，他将聘请顾问去研究竞争对手公司的情况，并获得他想要的信息数据。在上述的所有情况之中，管理者都非常清楚自己需要什么样的信息和服务，并且了解该顾问可以满足。

因此，专家模型能否奏效的关键在于：

（1）管理者能否找到自身的准确需求。

（2）管理者能否将自身需求准确传达给顾问。

（3）管理者能否精准评估顾问提供信息和服务的能力。

（4）管理者是否妥善考虑过聘请顾问收集信息的结果，是否考虑过采纳信息或顾问所推荐方案的实施结果。

（5）是否存在可供学习或研究（以为己所用）的外部资源。

使专家模型能够奏效的上述条件满足了几条呢？只要思考一下这个问题，就不难解释为什么客户对顾问常常表示不满，为什么顾问的建议方案很少被贯彻落实。还应注意的是，在这个模型中，客户将自身权力完全转交给了顾问，由顾问代表客户来主导问题的分析和解决，或者提供相关信息或专业知识。一旦委托完成，客户就只能依赖顾问所给出的建议。然而，最初始状态对顾问的依赖性，以及自身（因转交权力）产生的有意识或无意识的不安，正是客户在后期阶段对顾问产生抵触心理的大部分原因。

在这个模型中，顾问也很有可能被诱惑去向客户兜售自身所了解、所擅长的东西——当你有一把锤子时，整个世界看起来就像一堆钉子。从这一点来说，客户实际上很容易被误导，因为对于哪些信息和服务实际上是有用的，他们并不清楚。与此同时，这里还有另一个微妙的情况，当"外部"的信息和知识被引入客户内部系统时，客户就会开始研究和利用这些信息和知识。例如，企业组织经常会购买调研服务，以了解其雇员对于某个问题的反馈，甚至对组织文化进行诊断。当大量由"专家"提供的量化数据被反馈回来时，我注意到管理者往往过于关注某些具体数字，如"62%"的员工认为该组织的职业发展规划做得很差，并希望能够由此挖掘现实。然而问题在于：抽样是否合理？问卷设计是否科学？对"职业"和"发展"的准确定义是什么？相对外部（行业）来说，62%的结果到底是好还是坏？甚至，员工在填写问卷时他们在考虑什么？以上一系列问题揭示出，在这样的情境中，"现实"是一个难以捉摸的概念。

过程咨询路径。相比之下，过程咨询模型从最初的共同诊断阶段开始，就让客户和顾问共同参与进来。这代表在双方刚接触时，无论是顾问还是客户都无法对所处情境做出准确、专业的评价。顾问会更加愿意与并没有明确界定目标或问题的个人客户或组织打交道，因为在这样的环境中，只要能够准确定义对整体绩效产生关键影响的流程，任何个人、团队或组织都可以对其过程加以改进，从而变得更加有效。没有哪个组织的架构和流程是完美的，每个组织都有其优势和劣势。因此，管理者不应该因为绩效和士气没有达到期望，觉得组织存在问题就直接采取行动或寻求特定的帮助，而应该先清晰地了解当前组织架构和流程的优缺点。

过程咨询的主要目的就是帮助管理者诊断出问题所在，并由此制定有效的行动计划。达到这个目标的潜在前提是客户和咨询顾问双方都应该掌握权力，且都必须对获得（对问题的）见解和推进行动计划担责。从过程咨询的角度来看，顾问不能简单地把客户的问题揽到自己身上，而应该认识到最终是客户的问题而不是顾问自己的问题。顾问能做的就是给客户提供自行解决问题所需要的一切帮助。

客户和咨询顾问共同诊断问题，并制定行动计划非常有必要。这是因为顾问很少能对某个特定组织有充分详尽的了解，所以他也不太可能知道什么样的方案甚至信息能够对组织起到更好的帮助作用——组织内的成员有着自身的传统、价值观和共同的默认假设（这些往往是由组织文化、关键领导者和成员的行事风格与个性决定的），并遵循这些来感知、思考和回应信息。顾问能做的，是帮助客户成为一名合格的"诊断医生"，通过学会如何更好地管理组织过程，从而自己解决问题。一旦组织学会了自己解决问题，那么问题解决得不仅更有效率，也更加彻底。因此，顾问应该教给客户诊断问题和解决问题的技巧，顾问即使确信自己掌握了全部所需信息并具备相应专业知识，也不要试图自己去解决问题。顾问应该始终关注与客户一起诊断所揭示的现实，而不要相信自己先入为主的主观判断。

当我们面临其他寻求帮助的场景时，我们同样需要在专家模型和过程咨询模型中进行选择。当我的孩子来问我数学题时，当我的学生来请教我某个管理问题时，当陌生人在街头向我问路时，当我的朋友让我推荐电影时，当我的妻子让我帮她挑选晚宴礼服时，我必须第一时间思考他们真正的需要，想想在当下的场景中我给出什么样的反馈才最有帮助。

最简单的方式当然是以专家模型应对，利用自己的所学所知即可回答问题。但是直接给出答案往往会忽略请求背后的深层含义。也许孩子想让我多陪他一会儿，而他只能想到用数学题来引起我的注意；也许学生有个更深奥的问题但又不敢问；也许陌生人所询问的地址并不是他正确的目的地（而他自己尚未发现）；也许朋友是想问问我是不是愿意和他一起去看电影；也许妻子想表达的是让我给她的穿着打扮提提建议，或是想告诉我她其实并不愿意去参加晚宴。

在这样的情况下，直接给出问题答案的风险在于可能会让对话终止，而那些问题背后隐藏的真实含义将没有机会浮出水面。如果我想要帮助对方，就应该询问对方，了解对方到底需要哪些帮助，而这恰恰就是过程咨询的开始。只有与对方共同探寻、了解情况之后，我才能确定我自身的知识和获取的信息是否能够给予对方帮助。我们可以初步得出结论：过程咨询模型适用于任何协助过程（的初始阶段），因为只有过程咨询模型才能了解当下的真实情境以及求助者需要什么样的帮助。

现实情况是，在任何协助关系的初始阶段，施助者都不知道对方的真实需求。而正是这种"不了解"的状态，才决定了对顾问来说最重要的是问什么样的问题、给出什么样的建议、下一步应该做什么。顾问必须能够发现自身的信息盲区，因为我们的思维中充斥着偏见、防御、默认假设、猜测、刻板印象和期望，所以这个过程需要跳出自我，积极探寻。这个过程可能很难，因为我们既要克服偏见，又要打破感性防御。至此，我们引入协助关系中的第三条基本原则。当意识到自身的认知盲区时，我们可以和客户一起进行真正的分享和探寻。

而一旦信息盲区被消除，就可以揭示出更多的现实，从而能够更加准确地定义客户所需要的帮助。

> **原则 3：探索未知信息。**
>
> 想要更好地了解自我，必须分清三个概念：我已知的信息、我认为我已知的信息、我未知的信息。如果我没有了解我未知的信息，而且不去探求询问，我就没有办法认清当前的现实。

模型 2：医患关系模型

另一种常见的咨询模型是医患关系模型。组织中的某位或多位管理者决定聘请顾问对组织进行检查，以发现是否存在组织的一部分无法正常运转或是需要引起注意的情况。管理者虽然可以发现运转不良的结果症状，如销售额下降、客户投诉增加或出现质量问题，但无法诊断出导致这些症状的"病因"。因此他们聘请顾问，希望顾问对组织进行诊断，然后像医生一样给出一个治疗方案或改善措施。还有一种情况是，管理者发现其他公司实施了新的变革项目，如全面质量管理、流程再造或阿米巴工作组，他们认为他们的组织也应该尝试类似的变革项目以促进组织健康发展，因此他们聘请顾问来推动和管理该项目。在医患关系模型中，客户认为顾问的专业水平和责任心足以运作该项目，并能够根据组织的需要，把控项目进度。

要注意，医患关系模型从诊断问题到给出解决方案再到最终方案的推动执行，赋予顾问更多的权力。客户不仅放弃了自行诊断的责任，从而让自己更加依赖顾问，还假设顾问这样一个局外人可以掌控局面，界定并解决问题。这种模型对顾问的吸引力巨大，因为顾问被赋予对组织进行透彻分析的权力。顾问需要给出专业诊断和相应的解决方案来证明他们的价值，并获取高额回报。在医患关系模型中，报告，也就是调研结果及解决方案的呈现，对于评价顾问的工作表现尤为重要。对很多顾问来说，这就是他们工作的核心。只有对问题进行彻底分析和诊断，并以书面形式提出详细的建议，他们的工作才算完成。

医患关系模型中的一种形式是这样的：顾问通过深入访谈和心理测试对组织进行诊断，然后撰写正式的书面诊断报告，并制订下一步的执行建议方案。另一种常见的形式是顾问基于想要调研的问题设计调研问卷，来调研组织中某些部门的意见或态度。顾问需要知道应该如何设计问题，采用正面还是反面的提问方式来设定问题，以及如何通过答案设置来精准定位组织的潜在问题。在这样的形式中，顾问会使用复杂的统计技术工具来辅助诊断，这同时也会在客户心中巩固其专家定位。

而医患关系模型中最常见的形式还是以下这种：咨询顾问和高管签订合同，在客户组织中进行广泛访谈以了解现状，根据访谈数据进行诊断，然后向聘请他们的管理者汇报改善建议或措施。这一流程目前流行的另一个版本是：评估成功完成某项特定工作所需要的素质能力，将当前组织的素质能力状况与标杆组织的素质模型进行比较，然后根据存在的素质能力缺陷来制订人才选拔、培训和职业发展计划，增强对应的素质能力，以弥补差距。

正如大多数读者的亲身经历，医患关系模型尽管非常通用，但依然存在很多难点。作为客户来说，很多时候我们会发现顾问的建议及措施和实际情况完全脱节；另外被人（顾问）指挥着工作总会感到不舒服，即使求助的需求是由我们自己提出的。而作为顾问来说，情况同样如此。诊断报告和建议方案提交给客户之后就被束之高阁；甚至客户会当面提出挑战，指责顾问对组织的实际情况完全不了解；客户常常通过指出顾问忽略的关键事实，或告知顾问所建议的方案已经尝试过但并不奏效的方式来贬低顾问的建议，从而进行自我防卫。因此，当顾问使用医患关系模型展开咨询时，他们总认为：客户是做错的一方——或者客户不知道他自己想要的东西是什么；或者客户不愿意接受现实；又或者客户不愿意接受改变，并不是真正希望得到帮助。想要理解医患关系模型的难点，并将过程咨询模型引入其中，我们必须分析医患关系模型中的一些隐含假设。

医患关系模型的第一个也是最大的难点在于认为顾问光凭借自己就可以获得准确的诊断信息。而事实上，存在问题的组织并不一定愿意透露顾问所需要的用于诊断问题的信息。所以可以预见，无论是访谈还是问卷都可能出现系统性扭曲，所在组织的氛围将决定这些系统性扭曲的方向。在缺乏信任和安全感的组织中，受访者可能因担心（透露信息）遭到报复，而不会向顾问透露任何负面信息。毕竟我们对"告密者"的悲惨下场已经屡见不鲜。即使受访者接受访谈，他们也仍然会认为顾问是在探听其隐私，从而只提供最基本的信息或"安全"的答案。相反，如果组织内信任度较高，那么受访者可能会把与顾问的接触当成一次发牢骚的机会，导致问题面的扩大或对问题有所夸大。无论是哪种情况，都需要顾问投入精力来了解组织的具体运作，否则就无法得到准确的组织运营情况。

医患关系模型的第二个难点在于，客户可能不愿意相信顾问提供的诊断报告或建议方案。大多数（请过咨询顾问的）公司的抽屉里可能都存放着一大堆诊断报告，它们或者无法为客户所理解，或者无法为客户所接受。核心原因在于顾问与客户之间并没有建立起共同的诊断框架，双方缺少对现实情况的共识。如果顾问独自诊断而客户只是被动等待，那么可以预见到客户和顾问在认知方面必然会出现分歧，导致最后的诊断和建议不被客户认同和接受。

即使在真实的医患关系中，医生也越来越意识到患者对于病情诊断结果和治疗方案并不是不假思索地接受的。这一点在跨文化背景中尤为明显，对于病情的界定和处理措施因文化背景不同而截然不同。在乳腺癌的治疗中，越来越多的肿瘤科医生让患者自己决定是否接受乳房切割术，或进行肿瘤切除手术，又或采用化疗或放疗的措施。同样，在整形手术或背部手术中，患者自身的期望，即对自身形象的定位成为是否进行手术的关键决定因素。因此，我们在咨询中使用医患关系模型时，最好考虑客户精神层面的因素，将对客户自我防卫和抵制因素的分析作为主要的治疗手段之一进行考虑。

医患关系模型的第三个难点在于人的思维。因为诊断过程本身就是对组织的一种干预，而我们无法预料干预对组织的影响。对某个组织的管理团队进行心理测评、对组织的某些部门进行态度调查，或者访谈员工对组织运作的感受等一系列行动会引发员工对于组织引进顾问（想要做什么）的猜测。虽然顾问可能并没有觉察到，但员工可能下意识地认为组织正准备进行重组或裁员。虽然顾问在进行心理测试或访谈调研时只是想把每一个诊断环节做好，但员工可能会认为自己的隐私受到了侵犯，从而和其他员工组织起防御联盟，进而改变组织内部的关系。具有讽刺意味的是，顾问为了调查真正具有匿名性而精心采取的各种预防措施，如将这些测评答卷邮寄给第三方等行为，其实都假定了组织内部存在着一定程度的不信任。相比调研所获得的任何数据，这个假设是否成立可能对组织更为重要。

医患关系模型的第四个难点在于即使"诊断"和"处方"都非常准确有效，"患者"也可能无力做出改变。在组织中，这种情况尤为常见。顾问可能很容易就能提出解决方案，但组织的文化、架构和政治环境可能都不支持方案的执行，而顾问可能只有等到方案被否决时才会意识到组织文化或政治力量的存在，但为时已晚。综上所述，医患关系模型是否可行的决定因素在于：

（1）客户方面能否准确定义出现问题的部门、团队或个人；

（2）出现问题的人员能否有动力向顾问传递准确的信息；

（3）出现问题的责任人能否接受顾问的诊断结果和建议方案；

（4）客户是否了解并能够接受引进顾问诊断带来的结果；

（5）客户是否有动力根据顾问的建议方案采取行动。

过程咨询路径。相比之下，过程咨询模型不仅侧重于与客户共同分析和诊断，还侧重于向客户传授诊断及解决问题的技巧。顾问可能很早就发现了组织的问题以及如何解决问题，但并不会过早地将他的发现分享给客户。原因在于：（1）他的结论可能并不正确，而如果（在没有与客户建立信任之前）传递错误信息给客户，会影响自身的专业形象，从而破坏相互关系；（2）即使他的结论是正确的，客户也可能会因没有做好准备而采取防御应对——客户可能置若罔闻，可能否认顾问的结论，也可能产生误会从而导致真正的解决措施搁浅。

过程咨询理论的一条核心假设是客户必须参与到问题的诊断和解决中来，只有这样，他们才能够学会如何自己分析和解决问题。客户必须参与进来，是因为诊断本身就是对组织的一种干预，同其他干预手段一样，都应该由客户自己做出决策并承担后果。如果要进行问卷、测试或访谈等调研，那么客户必须理解并能向组织内有疑问的成员进行解释——为什么要引进顾问，为什么要开展这些活动——否则上文所提到的种种困境就有可能出现。

在问题诊断分析和解决方案制定的过程中，顾问扮演着重要角色——让诊断更加精准，让解决方案更为合理缜密。但对于最终采取何种解决措施，顾问必须鼓励客户自己做出决定。再次强调，这么做的原因是只有客户自己学会分析和解决问题，问题才能更加彻底地得以解决，客户也才能够掌握技能以应对各种新的问题。

值得一提的是，顾问并不一定必须是能够解决组织特定问题的专家。过程咨询的重点是顾问能够帮助客户掌握自我诊断的方法，并且能够帮助客户根据自身情况找到解决方案。过程咨询顾问需要做的是与客户建立关系，提供帮助，以建立起顾问与客户可以共享信息、有效沟通的环境。过程咨询的顾问不必是营销、财务或战略方面的专家。如果组织存在这方面的问题，那么顾问能够帮助客户找到专家资源即可。更为重要的是，顾问需要帮助客户想办法，弄清如何更好地从这些内容专家那里得到需要的帮助。

正如专家模型一样，医患关系模型在我们的生活中也随处可见。无论是当孩子来问我数学题时，还是当朋友让我推荐电影时，又或是当学生让我给他的研究项目推荐参考资料时，甚至是当我的妻子询问参加晚宴的着装建议时，我都很想马上给出答案（帮助他们解决问题）。但我需要警惕，当对方向我寻求帮助，请我给出建议时，我要经受住这种（对方给予决策权的）诱惑，切忌快速落入医患关系模型的陷阱，而把自己变成医生。我应该提出问题，鼓励对方告知更多的信息。

过程咨询顾问如果希望有所帮助，就必须确保自己和客户就所需要解决的问题达成共识，并在相互之间建立沟通渠道加强相互理解，从而更有效地共同解决问题。过程咨询模型的最终目的就是建立这样的沟通渠道，使顾问和客户能够共同诊断并解决问题。

顾问无论采取什么样的组织诊断方式都会对组织产生相应的影响，这一事实揭示了过程咨询的第四条基本原则：顾问所做的任何工作都是对组织的干预。并不存在单向的诊断，客户方必然会对顾问的诊断有所反应。顾问只要在诊断过程中与客户系统产生任何接触，就会对客户系统产生干预。因此，顾问在选择诊断方式时，就必须考虑到诊断方式可能带来的后果，以及对这些后果我们是否愿意接受。

> **原则 4：顾问所做的任何工作都是对组织的干预。**
>
> 顾问与客户的每一次互动都可以使双方获得更多的用于诊断问题的信息，同时也都会对客户系统乃至顾问产生影响。因此，顾问必须掌控自己的行动，并对行动可能带来的后果进行评估，确保每次行动都有助于协助关系的建立。

模型 3：过程咨询模型

现在，让我来总结一下过程咨询模型（理论）的主要前提假设。这些前提假设并不一定与现实情况相吻合，而一旦我们感知到现实情况符合这些前提假设，在此情境下使用过程咨询模型即建立协助关系就是最有效的方法。

（1）客户，无论是管理者、朋友、同事、学生、配偶还是子女，出现了问题都需要求助。但是，他们不知道问题究竟出在哪里，需要别人帮助他们来诊断以明确问题。

（2）客户并不知道顾问可以给予何种帮助，他们对建立协助关系也没有经验。客户需要顾问协助他们搞清楚他们所需要的帮助。

（3）虽然大多数客户具有改善现状的积极意愿，但他们需要顾问帮助他们确定改进的具体内容和方法。

（4）如果管理者和员工能够学会对组织的优劣势进行诊断和管理，那么大多数组织的运作将（较现状）变得更为高效。没有哪一种组织形态是完美的，任何形态的组织都存在一些缺陷，而这些缺陷必须想方设法进行弥补。

（5）只有客户知道解决方案是否能在组织中发挥作用。顾问只有通过长期的详细调研或参与到客户组织的实际运营中去，才能充分了解组织文化，才能提出切实可行的变革建议。因此，顾问需要与了解组织文化的内部成员密切合作，否则就可能出现错误或被客户拒绝。

（6）客户必须自己掌握分析问题和制定解决方案的办法，否则很难将解决方案有效落地执行。而且只有这样，当类似问题再次出现时，客户才能自己解决这些问题。过程咨询模型允许顾问提出建议方案，但是否采纳并执行的决策权必须由客户自行掌握，因为归根结底，问题是客户的，而非顾问的。

（7）过程咨询最重要的是教会客户如何进行诊断和改善，以便于后期客户能够持续在组织内部推动变革。从某种意义上说，专家模型和医患关系模型都是"头痛医头，脚痛医脚"，而过程咨询模型除了能够补救问题外，更能够防患于未然。我们所说的"授人以鱼不如授人以渔"就是这个道理。

上面的第七点清晰地展示了三种模型的区别。专家模型和医患关系模型是单圈学习、外部驱动的适应性学习，而过程咨询模型将客户与顾问关联起来，形成了一种双圈学习、（客户）内部驱动的创造性学习机制。[1] 专家模型和医患关系模型只能解决单个问题，而过程咨询模

---

[1] "单圈学习"和"双圈学习"源自格雷戈里·贝特森（Gregory Bateson，1972）的"第二次学习"，以及克瑞斯·阿吉里斯和肖恩（1996）的单圈和双圈学习理论。唐·迈克尔（Don Michael，1973）在《学习计划与计划学习》（*Learning to Plan and Planning to Learn*）一书中对此进行了透彻描述。而彼得·圣吉（Peter Senge，1990）在将组织学习作为组织能力建设的背景下探索了适应性学习和创造性学习的区别。

型希望客户掌握自我学习的方法，增强客户系统学习的组织能力，以便于客户未来能够自行解决问题。

协助关系的建立也必须始终按过程咨询模型开启，因为只有通过与客户互动、调研，才能了解客户的实际情况是否满足上述前提假设，才能了解能否转换成医患关系模型或专家模型。而能否转换的判断依据在于对问题的性质进行界定[①]：如果客户对问题和想要的解决方案都非常清晰，那么可以采用专家模型；如果客户对问题非常清晰但不知道如何解决，那么可以采取医患关系模型，即"医生"与"患者"合作，在了解"病情"后，利用自身专业知识来对症下药；如果客户对问题和想要的解决方案都不清晰，那么顾问从一开始就必须采用过程咨询模型，了解实际现状、客户需要的帮助，直至帮助客户最终解决问题。是帮助客户解决单点问题，还是教会客户解决问题的方法，这取决于客户（或其他求助者）改变态度、价值观和习惯的决心。

过程咨询的定义

结合以上假设，我们可以这样定义过程咨询：过程咨询是指与客

---

① 罗纳德·海菲兹（Ronald Heifetz）在他所著《领导大不易》一书中给出了"适应性工作"的定义：在没有搞清楚问题和需要的解决方案的情况下，管理者与追随者必须共同协作的工作。将过程咨询与领导形式相提并论似乎比较合适，因为两者都非常纷繁复杂。"当领导者不知道问题的答案时，他们应该如何做？在这种情况下，领导者可以提出需要深入思考的问题，以及重塑期望来促动组织进行学习……如果他们不是专家，他们就无法直接给出答案。但他们在帮助人们找到问题的答案这个方面确实是专家"（*Leadership without Easy Answers*，1994：84-85）。

户建立协助关系，帮助客户对其内外部环境信息进行收集、理解，并采取相应的行动，以达成客户所期待的改变。

过程咨询首要关注的是建立协助关系。只有建立起协助关系，顾问和客户才能共同应对现实情况，才能消除顾问的信息缺失。过程咨询模型将顾问的工作视为对组织的干预，贯穿客户服务始终，包括帮助客户深入了解外部环境、内部运作和人际关系等。待客户了解充分之后，过程咨询模型会进一步帮助客户找到问题的解决办法。这个模型的核心理论就是，在诊断分析和解决方案制订过程中，客户必须始终保持积极主动的态度。因为问题是客户自己的问题，只有客户自己最了解组织内真实的复杂情况，也只有客户自己才知道哪些措施能够在自身所处的组织文化中有效实施，这也就是我们要说的第五条基本原则。

原则 5：问题诊断与问题解决的责任人是客户自己。

顾问要做的工作是与客户建立起协助关系。顾问既不需要把客户的问题揽到自己身上，也不需要越俎代庖地代替客户去解决实际问题。事实上，问题能否有效解决、解决方案是否妥当，最终这一切的责任人都是客户自己。所以，顾问不用和客户抢着"背猴子"[①]。

组织中的日常工作、各种会议、组织成员正式或私下的对抗、组

---

① "猴子理论"源于小威廉·翁肯（William Oncken Jr.）和唐纳德·L.沃斯（Donald L. Wass）1974 年发表于《哈佛商业评论》的文章《谁背上了猴子》（*Management time: Who's got the monkey?*）。该文的两位作者将推进"下一步动作"的责任比作猴子，强调上级必须让下属担责，不能把下属的问题/责任全都揽在自己身上。——译者

织架构等都蕴含着需要顾问进行观察、调查和研究的内容。要特别注意的是客户自身的行为，以及客户的行为对组织内部其他人员的影响和对顾问的影响。正如其他领域中的律师或心理治疗师一样，找到问题突破口的最有力来源之一就是客户与顾问之间的互动，以及这种互动引发的两者的感受。

过程咨询所蕴含的进一步假设认为，组织中的所有问题归根结底都是人际互动的问题。无论涉及哪些技术、财务或其他事项，总会有人参与到这些事项的设计和实施过程中；即使出现有待改善之处，也需要有人来发现。因此，组织希望有所改进，就必须对组织内的人际互动过程以及互动过程中所需要的各种能力进行深入了解。组织是希望实现某个共同目标的人群所组成的网络，必然存在人与人之间的互动过程。我们对这些互动过程越了解，就越能通过诊断和改进这些过程来找到解决更多技术问题的方法，也就越能使组织成员接受和运用这些解决方法。

小　结

想要简单而清晰地描述过程咨询很难。过程咨询更像是一种关于协助过程的理念或一组潜在假设，以让顾问了解应该以何种方式来处理与客户的关系。我们最好将过程咨询视为一种顾问在任何情境中都可以采用的工作模式。在与客户接触初期，过程咨询模型功效最大，因为只有通过过程咨询，我们才最有可能发现客户的真实需求，了解到哪些措施能够真正起到帮助作用。如果顾问调研发现客户确实只需要一些简单的信息和建议，而顾问又认为自己具备相关的知识和信息，那么他就可以很顺利地采用专家模型或医患关系模型了。然而，即便是在使用专家模型或医患关系模型时，他也必须时刻关注前提假设是否持续成立，并意识到客户越来越倚重他所产生的结果。注意，不要把客户的问题背到自己身上来。

因此，顾问真正需要掌握的是随着外部环境的变化，了解当下的实际情况，并选择最适合当前情况的帮助模型以建立协助关系。这些帮助模型并不能从始至终一直使用，在某个特定时刻，顾问只能选择其中的一种模型。经验丰富的顾问会发现自己经常需要随着情况的变化而不断转换角色。因此，我们必须避免使用"过程顾问"这样的概念，而应该把"过程咨询"看作在某个特定时间找到最恰当的解决方案的动态过程，这不仅有助于顾问探寻，也有助于帮助到大家。

如今，尽管过程咨询在组织中的作用日益明显，但重要的是不要忽略这个模型如何应用于我们与朋友、配偶、孩子以及其他寻求我们帮助的人的日常关系中。毕竟这里所讲述的是一种适用于所有帮助过程的理念和方法，并展示过程咨询与组织发展和组织学习的相关性。过程咨询的理念被总结成了十条基本原则，到目前为止我们已经展示了其中的五条：

（1）始终尽力提供有效帮助。

（2）永远从当前现实出发。

（3）探索未知信息。

（4）顾问所做的任何工作都是对组织的干预。

（5）问题诊断与问题解决的责任人是客户自己。

如果顾问（或施助者）能够始终秉承这些原则，就能够自然而然地知道何时应该给出信息，何时成为"医生"，何时持续保持过程咨询模型。然而探索未知信息、了解实际情况并非易事，需要顾问具备洞察力、掌握一些概念模型并经过训练。在本书的后续章节中，我会重点介绍一些简化的概念模型，以帮助顾问（或施助者）分析清楚他们所面对的实际情况。

案 例

本书中的案例会以几种不同的形式来呈现：有一些插图和长案例会穿插其中，以提供更多信息来加强读者对内容的理解；也有一些案例会放在章节末尾，给读者提供练习的机会，对案例进行深入思考。读者如果对论述内容没有疑问，就可以跳过这些案例，直接阅读后面的内容。

案例1.1　大型跨国石油化工公司：年会的规划与参与

本案例旨在说明维持过程咨询模型（而非转到专家模型或医患关系模型）的一些复杂情况，并对比说明几个模型之间的不同之处。读者还会从本案例中了解到"过程"的真正含义。所谓的干预，指的是干预工作方式，而非干预具体工作内容。

案例发生在多年以前，那时我在 MIT 任教。这是一家大型跨国石油化工公司，总部设在欧洲。我有幸结识了该组织企业管理发展部门的几位员工，也与一位高管史蒂夫·斯普拉格（Steve Sprague）先生碰过面。当时发起这个项目的原因是公司的一些高管希望对公司企业文化进行审视，以判断企业文化能否匹配未来十年的发展战略，而我受邀参与此项目是因为他们了解到我当时刚好就组织文化发表了几篇论文，还出版了一本书。

一天，我接到了该公司某位管理团队员工的电话，他正在筹划为期三天的公司年度会议，参与年度会议的是公司最高层的 40 名高管。他邀请我参加会议，听取高管们的内部讨论，并做一场关于组织文化的讲座。讲座需要结合高管讨论中所涉及的公司案例，除此之外，我也需要在讲座中对该公司的组织文化给出反馈。因为该公司并没有要求我全程参加这次会议，第一天和第三天都没有安排我的工作，所以邀请我参加会议的最初目的是希望我在第二天的会议中进行一些教育干预。这种教育干预的目的表面上是向高管们传递一些组织文化相关学术知识，实际上深层次的目的则是希望能够促动高管更加切实地思考公司的组织文化及其影响。

我对这家公司很感兴趣，也希望了解更多不同公司的企业文化，因此这样的邀请正合我意。在接受对方最初提出的项目需求之后，我却被告知关于会议的后续工作改由斯普拉格先生来负责对接，而他已经升任为公司的执行副总裁,直接向董事长汇报。我们约定在他下一次到纽约出差时会面,他也同意从此次会面开始进行项目计费。

在此次会面中,斯普拉格详细介绍了公司的战略情况,并说明了此次年度会议的重要目的就是认真考虑公司前期制定的发展规划是否依然合理,公司的发展速度是应该放缓还是应该加快,如何确保公司高层严格执行公司决议。此外,我还了解到,目前由斯普拉格先生负责为期三天的年度会议议程的筹划安排,而在此次会面中,他不仅向我提供了做讲座所需要的简短公司介绍,还希望能够邀请我对整个会议筹划进行审视和完善。

客户最初的需求是要我在年度会议上做个有关组织文化的讲座,但现在,斯普拉格先生成了我的主要客户,他希望我作为专家来帮助他对年度会议进行规划筹备。我发现我的角色发生了变化,从演讲者变成了参与者(会议筹备专家)。因为我们所讨论的是年度会议的规划筹备,而在这个方面我显然比他要更驾轻就熟。而且我们双方都意识到了这个角色的变化,相互沟通达成了共识。

根据斯普拉格先生所设定的目标,我们一起对会议议程的每个环节都进行了审视,我不由产生了一个新的想法——我如果以过程咨询模型的顾问身份参与到会议中,那么一定会更有帮助。由于我可以腾出时间参加整个会议,所以斯普拉格先生决定让我在整个会议中担当多个角色。在会议的第一天,我会简要介绍一下组织文化和战略相关主题,同时告诉大家,我会随着会议的开展,和大家一起探索这些主题之间的相互关联;我会在第二天进行我的组织文化主题讲座;最重要的是在第三天，我将主持一个研讨会，看看在三天的会议中，这些高管就公司未来战略在哪些方面达成了共识。

这些共识与公司战略紧密相关，但相比于公司内部人员，由我来对与会者达成的共识进行检验会更加客观和科学。同时，我还可以把董事长从事务性工作中解放出来，让他负责一些倡导性的工作。因此，我们两人都认为让我来引导大家达成共识非常合适。而斯普拉格对董事长的性格非常了解，他认为董事长能够接受由外部顾问来担当这一角色。在我与斯普拉格的讨论中，他对公司战略和组织文化的深刻洞察让我感到放心。虽然没有时间和董事长碰面，但我还是果断地接受了这一任务。

在三天的会议中，我的工作按照计划顺利进行。对于我作为外部顾问参与到年度会议中，董事长也非常满意。他感到他可以把更多的精力放在会议内容上，也就是组织讨论亟待解决的具体战略问题，这让董事长一下子解放出来。在此之前，董事长不仅需要关注内容，还需要主持会议。他非常支持我在会议中所担当的多重角色，并向其他高管进行了解释。

而就我的工作来说，我把干预的重点放在了任务流程上。譬如，有时为了弄清楚某个问题，我会采取多种方式——通过重述听到的内容来进行确认、提出澄清问题、重申目标、在接近总结阶段测试共识、对关于我的讲座的内容所达成的共识进行总结。当我准备对公司的组织文化进行反馈汇报时，我首先给出了一些组织文化的正式定义和描述，搭建出基本框架，然后要求各个讨论小组补入具体的讨论成果。

也有某些讨论小组成员要求我直接给出对于他们公司文化的看法和评价，但从我的过往经验来看，最好不要直接给出答案。因为顾问即使提供了理论上完全正确的答案，也依然会引发与会者的防御或反对。所以我反复强调，只有组织内部人员才能够理解组织的关键文化假设，因此我们应该邀请讨论小组成员自己来提供答案。

在最后一天，我梳理了讨论涉及的各个讨论模块，请各讨论小组进行总结陈词，同时我在白板上将总结记录下来以便能让所有人看到。我以这样的方式来检验此次会议的共识程度。因为我承担了主持的工作，所以董事长能够更加积极地给出自己的意见，而非使用他的正式权力推翻别人的结论。

在三天之中，通过收集和分析信息，并对某些故意含糊其词的成员提出挑战问题，我对一些问题进行了澄清。在这个角色中，我既是过程咨询顾问，也是管理专家，我也会时不时对形成的结论进行点评。例如，在会议上我们讨论了分权问题。事实上，将权力下放给业务部门反而会导致这些目前处于不同地区的部门失去权力，因为业务部门的办公室全部设置在总部城市，因此将权力下放到业务部门反而会带来权力的集中。在会议中，我就指出了这一措施对其他政策的影响，如会导致跨部门和跨地区的人员流动。

这一活动最后取得了圆满成功。几个月后，在对会议成果进行评估检验之后，我和斯普拉格先生再次会面。他告诉我，董事长和他都非常满意，无论是在讨论的过程方面还是在讨论得出的内容和结果方面，将我这样一个外部顾问引入会议真的起到了极大的帮助。

经验。顾问必须基于现实情况选择最恰当的咨询模型。在与客户建立关系之初，必须使用过程咨询模型，以了解客户的现实情况，同时检验顾问处理这些现实问题的技能。随着与客户关系的进一步发展和客户组织的变化，顾问的角色也会发生改变。总之，顾问的诊断过程就是干预的过程。

案例1.2　埃里森制造公司：延期举行的团建活动

本案例旨在说明过程咨询的几个要素。在案例中，我不会详细介绍自己是如何一步步参与到这个项目中的。我想强调以下几点：

（1）咨询过程需要顾问与客户共同参与。

（2）客户才是问题的责任人。

（3）顾问所做的一切，哪怕只是最不经意的一个询问，都是对组织的干预，都会带来不可预知的后果。

（4）顾问必须从实际情况出发，探索未知信息，这一点非常重要。

我曾与本地某家工厂的厂长一起工作过几个月，我们之间是一对一的咨询关系。他希望能够找到一种策略，可以让工厂的管理层之间、管理层与员工之间建立起更多的信任。我们每月会面一次，在经过几次会面之后，这位厂长想出了一个他认为非常合适的方案——把工厂的高管（他的直接下属）组织起来，举行一次为期两天的外部团建活动，希望将他们打造成一个真正的团队。他安排和我、公司的组织发展顾问一起吃工作餐，讨论两天会议的议程以及我在会议中所扮演的角色。

午餐开始后，我觉得我需要先了解公司和人员的大致信息。因此，我问厂长："依你看来，哪些人会来参加这个会议？他们各自的职务是什么？"（这就是我所说的探索未知信息，我如果不知道与会者的相关信息，也就无法筹划会议议程。）于是，这位厂长就开始罗列与会者名单。但是当写到第三个名字时，他显得有些犹豫不决，他说："乔（Joe）是财务负责人，但我不太确定他能否胜任。我有点担心他的能力，还没想好是应该留下他还是应该将他调走。"听到这番话，我便接着问他是否对团队中的其他人也有同样的担心。他告诉我还有一位管理者也还没有证明自己的能力，也许也不会留在团队中。

这时，我们三个人产生了共鸣，厂长问道："如果我连这两个人的去留都还没有确定，那么举行此次团建活动是否还有意义？"我反问他，如果继续进行这个活动，而最后他又不得不请这两人中的一位或两位离开的话会怎样。他的结论是，如果这么做就会严重影响团队，对这两个人来说也是不公平的。

接下来，我们又讨论了另一种做法——延期举行团建活动，先等厂长对两位边缘人物的去留做出决定——的优缺点。最终，我们决定等厂长做好用人决策之后再举行团建活动。至此，我们都松了一口气，还好我们及时发现了问题，防患于未然。

经验。关键信息是由一个无关紧要的问题引出的，而询问过程能够让厂长通过思考，自己做出推迟团建活动的决定。尽管此次团建活动被推迟，但厂长依然认为此次午餐会是一次最有帮助的干预。

案例 1.3　全球电力公司：取消管理层会议

顾问必须从当前、不断变化的实际情况出发，决定哪些事情应该做，哪些事情不必做。这个案例展示出顾问不能单纯从售卖服务的角度来思考问题，因为这样对客户系统毫无帮助。

我曾经受邀参加一个瑞士大型跨国公司的年度管理会议，目的是帮助总裁组建一个高层管理委员会。由于此前公司各个部门的运作比较各自为营，总裁希望以我们的咨询项目为切入点，组建一个跨部门的项目小组，并逐步通过这个小组将公司的业务串联起来。

我的对接人是该公司管理发展及培训部门的总监，在几次会晤中，他向我介绍了公司的简要情况：他们现在迫切需要找到一个工具来启动跨部门的经理沟通会议，但他们又坚信类似的会议必然需要外部人员的参与。一方面，顾问的介入可以为举行会议（即计划中的研讨会）提供由头；另一方面，顾问可以作为会议的促动者和协调者，让会议能够顺利举行。因此，外部顾问的介入干预是必不可少的，虽然真正的目的是建立一个协作能力更强的管理者团队。

经过几个月的计划和准备之后，我们计划在欧洲总部与总裁见面，讨论确定该项目的细节内容。在与总裁的讨论中，我们发现了一个新的问题。总裁的担忧点是两个核心部门的负责人，其中一个过于桀骜不驯，另一个又过于软弱而唯唯诺诺。而这两人向来不和，一直相互挤对。总裁希望能够将两人都安排进入高层管理委员会，并通过委员会其他成员对两人的反馈来促使两人改进。虽然我对该委员会实现这种效果的能力深表怀疑，但总裁表示可以按部就班慢慢来。于是我们决定举行一次关于管理者职业定位和管理风格的研讨会。类似的做法曾经被应用于另一家瑞士与德国的合资公司，效果很好。

在研讨会开始前两个月，我收到了联系人的电话，他告诉我他们非常抱歉，研讨会已经被取消了，他也不确定后期是否还需要召开这样的研讨会，并让我把费用账单寄给他。后来，我从另一位客户处才了解到了事情的真相。这位客户对这家瑞士公司的员工非常熟悉，他告诉我关于这家公司的管理轶事已经成了行业内的热门话题。

这位客户告诉我，总裁对那位软弱的部门负责人非常不满，把他撤换掉了。这位部门负责人被撤换之后，组织内的大部分问题也随之消失了，研讨会也就没有了举行的必要。后来，我还从我的对接人那里获悉，我们和总裁的那次长时间会晤在一定程度上加速了总裁做出这个决定。那次会晤使得总裁对引进外部顾问的行为和目的进行了反思，而且他注意到了我对高层管理委员会成员反馈所产生的影响力的质疑，于是决定采取其他方式来解决问题。

经验。这次咨询过程非常简短，看上去还没开始便已结束。但我们与总裁的会晤在一定程度上对总裁产生了干预，促使总裁采用另一种更有效的方式解决了问题。诚然，顾问无法保证所建议的干预措施一定能对客户起到至关重要的帮助作用，但在此案例中，我关于团队建设的专业知识，以及对委员会成员反馈的影响力的质疑，无疑起到了决定性作用。

结语：定义顾问角色的复杂性

通过这几个案例，我想揭示的是，在不断变化的客户系统中，仅即时掌握现实情况就有一定难度，而顾问还需要随着现实情况的不断变化而切换自我角色。另外，客户的变化不可预知，而顾问每一次干预也有可能引起客户信息的变化，而这些变化也会对帮助措施的有效性产生影响。顾问可能常常需要把工作模式切换成专家模型，但他仍然需要随时准备好非常熟练地切换回过程咨询模型。

很多对咨询项目的描述强调从一开始就要拟定明确的咨询项目合同。但对我来说，合同的性质、对客户的定义、服务的对象是不断变化的。因此，咨询合同的签订实际上是一个持续的过程——我们无法在咨询项目开始前就把合同完全确定好。

与此同时，顾问还需要注意各种模型对客户的定义。当我首次接到客户的电话或首次与客户见面时，客户对象是明确的。然而，随着咨询项目的推进，客户群体可能会发生变化或扩展，而这也是我们无法预计到的正常情况。

练习1.1　反思我们的咨询方式

本练习的目的是让你意识到作为施助者，你可能需要扮演不同的角色。你既可以独自完成步骤（1）、步骤（2）和步骤（6）（20分钟），也可以邀请你的伙伴与你一起完成全部6个步骤（1小时）。

（1）回顾在过去的几天中，别人向你寻求帮助或征求建议的情况（2～3个场景）。

（2）请回忆在当时的场景中，对方的请求是什么？你是如何回应的？自己在回应对方时扮演了何种角色？如果可能的话，你会选择不同的方式来回应对方吗？而你的回应又属于哪一种咨询模型（专家模型、医患关系模型、过程咨询模型）？

（3）如果你与你的伙伴一起组队练习，那么请向对方陈述你所遇到的求助情境，并请对方对你的表现进行评价。

（4）对你的伙伴的评价进行分析。看看：他们在回应你的陈述时扮演了何种角色？你对他们的看法又是如何反馈的？

（5）转换角色，请对方陈述求助情境，对对方的陈述进行评价，并分析自己的评价和伙伴的反馈。

（6）反思自我。当别人向自己求助时，自己第一反应是扮演哪种角色？反思一下这个角色是否妥当。你是否还应该扮演其他角色来帮助他人？

第二章

协助关系中的心理动力学

查阅字典就会发现,"咨询"的定义是"寻求建议或专业指导",这个定义非常符合第一章所描述的专家模型和医患关系模型。而过程咨询的理念则让我们认识到,寻求建议或专业指导的深层次目的在于,当我们遇到凭借自身力量无法解决的问题时,我们希望通过借助外部帮助来解决问题。然而根据经验来看,别人的指导和建议往往无法起到帮助作用,反而会引起求助者的防御或抗拒。为了理解这种抗拒,我们必须深入研究协助关系中的心理动力学,察看成功给予帮助需要满足的前提条件。

同时,我们必须将协助关系与其他人际互动关系,譬如赠予关系、师生关系、朋友关系、夫妻关系、上下级关系等区分开来。在这些情境中,协助关系只是双方关系的一个方面,除了帮助之外,彼此的互动往往还包括其他内容。

区分协助关系的一种方式是研究施助者与受助者（我们称之为"客户"）之间是否存在显性或隐性的心理契约。施助者和受助者期望给予些什么？获得些什么？为了让交换成功发生，双方又要做好哪些心理准备？譬如相互信任、相互认可和相互尊重，这些都可能是建立协助关系所必需的。而要满足这些条件，我们必须首先搞清楚客户在寻求帮助过程中的心理变化和驱动因素。

协助关系最初阶段的不平等状态

各国文化都强调自立精神，也就是自己的问题应该自己解决，在这样的文化背景下，求助别人的力量，或者说暂时依靠别人是一种示弱的行为，这等于承认了自己的失败。在强调竞争、个人主义的西方社会中尤其如此。因此，在协助关系开始建立时，双方之间的关系是不平等的。施助者的位置相对较"高"，而求助者的位置相对较"低"。正是由于存在着这种不平等的关系，因此我们可以预见到客户将有意识或无意识地对此做出反应，以达到内心的平衡。

客户可能的反应或感受

（1）**反感与防卫（反依赖）**。客户寻找机会来贬低顾问的建议，挑战顾问收集的信息或得出的结论，通过让顾问难堪，从而重新获得平衡感。

"你的想法并不可行，因为＿＿＿＿。"

"我早就想到了这个办法，但是事实证明它行不通。"

"你根本没有搞清楚，实际情况要复杂得多。"

（2）宽慰（感到松了一口气）。终于有人一起分担烦恼和问题。

"你能和我分担这个问题，我真的很高兴。"

"知道有人能提供帮助，真是太好了！"

"你能理解我所经历的事情，我很欣慰。"

（3）依赖与顺从。客户希望从顾问处得到安慰、建议或支持。

"我现在该怎么办？"

"我的计划是＿＿＿＿。你认为这么做对吗？"

"我很高兴现在有人能给我提出建议！"

（4）迁移。客户会根据以往与施助者相处的经历，将当时的感受"转移"到面对当前顾问的情境。迁移可以表现为前面三种反应中的任何一种，但它有可能是客户更深层次的下意识反应，甚至客户自己都不会意识到。例如，客户可能会把顾问当成自己慈爱或严厉的长辈，又或是自己曾经喜欢或讨厌的某位教师。

"低人一等"这种感觉不仅是客户的自我感受，在与组织中的其他人互动时，他们可以更加明显感受到。在很多公司的文化里，寻求顾问帮助等于承认自己无法胜任自身工作。我曾为一家欧洲公司担任了五年的顾问，每季度我都会到该公司拜访，偶尔也会在管理层餐厅用餐。在那里，我会遇到曾经和我一起合作过项目的高管，他们甚至不敢看我，假装不认识从我边上走过。而合作项目的接待人员向我解释，这些管理人员之所以会这样，是因为他们不希望被别人看到他们和顾问接触，因为那样会削弱他们的地位。这就像患者从心理咨询师的办公室里走出来，与在等候区的其他患者目光交流时彼此都感到很尴尬一样。正因如此，有一些精神科医生会专门在办公室设置侧门，让患者就诊后从侧门离开，保护患者出入时的隐私。

施助者可能的反应或感受

客户的种种情绪感受，如怨恨、宽慰、依赖及顺从，有可能诱使施助者接受客户给出的过高的权力和地位。施助者可能的反应或感受包括：

（1）利用权力或权威。施助者利用客户给予的权力或权威来传递并不成熟的观点，从而让客户处于更低的位置。

"简单，只要按照我说的做就行。"

"你这个问题不值一提，我以前遇到的问题那才有难度，让我来告诉你我是怎么做的。"

"我知道这个问题怎么解决，我之前处理过很多次了。"

（2）支持和保证。对客户大包大揽，对客户给予支持甚至给出保证，即使有时是欠妥的。

"你真是不走运，我都为你感到难过，这实在是太难了。"

"你真的陷入困境了，你尽力而为吧。"

"你的计划肯定可行，即使行不通，那也不是你的问题。"

（3）面对客户的防御给予更大压力。

"我认为你没有理解我的意思。我真正的想法是这样的……"

"我知道你不愿意去尝试，但我的建议确实可行，我来给你解释下为什么。"

"你没有明白我的意思，这个建议真的可行。相信我，试试看吧。"

（4）拒绝给予客户帮助。施助者拒绝进入这种不平等的协助关系，因为一旦进入之后再要跳出，施助者就需要放弃自身权力及地位，这会改变他对自身及现状的认知。

"好吧，其实我也不知道应该怎么帮你，或者你可以这么尝试看看。"

"你可以试试看这种方法，但如果不行的话，我们可能要再约时间了，我最近真的很忙。"

"你有没有和××讨论过？他也许能给你帮助。"

（5）反迁移。施助者将过去经历中的感受投射到客户身上。也许客户与过往帮助关系中的某个人相似，导致施助者不自觉地将当时对那人的感受"转移"到面对当前客户的情境。

施助者在进入协助关系时会带有很多文化或心理上的"既有痕迹"。一旦有人寻求帮助，施助者就会被赋予很大的权力。这就意味着客户会默认施助者拥有专业的学识和责任感，能够提供帮助。如果是客户付费的情况，那么客户还会期待施助者所提供的帮助能够物有所值。与此同时，施助者常常会感到沮丧，因为他总是觉得以自己的能力，能够给客户提供比要求更多的东西；而当施助者提供的帮助没有得到客户的认可时，他同样会感到失落。而对于顾问来说，他们的烦恼来自明明他们可以提供帮助，但没有人向他们求助。对于组织内部顾问来说，这真是司空见惯。于是一旦最终有人寻求帮助，顾问会感到如释重负而往往"用力过猛"——向客户提供过多的帮助。

随着协助关系的不断发展，施助者往往能够先于客户找到解决方案。糟糕的是，施助者因此有可能认为客户非常愚蠢，把事情弄得一团糟，对一目了然的事情却始终不明白。这进而会导致施助者出现不耐烦、愤怒和对客户蔑视等负面情绪。而在协助过程中，最让施助者感到头疼的事情往往是提出的自己认为非常不错的想法和建议没有得到客户的认同，而提出的一些显而易见的常规问题或诊断结论往往被客户奉若圭臬。而事实也证明，精心设计的干预措施所产生的效果未必会比偶发事件所产生的效果更好。下面的简短案例就是很好的佐证：

几年前，我接到了一个咨询项目。客户是一家创立不久的公司，而我的工作是参与他们每周五的高层管理团队工作例会，帮助他们提升会议效率。我所看到的情况是：大家都很认真勤勉，但在两个小时的会议中，往往连十几项议程中的一半都讨论不完。我尝试了各种干预措施，希望能够减少会议中那些没有意义或偏题的讨论。然而，这些措施完全不起效果。我突然意识到我并没有"消除我的信息盲区"，因为我并不了解会议为什么会以这样的方式举行，我只是参照一般的会议运行模式来对待它而已。

终于，在经历了多次令人沮丧的会议之后，我不经意地提出了一个问题："谁能告诉我，会议议程到底是怎么确定的？"几经周折，我终于被告知会议议程是由总裁的秘书安排的。直到这时，我和管理者们才发现，我们居然没有人知道这位秘书是如何安排会议议程的。我们把她请进了办公室，询问之后才了解到，她就是将接收到的信息按照时间顺序排列起来，然后打印出来以供会议讨论而已。不用多说，这个团队立刻改进了会议机制，管理团队根据秘书所列出的清单，按照重要程度将议题进行了排序，把那些不重要的议题取消或延期讨论。如此一来，会议的质量和效率有了极大的提升。而对此帮助最大的，则是我的不经意一问。

对于施助者来说，一个很大的难点就是找到一个听众来讨论自己的帮助过程。如果能够有这样一位听众，你就可以把过往经历中成功的干预方式、重要见解和重大错误拿出来进行讨论和分析。在很多时候，客户其实并不明白顾问是如何通过干预活动来引导他们获得重要发现的，而顾问即使把这点和客户说清楚也无济于事。为了得到认可和自我满足，同时也为了提升自我，顾问会经常与同行交流，从而能够在安全的内部交流环境中对自己的行为进行分析。在那里，他们既可以分享工作顺利的故事，也可以在工作不顺利时寻求帮助。

正是由于以上诸多原因，我们也就不难理解为什么大多数顾问会热衷于快速进入专家模型或医患关系模型了。因为他们认为这才是客户真正想要的。顾问会对自己说，"如果我没有做出正确的诊断，提供有效的建议，那我不就没有尽到我的责任，辜负了客户的期望吗？"或者"既然我收取了客户的费用，我就应该提供客户所需要的信息、诊断和建议。最好能够以书面形式给出，因为这样可以为我的工作成果佐证"。

问题到底在哪里？这么做到底有什么问题？为什么不能直接进入专家模型或医患关系模型？如果以过程咨询的观点来看，"单刀直入"的方式或许会让客户有意或无意地掩饰自己的问题，从而不愿意从更深层次去剖析问题。这种状态会持续保持，除非客户确信施助者能够理解和支持他，最重要的是能够听他倾诉。所以往往在咨询合作初期，客户会向施助者反映一些问题，而这往往是客户对施助者的试探，查看施助者对这些问题的应对和反馈，而真正的问题只有在双方建立起信任之后，客户才愿意吐露出来。

因此，顾问如果真的想对客户有所帮助，就必须首先创建正确的协助关系，帮助客户重建自信，平衡客户和施助者的地位，减少客户的依赖感。如果没有建立这种对等关系而由顾问提供单方面的"帮助",那么客户很可能非但不会配合透露信息、不会接受建议,甚至还会采取防御措施或以其他方式抵制顾问给出的帮助,而最终客户和顾问只能得到"双输"的结果。

协助关系中潜在的心理定位与状态调整

要建立平等的协助关系,就需要了解协助关系中的心理定位会如何随着社会影响因素的改变而改变。在任何协助关系中,双方在接触之初就会根据文化习惯和个人目的建立彼此的心理定位。这种第一印象很微妙却能产生很大的影响力。当我们遇到问题需要向他人求助时,我们的思维会有意识或者下意识地对可能的求助对象进行梳理分析,可以选择的求助对象包括朋友、配偶、上级、心理医生、社工、医生、律师或其他各种顾问等。如果需要的是专业的帮助,那么我们还会根据过往的经历来判断是应该找一位陌生的专家还是熟识的专家。如果我们选择陌生人的话,那么我们又需要想方设法来选择一位值得信赖而又能帮上忙的人。在选择的过程中,我们自然会对施助者应该提供哪些帮助建立一些标准,然而这些标准却可能在施助者的实际工作中起到阻碍作用。

正因为存在如此多的不确定性,许多关于咨询的学术文献强调需要在协助关系的初期确定"合同"。然而,在协助关系建立伊始,无论是施助者还是客户都无法掌握足够的信息来制定一份严谨的合同。所以，相比"签订严谨的合同"而言，更好的咨询理念是"去探寻双方的共同期望"。作为顾问，对于客户的潜在期望当然需要了解。但是，客户的某些期望存在于客户的潜意识中，如果没有被危及的话就无法发现。例如，客户总是潜在地希望顾问能够完全理解和认同自己所陈述的情况。而只有顾问对客户已做或想做的事情提出疑问，客户在第一时间下意识地表现出震惊和不快时，双方才会意识到被认同才是客户所期待获得的。

而对于顾问来说，顾问的潜在期望是希望自己的意见、建议得到认可，因此当客户明确指出或暗示顾问的建议没有价值或不切实际时，顾问就会感到不快和沮丧。

因此，我们应该意识到，在建立协助关系的过程中，客户或顾问产生这种情绪感受是人之常情，我们不能因此衍生出失望情绪，而应该将这些感受视为学习的资源，进行学习和探索。

让协助过程中双方关系更加复杂的还有客户与顾问之间迁移与反迁移的心理动力因素。这要求顾问不仅要对客户的迁移心理保持警惕，也需要注意自身不要向客户进行反迁移，因为这种反迁移会严重影响对客户情况的真实认知。对于顾问来说，学习分析和应对现实情况，在一开始要做的就是意识到，并能够应对内心可能对现实情况的曲解。

当协助关系的双方对彼此的定位和角色感到满意时，协助关系就开始发挥效果。在这个环节，文化习惯会产生较大的影响力，因为文化习惯会让我们觉得遇到某些问题找与之特定对应的人会更为合理。譬如在某些情况下，你更愿意向专业人士，譬如律师、顾问、心理医生或教练求助，而非某个朋友或熟人。又譬如你更愿意带着你的工作问题去寻求上级的帮助，而非去找同事或下属请教。

关于"求助"，在不同的文化环境中都会有自己的一些约定俗成的认知。西方社会文化比较强调竞争和个人主义，因此任何求助行为都会让求助者感到丢面子。而在很多亚洲国家的文化中，向资深或高层人员请教就被视为非常合理。权力距离越低（如欧美），人们越有可能认为不应该依赖他人，因此在欧美国家，消除这种因求助而带来的心理情绪相对于其他国家来说要更加困难。

通过彼此认可建立协助关系

当协助关系的双方首次碰面之后，上文中提到的种种驱动因素就开始发挥作用了。那么彼此认可的协助关系——双方相互倾听、相互理解、满足彼此的需求——是如何一步步建立起来的呢？最好的描述方式就是将其当成一个过程：协助双方通过一系列相互试探、逐步了解，直至彼此认可。

一方面，当客户开始讲述自己的经历时，他同时也在观察施助者的反应。如果施助者认真倾听，让客户感受到施助者对客户的讲述能够感同身受（哪怕不一定认同），客户就会进行更深层次的试探，逐步透露出更多（他认为自己能够接受或能被顾问接受的）私密信息。顾问必须意识到，对话的"开放"程度一定是有限制的，人们并不会分享所有的东西，哪怕面对的是一位可信赖的顾问，人们也会有所保留。尤其是那些自身并不认同的东西，人们会对此保持缄默。

另一方面，施助者也在试探客户的反应，查看对方如何应对自己的引导、提问和建议，以及对自己所提供帮助的整体满意程度。施助者不仅想知道客户对其的依赖程度，也想知道自己对这种依赖程度的接受程度。随着客户越来越接受施助者，施助者也会向客户讲述更多内心的想法，从而将双方关系进一步拉近。但在这个过程中，双方都会对任何不确定的反馈非常警觉，并尝试澄清。一旦出现这种不确定的反馈，双方就会立刻反思彼此关系并根据需要进行调整——自己或对方是不是有些话过界了（导致了对方的不快）？是对双方关系做出一些补救，还是就此陷入"僵局"？或更糟糕的，双方是否出现了严重分歧，导致关系就此破裂，最终分道扬镳？"事难成而易败"，建立信任关系（比失去）往往要花费更多的时间和精力。因此，让双方相互认可需要循序渐进，确保每一步行动都能促进双方更加认可、达成更加对等的位置。对施助者来说，至关重要的干预措施就是让客户畅所欲言，积极询问客户并消除自身的信息盲区。

请注意，这个过程也可以被看作施助者和客户相互帮助的过程。施助者可以通过逐步接受客户所传递的信息、改变对现实情况的认知，从而逐步获得客户的信任。从某种意义上来说，施助者需要依赖客户的帮助来获得准确的信息和感受，同时施助者也要乐于获得这种帮助才能取得客户的信任，才能了解更深层次的信息。随着双方的给予和接受帮助，这种协助关系逐渐达到平衡。

启示

为了建立有效的协助关系，施助者必须牢记前五条重要原则，现在我们将加入第六条：

> **原则 6：顺其自然。**
>
> 每个客户系统都有自己的文化，并希望通过文化来维持系统的稳定性，客户系统中的每个个体也都有自己的个性和风格。当我不了解客户系统的组织文化和个体风格时，我要找到客户的动机和需求，在此基础上与客户建立协助关系。

施助者必须尝试了解客户需求和协助关系的下一步走向，不要将个人成见过多地强加在彼此的关系上。如果我想了解现状、接触客户，知道自己的言行都是对组织的干预，不将客户的问题揽到自己身上来，那么很自然地，我会遵循"顺其自然"的原则，根据客户的感受和我的反应来引导自己进行下一步，而不是绞尽脑汁地构想一场咨询应该如何展开。

同时，施助者要警惕前文中提到的那些困境，不断提醒自己（"我和客户是否实现了团队协作？""我们的地位平等吗？""我们能否满足对方的需求？"）或关注过程进行提问（"这次交谈能否起到帮助作用？""我对问题理解了吗？""我们讨论的问题是否正确？"），这样才能朝着正确的目标前进。

客户的情况可能非常复杂，在协助关系开始的最初阶段，顾问很难对客户情况进行充分的了解。认识到这一点，顾问就不会对客户现状过早地做出评估和判断了。这不仅要求顾问三思而行，更需要顾问意识到自己还有很多情况没有了解，而不成熟的评估和判断一旦做出，就难以纠正。而避免过早判断，最好的方法就是在访谈中不要下达指令，而让客户自己选择话题，畅所欲言。这样，客户也能感到自己受到了更多的重视。在下一章中，我们会对这种"主动探询"的方法进行介绍。

结语与练习

在本章中，我刻画并分析了求助者、施助者及他们在建立协助关系初期的心理状态，从而概括出了影响协助关系的几个主要心理动因。顾问的目标是与客户建立起一种有效的心理契约，能够让双方通过相互分享满足彼此的期望，并让双方能以团队的方式来一起对客户的问题进行诊断、制定解决方案。为了达成这种有效的心理契约，双方都需要透过表面的第一印象来深入了解对方，进行深入的对话，相互理解并支持。

达成有效的心理契约还需要克服一个难题：顾问必须在彼此相互学习的同时，为客户创造一个良好、安全的沟通环境，能够让客户畅所欲言。这是因为在协助关系的初期，客户比施助者更为脆弱、依赖感更强，因此施助者必须克服诱惑，避免快速接过客户给予的权力。顾问必须致力于帮助客户建立双方平等的关系。顾问必须意识到，只有获得客户的帮助，才能够更加准确地了解客户现状；也只有当双方真正能够给予对方帮助时，解决客户问题的协助关系才能发挥最大效果。

在这里，我要再次强调我们的基本原则：

（1）始终尽力提供有效帮助。

（2）永远从当前现实出发。

（3）探索未知信息。

（4）顾问所做的任何工作都是对组织的干预。

（5）问题诊断与问题解决的责任人是客户自己。

（6）顺其自然。

我们在下一章的案例中，会展开详细介绍。

练习 2.1　给予和接受帮助

本练习的目的是帮助读者加强以下几个方面的能力：适应"施助者"角色；观察施助者与客户之间的心理动力学；掌握消除信息盲区的方法。

（1）邀请你的朋友与你分享某些问题。

（2）当朋友开始陈述问题情境时，努力思考与问题相关的所有未知信息，在脑海中将其罗列出来或用纸记录下来。

（3）将未知信息组合成一系列问题，向朋友提问以求解答。

（4）对于朋友所给出的回应，不要做出任何建议、判断或情绪反馈（即使朋友要求），只是默默倾听。

（5）20分钟后，与朋友一起讨论在这20分钟之内的感受。对照本章，查看下是否出现了本章中所提及的种种情绪。

（6）回顾自己的信息盲区，看看自己是否在克服刻板印象或先入为主的观念方面有所长进。

第三章

建立平等关系的要诀：主动探询与认真倾听

毫无疑问，在协助关系建立的初期，顾问最重要的工作之一就是认真倾听客户的陈述。然而，倾听并不是一件简单的事情，积极主动的倾听和消极被动的倾听所产生的效果截然不同。按照我们的基本原则，我们希望顾问采取顺其自然的态度来倾听客户的陈述，以消除自己的信息盲区，这乍一看就像是要求顾问在一旁被动地听客户自说自话一般。但是，在很多情况下，客户只是问一两个问题，就静静期待顾问解答。此时，顾问必须特别当心，不要快速接受客户给予的权力，从而落入"将责任全部揽到身上"这一陷阱。

例如，在顾问与客户对组织所面临的战略进行详细讨论之后，客户可能会提出这样的问题："那我应该如何组建我的管理团队呢？"如果此时顾问急于展示自己的专业性，他很可能会直接给出建议："要不要尝试一些团队建设的活动？我可以来主持进行一个团队建设研讨会。"然而，客户可能并不了解顾问所提建议的内容（如不了解团队建设的概念，或者团队建设与研讨会有什么关联）。在这样的情况下，如果客户对顾问非常依赖，那么他也可能会同意顾问的建议，采取一些和本身问题无关的建议措施；又或者，客户感到自己在协助关系中处于弱势，认为顾问只是在兜售其现成的工具和方法论，因而拒绝顾问的帮助，尽管这很可能可以解决客户的问题。无论是哪种情况，都没有形成有效的帮助。

而如果顾问在一开始采用的是过程咨询模型，那么首先在双方最初接触时，顾问会对客户在陈述现实或提出问题时的心理动态非常敏感；接下来，顾问会通过询问的方式获取信息，同时帮助客户建立自信，提升客户的地位（直至对等）。这样的提问能够让客户对自己的问题进行深入反思，甚至有可能让客户找到应对措施，而这正是过程咨询的精髓所在。我们的逻辑是这样的，客户只有在协助关系中感到安全，才会敞开心扉畅所欲言，也只有这样，顾问才能获得制定有效措施的正确信息。过程咨询模型的要诀在于顾问一方面需要积极掌控这个过程，另一方面还需要保持支持、倾听的姿态。创建这种环境的过程就是主动探询，包括但不仅限于认真倾听。

主动探询要达成以下几个目的：

（1）帮助客户建立信心，并建立协助关系的对等地位；

（2）尽可能多地收集客户现状的相关信息；

（3）让客户参与问题的诊断及对策的制定；

（4）帮助客户建立能够畅所欲言的安全氛围，使其能坦陈自身的焦虑情绪和原因。

从整体战略而言，主动探询的目的在于与客户组成共同的团队并达到地位对等，从而使得：顾问与客户形成共识、做出正确诊断；解决方案切实可行，客户会基于自身的组织文化来判别措施的可行性。从战术上来说，主动探询的有效实施意味着由客户自己来发掘真相，并尝试自行诊断。如果不是由客户自己组织语言对现实情况进行描述，顾问就无法了解真实的现状。毕竟顾问过往的丰富经验很可能让顾问快速对现状得出结论，从而形成有害的刻板印象。因此，施助者最初要做的事情，就是鼓励客户自己尽可能完整地讲述当前的情况，并尽量以客观中立的立场扮演好倾听者的角色。

主动且客观的倾听还有助于缓解客户因揭露问题所产生的焦虑。施助者与客户之间的关系，正如比尔·艾萨克（Bill Isaacs）所说，必须成为一个"安全的容器"[①]。在这种容器中，他们可以处理可能"在一般情况下无法处理的问题"。

表3-1对主动探询的提问类型进行了总结。

这个过程可以通过顾问提出一些问题来进行引导，但这些问题必须经过谨慎的安排，以免对客户的陈述造成影响。客户所陈述的"故事"代表了客户对现实和问题的理解和看法，应该让客户尽可能不受干扰地表达出来。

---

① "容器"这一概念是艾萨克在建立对话条件时所提出的概念。协助关系可以被认为是一种两人之间的对话，关于这种对话如何开展并发挥作用，我们将在第十章详细阐述。

表 3-1　主动探询的提问类型

Ⅰ.白描式提问

客户主导对话过程，并主要由客户进行讲述，顾问的工作是保持中立、仔细倾听，并通过提问来推动客户讲述"自己的故事"。

"现在是什么样的情况？"

"你能告诉我发生了什么事情吗？"

"出了什么事？"

"你能描述下当时的情况吗？"

"请继续。"

"然后呢？"

Ⅱ.探索诊断式提问

顾问通过分析客户的陈述内容和陈述方式来掌控对话过程，但不给出任何自己对内容的看法、建议或提示。

（1）探索情绪反应。

"对于这件事，你是怎么想的？"

"你是怎么应对的？"

"其他人的感受和反应是什么？"

（2）探索缘由。

"你为什么要这么做？"

"为什么你认为可能是那样？"

"他们为什么会这么做？"

（3）探索（过去、现在、将来的）行为举措。

"对于这件事，你是如何做的？"

"你打算怎么办？"

"其他人做了些什么？"

"其他人会怎么做？"

"你有哪些选择可做？"

"你应该做些什么？"

续表

Ⅲ. 质询式提问
顾问对客户的陈述内容和方式给出自己的意见和反馈。这种方式通过顾问反馈，"迫使"客户从另一个角度来思考问题，因此被称为"质询式提问"。
（1）质询过程。
"当时你可以采取以下措施吗……"
"你有没有考虑过……"
"你为什么没有……"
"你考虑过其他选择吗？譬如说……"
（2）质询内容。
"你有没有想过你可能反应过激了？"
"那难道不应该让你生气（焦虑、得意）吗？"
"实际情况可能和你想的不太一样……"

主动探询的提问类型

白描式提问

　　白描式提问从倾听开始。施助者并不需要说什么，只需要通过肢体语言和眼神交流告诉客户，自己已经做好了倾听的准备。客户如果也做好了准备，就会开始讲述。如果客户不知从何说起，顾问就可以酌情使用下面的提问来引起话题：

　　"能告诉我发生了什么吗？"

"我应该怎么帮你?"

"接下来呢?"(做出期待的表情)

"什么风把你给吹来了?"

"你能举个例子吗?"

"能说得具体些吗?"

"上次发生这种事情的时间是?"

最重要的是，顾问不要就自己预设存在的问题点来发问，因为这可能正是客户想要否认的。顾问最初应该聚焦于客观情况——发生了什么，以便于客户能够以自己的方式将"故事"表达出来。正如我们所见，在顾问进入协助关系、处理具体内容之前，向客户提出"为什么"的问题可以激发客户进行分析思考。例如，客户有时会为了在协助关系中占据心理上风，盘问顾问的资质而不讲述自己为什么要求助于顾问，在这样的情况下提出"你的问题是什么"——这是假定客户一定存在问题——显然不合时宜。客户在适应协助关系之前是不会直接将自己的问题公开的。

当客户开始讲述自己的"故事"之后，顾问可以采用主动探询的方式进行回应。例如专注地点点头，或者偶尔附和几句表示自己一直在认真听。如果需要的话，可以说一些诸如"请继续""能不能说得详细一些""接下来发生了什么"之类的话来提示客户。这么做的目的是鼓励客户尽量多地分享信息，以帮助顾问消除信息盲区，并增进顾问对现状的理解。而让客户举例子是尤其重要和有效的一种方式。客户陈述的故事往往比较抽象，如果不参照具体例子，顾问就很容易基于自身经历投射而想当然，反而忽略客户真正想要传递的信息。

正如罗伯特·弗里茨（Robert Fritz）所言，顾问在倾听的同时要能够发挥想象力，要在脑海中将各种场景、人物、环境及行动勾勒出来形成画面。这种视觉化的方式可以防止顾问走神，同时能够让顾问记住客户所讲述的内容中的很多细节。根据弗里茨的研究，主动视觉化有助于让顾问更加清晰地看到客户所在环境中的现实情况。

当然，客户的讲述不可避免地会越来越少，哪怕顾问再三给予提示，客户最终还是会讲完。事实上，客户可能会突然停止，反问顾问"这件事你怎么看"或是"你觉得我应该怎么做"。此时，顾问要小心应对，不要快速给出答案，以免落入专家模型的陷阱。如果顾问认为客户还没有准备好听取意见和建议，那么他可以采用一些方式让客户重新把关注点移到自身的问题上，将对话转换为探索诊断式提问就是方法之一。

探索诊断式提问

在这种提问方式中，顾问通过刻意追问客户陈述内容中的某些细节和问题来影响客户，从而主导对话过程。这些追问并不会改变客户陈述的具体内容，只会影响到故事讨论的关注点。这种通过追问改变话题的方式可以分为三种类型。

（1）**追问情绪与反应。**将客户的注意力转移到他对描述事情的感受和反应上来。

"你当时（或现在）的感受是怎样的？"
"对于这件事情，你当时（或现在）有什么样的反应？"
"对于这件事情，你当时（或现在）有什么样的情绪反应？"

（2）追问缘由。将客户的注意力转移到他对事情发生的缘由假设上来。

"你认为这件事情为什么会发生？"
（当客户说出某种反应后）"你（或他人）为什么会有这样的反应？"
（当客户说出某些行动后）"你（或他人）为什么会那么做？"

（3）追问已经实施的或考虑中的行动。将客户的注意力转移到他或其他人已经实施的、正打算实施的或计划未来将要实施的行动上来。一般来说，客户不会在陈述中吐露各种行动。但如果客户进行了介绍，那么顾问也可以在此基础上进一步询问。

"你（或他人）对此采取了哪些行动？"
"你接下来打算怎么做？"
"他们接下来会怎么做？"

无论是情绪、缘由还是行动，在客户陈述的故事中常常都会涉及。顾问可以视情况选择分类别询问，或者就某个事件一并追问。然而顾问必须意识到，探索诊断式提问会打乱客户的思绪而将客户带入顾问的思考节奏，因此相较白描式提问，探索诊断式提问会对客户产生更大的干预。任何诸如"你当时的感受是什么""你认为这件事为什么会发生""你接下来会怎么做"之类的问题会让客户从新的视角、新的关注点来审视这一事件，从而改变客户的思考轨迹。

质询式提问

质询式提问的本质是顾问将自己对于客户陈述过程及内容的理解和认知加入对话之中。顾问不再是仅仅要求客户对细节进行阐述，而是提出一些客户可能没有想到的意见和建议。

"关于这件事，你没有当面询问过他（他们）吗？"

"你能像……这样做吗？"

（在客户没有透露任何情感相关信息时）"你有没有想过他们之所以这么做是因为他们感到很不安？"

在质询式提问的情况下，顾问促使客户按照顾问的认知来进行思考，从而进一步加强了对客户的干预。在探索诊断式提问中，顾问也在引导客户，但只是引导客户对自身的认知和情感进行反思。而在质询式提问中，顾问的干预让客户开始面对全新的想法、概念、假设和备选方案，这样，顾问不仅干预了客户的思考过程，也干预了客户的思考内容。

这种干预方式的影响力巨大，要引起足够的重视。即使是一个微不足道的问题，如"你有没有想过你在这件事情中扮演什么角色""这样你就生气了吗",也可能让客户放弃原本在陈述的内容,转而进入顾问所设定的思考框架。而且,这样做的最大风险在于让客户忙于处理接触到的新理念,而不是根据记忆来描绘现状,关于客户现状的真实信息有可能就此丢失。所以,质询式提问要把握好在何时以何种方式向客户提问。

建设性地寻找干预机会

在决定何时从白描式提问转变为探索诊断式或质询式提问时,时机把握是至关重要的。在有些情况下,这种转变可能只需要几分钟,但有时整个对话过程可能都应该保持白描式提问。通常来说,顾问需要根据客户的陈述以及自己对事情的反应与判断,自行决定在三种模式之间切换的时机。并没有一种简单的标准来决定何时转换客户的关注点最为恰当。在理想情况下,谈话的重点要么放在故事中的事件上,因为这些事件可以帮助顾问更好地理解客户的问题;要么当问题呼之欲出时将关注点放在问题可能的解决措施上。但是,顾问一旦忽视了我们前面提到的过程咨询基本原则,就很容易面临风险——这种诱惑实在过于巨大,即基于过往经验,投射到客户身上从而形成认知,并直接给出见解和建议。

然而,顾问也不能仅仅被动地接收信息,因为有效倾听能够让人产生强烈的感受与想法,而顾问能够对客户的经历感同身受将大大有助于理解和帮助客户。因此,在坚持"顺其自然"这一原则时必须与另一原则"建设性地寻找干预机会"相平衡。在我看来,要抓住机会转移客户的关注点,其时机选择的标准是客户说了一些对于客户的故事明显有重要意义的事情,且这些事情令顾问印象深刻。换句话说,顾问的干预必须与客户所说的内容紧密相关,而不仅仅是个人的想法或感受。

当感到时机合适时,顾问必须承担一些风险,抓住机会向客户提供新的见解、备选方案或看待事物的新视角。如下文中的案例所示,在把握这些机会时,顾问有可能会在干预的时机或程度方面出问题,导致客户的拒绝和紧张关系。这时,顾问必须意识到,客户的这种反应不仅仅是说明了顾问的做法有误,更重要的是揭示了客户会对什么样的干预感到不满。这就是说,顾问要从错误中吸取教训。

在沟通交流中,我们时常会出现错误。或者说了不恰当的话,或者说话方式有误,又或者选择了错误的时机。我们需要认识到,正是这些错误给我们提供了学习的机会[①]。因此,我们应该勇于面对这些错误,而不要被其挫败。我们可以从中吸取教训,例如"如何更加谨慎地表达""要收集信息弥补盲区,不要想当然",然而我们更加需要做的是超越这些教训,进一步揭示更多关于客户现实情况的信息。因此,对错误的反思可以来自两个方面:一方面是重新认识自我,并思考是

---

① 唐·迈克尔很久以前就在他意义深远的《学习计划与计划学习》(*Learning to Plan and Planning to Learn*)一书中指出,错误应作为反思和学习的关键受到"拥抱",而非拒之门外或为之抱憾。幸运的是,这本重要的组织学习图书因为其更加适用于当今时代而得以再版,并更新了前言和后记。

否采用别的方式会更好；另一方面是了解客户的思维方式、思考内容，以及目前的接受程度。以上所有这些可以进一步被归结为另外的三个基本原则。

原则 7：选择时机至关重要。

这一刻有效的干预措施，如果改变干预的时间有可能就会失败。因此在对话中，我们必须保持大脑高速运转，寻找与客户关注点匹配的时机进行干预。

原则 8：建设性地寻找干预机会。

任何客户系统都具有开放性和不稳定性的特点，这也正是变革能够产生的原因。我们要（顺其自然地）找到组织的文化优势并借助变革动机，把握机会来向客户提供新的见解和可能性。既要顺其自然，也要抓住机会进行干预。

原则 9：所有的尝试都能够获取信息：错误无法避免，恰是学习的源泉。

无论如何小心地遵从上述的基本原则，我们的言行都还是会对客户造成意外或负面影响。我们必须从中学习，而不应该因错误而产生自我防卫、羞耻或内疚的心理。虽然我们也许永远无法获取足够多的客户信息来避免出错，但我们能够从错误中了解很多有关客户的信息。

选择时机的要素

下面这个案例说明了选择时机过程中的要素，包括选择时机的重要性、从错误中进行学习的过程。

我的同事吉姆（Jim）是一位组织管理顾问，他曾为四家公司提供组织咨询，但他的管理报告却无一得到客户认可，并导致了他与这四个客户的合作终止。吉姆百思不得其解，于是来向我求助。吉姆告诉我，在这几次咨询活动中，他的主要任务是为这些公司组建信息（IT）职能。我和吉姆的沟通始于我以白描式提问的方式，请吉姆来陈述他所经历的这些事件。大约15分钟后，我便清楚地发现吉姆在咨询过程中完完全全使用的是医患关系模型。吉姆认为他在诊断过程中非常认真仔细，而且提供了切实可行的建议，他无法理解为什么这些经过深思熟虑的诊断结果和建议方案会如此迅速地被客户驳回。

在讲述这些故事的过程中，吉姆表现出了很多他的情绪反应——他感到非常沮丧，对自己很失望，也很迷茫。当面对客户出现这样的反应时，顾问往往抵挡不住诱惑，从而中断进一步调查而直接给出自己的分析和见解，而这正是顾问自身不恰当地采用医患关系模型而导致客户产生防御行为的原因。而吉姆恰恰如此，在为四家公司提供服务的过程中，他都采取了公开进行正式汇报的方式，而且其汇报内容往往对多个层级的管理团队和组织架构提出了严厉的批评。当我发现这一点时，我意识到，如果我也像吉姆那样做——当面指出他所存在的问题，那只会带给他挫败感，让他愈发感到卑微，从而产生防御心理。那我的结果也势必是重蹈吉姆的覆辙。

我抑制住了这种冲动，而向吉姆提出了一个诊断性问题："对于你的报告没有获得客户的认可，你自己是怎么看的？"实际上，我真正的想法是想了解"为什么这种情况会发生"——把关注点放在事件上，并促使他和我一起来对事件进行分析。很快，吉姆就做出了自己的分析：客户并不想听到关于自己的负面信息，因此他们很自然地会采取防御性的行为。而他当时并没有发现自己所选的汇报内容和汇报方式可能会激发这种防御反应。吉姆的分析给我提供了更多了解他盲点所在的信息，从而能够帮助他思考问题发生的过程。

提出"为什么"这样的问题是一种强有力的干预方式，这类问题往往会迫使客户以新的角度来审视那些习以为常的事情。顾问可以通过精心安排询问的"主题"来开启一个个不同的思考过程，从而有新的发现。通常，可以请客户思考"为什么自己会那么做""事件中的其他人又为什么有那样的做法"，以及与故事中的客户或其他特定人员不相关的"一些事情为什么会发生"。

在与吉姆一起探讨为什么会造成负面反馈时，吉姆谈到了一次令他尤为难堪的经历。向执行团队汇报时，吉姆指出了该组织的文化并不符合公司的长期目标。这招致了公司首席执行官（CEO）的直接挑战，CEO声称从未要求吉姆对该公司的组织文化进行分析和评价，而作为创始人之一，CEO对该组织文化非常认同，他迫使吉姆承认自己的所作所为超出了项目范畴。吉姆也感到非常抱歉，并公开向CEO道了歉。但令吉姆惊讶的是，事后有几位执行团队的成员找到他，向他表示其对组织文化的深入研究和汇报是非常合理的，他们对此甚至表示欢迎。

我所提出的诊断性问题揭示了一些之前虽未发现但非常重要的问题。此时，我觉得应该进一步探索吉姆所采取的行动，于是我提出了一些行动指向性问题。这类问题不仅可以进一步加强分析诊断，还将揭示更多客户所经历的心理过程以及他可以采取的行动方案。与白描式问题"接下来发生了什么"相比，行动指向性问题更加关注行动，如询问客户做了什么，或请客户陈述其他人做了什么。问题的关注点既可以放在过去已经发生的实际行为上，也可以放在现在的情况和未来的计划上，例如，"接下来你打算怎么做？"或是"你想怎么办？"；问题也可以涉及事件中的其他人，如"××会怎么做？"；或者更复杂一些，使用婚姻咨询顾问所经常采用的"循环提问"——基于客户的某些做法，其他人会采取何种做法，譬如，我问吉姆"如果你不是向CEO致歉而是给予回击，会有什么样的结果"。不过在这个案例中，我决定把关注点放在CEO身上，因为这位CEO的行为看上去最令人费解。

我问吉姆：为什么CEO会如此表现？然而吉姆并不知道为什么CEO会这么做，这令我非常惊讶。所以，我转而询问吉姆为什么他认为自己需要向CEO道歉，他到底做错了什么。实际上，我正在验证我自己的假设，也就是吉姆本应该将汇报的资料先给CEO过目，并私下和CEO沟通其对文化批评的反应。但对这个问题，吉姆并没有给出直接回复，他只是再一次强调自己犯了错误并感到很内疚。于是我决定直接对吉姆提出质问——我问他：为什么没有先和 CEO 沟通汇报资料？

请注意，通过这个问题，我首次提出了自己对于整个事件及各种可能性的看法。该问题会迫使客户对事件中的其他要素进行思考，因此会很自然地被视为"质问"。这些质问还可以以提问的方式表述，诸如"你有没有想过和 CEO 在非正式场合沟通你对公司文化的看法"，又或者以向客户提出建议的方式表述，如"你是不是可以把汇报的资料提前发给 CEO 和管理团队看看"。

吉姆的反应让我充分意识到，如果存在信息盲区，沟通就可能会面临危险。吉姆顿时精神一振："我确实私下去找过 CEO 进行沟通，还把相同的资料给了他。但显然我没有做好我的工作，也没有把我的观点传达给他。"事实上，让吉姆感到不安的是，CEO 在公开场合提出了挑战，但在私下沟通时却什么也没说。

这时，我意识到我提出的问题其实是一个反问句。当我说吉姆应该去找 CEO 时，我其实已经假定了他并没有去。在这里我犯了一个错误，我在询问他是不是做过之前，就假定了他没有做过。吉姆的回应也证明了我的错误：他因此产生了防御心理，并再次陷入自责之中。好在我从中又获得了一些新的信息，让我想到下一步应该怎么做。我决定更加谨慎地提出问题，并反思我为何会犯错——原因是急于求成、不够耐心和傲慢。此时，我对实际情况有了更多的了解，也知道了吉姆倾向于把没有出色地完成工作的责任归咎于自己。事实上，我很想知道为什么吉姆在自己陈述时忽略了如此重要的信息，这也让我开始反思吉姆对何为重要、何为不重要的认知标准。在吉姆如此自责的情况下，质询式提问被证明是一种有效的干预方法。

关于吉姆提到的已经提前和 CEO 进行了沟通，但 CEO 仍公开挑战的情况，我提出了一种新的假设：问题可能在于 CEO 对顾问在他的团队面前批评公司文化感到很尴尬。吉姆认为这有一定的可能性，但他在这个项目中一直将 CEO 和整个管理团队视为一体。吉姆似乎对 CEO 与其他管理团队成员之间的地位和权力差异不敏感。他还强调说，作为一名顾问，无论面对什么样的客户，都有义务把调研中所发现的内容尽可能清楚有效地汇报出来。在这一点上，他过于强调自身的专家定位，这使他忽略了去了解客户系统内部的情况。

至此，我们得出的教训是：错误难免会发生，我们要从错误中进行学习。同时，我们要能够清晰地区分出错误的原因：到底是内容选择的问题，还是时机把握的问题，又或者是表达的问题？在上述案例中，我觉察出了问题可能与 CEO 相关，但我选错了表达的时机和表达的方式。关于吉姆和 CEO 的互动，我在存在多种可能性的情况下只做出了唯一假设——吉姆并没有和 CEO 提前会晤。但是，我也充分相信我这次已经基本把握住了真正的问题，那就是吉姆在 CEO 的下级面前公开批评公司文化。

感知对等的关系

随着对话的进行，我注意到吉姆在和我探讨问题发生的原因时变得更加放松了。尽管他对与 CEO 相关的特定问题依然避而不谈，但他开始聊起自己对于过去事件的看法。我感觉我们之间的关系更加对等了，吉姆的心理不再那么脆弱，他对我的依赖性也大大降低了，这意味着接下来我可以提出更多的质询式问题。一旦双方的关系变得对等，顾问就可以将对话引导至更深层次，而不用担心对方会产生防御心理。因为此时客户已经成为一名积极的学习者，愿意吸纳（顾问给出的）信息。请注意，这里的"对等"并不是指双方真的拥有了完全一致的地位，而是说双方之间的隐性契约——双方在对相互依赖的程度、顾问的角色定位、客户对顾问建议的接纳等方面都达成了共识。因此，双方对于分享和获得的内容都很满意。

达到这一状态的信号也很有趣：客户更加积极地诊断自己的过往经历，语音语调也有了变化，能够更加自信地讲述自己的观点。不再沉湎于自责或责备他人，客观分析越来越多。客户与顾问逐步形成了一个团队，共同诊断问题并探究原因。我和吉姆的对话也是如此，他变得越来越放松，和我一起客观地分析他在其他几个客户案例中存在的问题。如下文所示，我们开始进入更加直接的对话阶段。

吉姆讲述的故事让我越来越强烈地感受到他在咨询过程中扮演了一个"超级专家和超级医生"的角色。他乐此不疲地想要扮演好这个角色，却忽略了咨询过程中的很多问题。我决定向他提出一些更加直接的质询式问题，看一看他是否做好了准备来直面这个自我定义的专家角色。对于我对咨询的不同类型和角色的划分，吉姆非常了解，所以我可以直接进入正题。

我问道："在这四个不被客户认同的咨询项目中，有没有哪一次的情况更加适合使用过程咨询模型，你却像医生一样给客户做诊断开处方？你为什么没有和公司内部人员尤其是 CEO 先沟通一下汇报的方式和流程？为什么你觉得汇报的内容和对象一定要由你来决定，而且必须以书面的正式形式来汇报？"

当我提出这一连串问题时，我自己也感到非常懊恼，因为吉姆非常了解过程咨询模型，但我觉得他并没有在实际工作中应用所学。我又补充说："为什么顾问可以不与客户沟通讨论，就自己确定所有咨询过程？当我们遇到问题时，我们应该和客户沟通探讨问题，而不应该认为应由自己来解决所有的问题。"虽然我觉得存在一定风险，但我还是一口气把这些都说了出来。因为和吉姆沟通的时间已所剩无几，所以我希望在结束前把我的观点都传达给他。

面对我的问题，吉姆积极地做出了回应，并立刻对进入医患关系模型的原因进行了反思。他说，因为对方专门支付了诊断费用，所以他希望利用自己的专业知识把事情做好。他也意识到了汇报的形式、听取汇报的对象和汇报的内容都需要和公司内部的合作伙伴共同讨论确定，这一点至关重要。吉姆现在能够清晰地区分内容专家（对公司组织架构和文化非常了解）和流程专家（掌握如何管控向客户反馈信息的过程，以便于让客户系统中的关键人员感到有所受益）了。这个认知立刻被沿用到了吉姆的其他三个项目中，因为现在他认识到了自己把注意力都放在了如何策划"完美"的汇报上，而忽视了这些汇报是否匹配客户系统的文化和政治环境。

在一小时的会晤结束后，我们都对问题有了新的见解。然而，仍令我感到困扰和沮丧的是，吉姆明明非常了解过程咨询的理念和模式，却依然义无反顾地一头陷进了医生的角色而不自知，并且没有办法自己挣脱出来。

在上述的案例中，我们得出了过程咨询的第十条基本原则——迷茫时，与他人分享问题。顾问常常会处于不了解事情原委或不知道如何入手的迷茫状态，按照过程咨询理念，在这种情况下，和客户系统内的恰当人员进行沟通并分享问题是很好的应对方法。在吉姆的案例中，他完全可以先和 CEO 私下交流，询问 CEO 认为下一步向组织内其他成员反馈数据时什么样的做法会比较妥当。然而，我们往往沉醉于自我的专业，而忽略了去了解并消除信息盲区。吉姆并不了解该公司，也不知道如何更妥当地展示自己的发现。他应该与客户分享这个问题，收集客户的反馈，从而更切实地把问题解决。

> **原则 10：迷茫时，与他人分享问题。**
>
> （在咨询过程中）我经常会处于不了解情况或无从下手的迷茫状态，在这样的情况下，将问题与客户分享，请他们参与到决策中来往往是恰当的方式。

欣赏式探询的概念

到目前为止，帮助过程一直都被理解为客户把自身问题带给施助者的过程。一些学者和顾问对此概念进行了修正，提出了"欣赏式探询"的概念——以更加积极的方式来看待"问题"。表3-2指出了问题解决思维和欣赏式探询思维在关注点上的区别。我们越来越意识到，我们用来诠释和标注现实的心理模型和隐喻，往往建构了我们的所见和所思。库珀瑞德（Cooperrider）指出，聚焦问题本身就是一种隐喻，它会让我们倾向于用有缺陷的、消极的和修正事物的方式思考。通常，从更加积极、发展的角度来思考是更有帮助的，把关注点放在行之有效的方法、期望达成的目标，以及对未来的愿景构想上。从某种意义上说，欣赏式探询强调了"适应性学习"和"创造性学习"的区别[①]。前者指修正眼前出现的问题，后者指通过培养学习能力来防止问题的再次发生。过程咨询的基本理论是支持创造性学习的，但在这种学习过程之初，客户依然会感到眼前有一个亟待修正的问题。

表3-2 问题解决思维和欣赏式探询思维

问题解决思维关注点	欣赏式探询思维关注点
有问题需要解决	肯定现状
确认问题	肯定现状的价值
分析原因	展望可能的未来
分析可能的解决方法	讨论理想的未来状态
行动计划	革新未来

问题解决思维假设"现实"是一系列有待解决的问题；而欣赏式探询思维则认为"现实"是我们创造的、需要被接受和不断改进的"奇迹"。

[①] 这种区分是由彼得·圣吉做出的，并建立在许多学者提到的一阶学习与二阶学习之间的差异之上。

同样的观点来自马萨克（Marshak），近年来他提出至少可以采用四种不同的方式来思考变革（如表3-3所示）。表3-3清楚地展示了从物理、工程的角度，我们可以将变革视为修理、转移或建设的过程；从化学的角度，我们可以将变革视为通过将合适的人混合在一起以产生"化学反应"；从农业、生物学角度，变革则是生长、发展的过程。一方面该过程很大程度上为被帮助的个人或团队自身所左右；另一方面，施助者也可以为这个过程提供养分、阳光和肥料，从而加速变革过程。

表3-3 关于变革的隐喻

物理/化学方面的隐喻（修理和重建）	
机械方面的隐喻	"修理"问题，再造
行走方面的隐喻	转移阵地，彻底转变
建筑方面的隐喻	建设新项目，重建
化学方面的隐喻	催化、混合、复合、结晶
生物/医疗方面的隐喻（治疗和生长）	
农业方面的隐喻	生长、再生、结出果实、收获
医疗方面的隐喻	治疗、接种、打预防针、切割、切除
心理/精神方面的隐喻（重生和新生）	
心理方面的隐喻	提供新见解，改变心理模型
精神方面的隐喻	转变、解放、创造、转型
社会心理方面的隐喻（重组和改组）	
社会心理方面的隐喻	转变角色和修订规范、改变文化

这些隐形的模型在咨询初期可能并不会产生影响，但在之后的探索诊断式提问和质询式提问中一定会产生作用。因此，顾问必须非常清楚自己所采用的隐喻模型和假设，这一点非常重要。如果我们以解

决问题思维为导向，那么在接下来的跟进中，我们会更加关注问题所在；而从欣赏式探询思维出发，我们会更加强调那些行之有效的、获得客户肯定的做法，关注于客户的目标、期望与愿景。同样，我们对"修理机器"的机械模型和"促进生长"的生物模型的不同选择，也必将影响我们在对客户情况进行诊断以及思考变革时所采用的心理模型。

顾问选择何种模型在协助关系的初期影响并不大，因为客户所选择的隐喻模型才是决定性的。正如此前所提到的，在我们的文化中，寻求帮助的绝大多数客户选择了"机械模型"——他们需要"修理"，越快解决问题越好。如果顾问因希望提升客户解决问题的能力而采用欣赏式探询，那么随着协助关系的发展，顾问会提出一些更加正向的问题，来帮助客户看到欣赏有用信息和事物思维的价值，而非哀叹已经发生的问题。在最近的一次研讨会中，库珀瑞德给我们举了一个非常典型的例子。

库珀瑞德的一位朋友是某家公司的内部顾问。有一天，她找到库珀瑞德以寻求帮助：在她从事了几十年关于应对职场性骚扰的培训之后，她突然发现这些培训其实作用并不大。库珀瑞德没有马上追问为什么培训可能没有起到作用，而是开始询问她希望通过培训达到的目的。她回答说，她真正希望实现的是在工作中忽略性别的良好工作关系。库珀瑞德接着询问她所在的组织中是否存在这样跨性别有效工作的搭档或团队。于是，他们决定在公司内部广泛邀请那些对工作关系感到满意的跨性别搭档来分享他们的有益经验。结果，数十个这样的小组分享了他们的经验，使得顾问能够为防范性骚扰问题制定一套全新的方法。通过对成功案例进行分析，该公司建立了一个完全不同于之前的培训项目。实践证明，这个新的培训项目的效果要明显好于此前。

结语、案例与练习

在本章中，我使用了大量篇幅想要说明如何通过主动探询，让客户处于主导地位——使他们通过主动积极解决问题来获得协助关系中的平等地位，让他们有自信对自己的问题进行诊断，从而为顾问和他们自己获得更多的有用信息——最终使得协助关系得到进一步改善。主动探询并不仅仅是认真倾听，顾问还需要理解客户的心理动因，并且懂得不同类型的提问对客户心理和情绪的影响。

我们必须清晰地区分三个层次的提问：

（1）白描式提问——只关注客户所讲述的故事。

（2）探索诊断式提问——加入了顾问的感受、诊断性问题和行动指向性问题。

（3）质询式提问——加入了顾问对于事情发展的观点和看法。

至于什么时候采用哪个层次的提问取决于当时的实际情况，根据客户故事中出现的事件，更重要的是评估客户的心态——何时客户不再处于协助关系的下风。客户和施助者之间的关系会随着实际情况的变化而变化，但只有通过主动探询，施助者和客户才能厘清各自的角色、相互理解接纳，从而建立起彼此之间可靠的心理契约。在协助关系的最初阶段，白描式提问更为适用，因为这种方式可以让施助者更好地发现客户的期望，并能展示出施助者对客户的理解和支持。一旦客户主动想要开始解决问题，施助者就可以使用更深层次的探索诊断式提问和质询式提问了。

在主动探询的过程中，顾问干预的时机非常重要，顾问既要随着客户的讲述了解情况，同时也要抓住给予客户建设性意见的机会。在这个过程中，顾问需要承担一些风险并难免会犯错。而顾问应该积极对待这些错误，因为这些错误正是顾问了解客户整体现状、了解客户对顾问干预反应的学习源泉。

探询过程必然受到顾问和客户所使用的隐喻模型的影响，包括变革、学习、问题解决和成长发展。顾问必须清楚各种隐喻模型，并根据实际情况做出恰当选择。然而，顾问无论采用了何种隐喻模型，都要记得主动探询的核心功能之一就是为客户创造安全的环境，能够让客户坦陈那些令他们焦头烂额的问题。作为施助者，无论我们自己的想法如何，事实上我们最初制定的干预方式就奠定了协助关系的基调，并且决定了协助关系的发展方向。随着协助关系的推进，我们不得不面对需要处理的现实，而通过尽可能多地采用白描式提问来获得信息、消除自身信息盲区则是了解现实最为安全妥当的做法。

至此，我们可以重申已经确定的有关过程咨询的十条基本原则。

(1)始终尽力提供有效帮助。

(2)永远从当前现实出发。

(3)探索未知信息。

(4)顾问所做的任何工作都是对组织的干预。

(5)问题诊断与问题解决的责任人是客户自己。

(6)顺其自然。

(7)选择时机至关重要。

(8)建设性地寻找干预机会。

(9)所有的尝试都能够获取信息:错误无法避免,恰是学习的源泉。

(10)迷茫时,与他人分享问题。

每当我反思那些我认为没有处理好的协助关系时,我总会发现自己违反了上述的某一项或某几项原则。而每当我陷入困境无所适从时,我都会回顾这十条基本原则,从中发现自己应该做什么,不应该做什么;如果这还不能解决问题,我就会采用第十条原则,将我的问题与他人分享。

案例 3.1 汉森实验公司:拒绝扮演医生角色

在本案例中,客户与顾问的期望之间存在明显的冲突,这说明顾问不仅应该谨慎处理自身的角色,还需要明确坚持自己的专业主张。我所理解的此次咨询项目的战略目标显然不符合客户对咨询公司顾问的期望,因此这项咨询活动在开始之后没多久就中止了。

我之前的一位学生在某家规模不大的公司担任高级经理。该公司每年都组织年会，参加年会的是分布在全球各地的主要经理。该公司由他的叔叔和叔叔的一位兄弟经营，后者为公司总裁。我的学生曾经分别向我和他的叔叔提议，他们公司的下一次年会应该邀请一位像我这样的顾问来参加，担任会议讨论的协调者。他非常希望我能够抽出时间来参加。

我被告知，我的工作主要是在高层管理者对未来战略进行陈述之后，向那些"沉默不语"的经理提出质询式问题，以推动这些人参与讨论。他们认为像我这样的顾问可以以他们无法做到的方式，让参会的"沉默者"开口发言。

于是我顺着问了个宽泛的质询式问题：为什么他们认为在这样的年会上需要一个外部人士出场？我的学生告诉我，在过去的几年中，年会的效果都很差，那些海外的经理都没有按照预想中那样参与到会议的讨论中来。于是我让他向我描述那些会议中具体发生的情况。这个问题促使我的学生开始进行诊断性思考——他告诉我，其实高层管理者对未来战略进行讲述是想听听大家的意见和看法，但他们制造出的氛围却让大家只想表示服从。另外，许多应该就未来战略提出意见建议的经理还存在着语言障碍，而且他们之间存在着不同程度的竞争关系。因此，他猜想那些与会的经理可能会认为在年会上发表意见并不"安全"，因为这容易给高层管理者和同事们留下不好的印象。最后，他表示其实他也不确定高层管理者是不是真的想听取别人的意见。

基于我学生所陈述的情况，我认为我能起到的最大帮助，就是让我的学生意识到问题的原因在于让经理们参与讨论的机制并未形成，即使引进一位外部顾问也无济于事。因此，我就高层管理者对团队参与讨论的重视程度、讨论会的氛围设置等又继续提出了一系列质询式问题。我想了解在为他人设置参与机制之前，他们自身是否首先对"参与决策"做出了承诺。我说道，如果高层管理者真的希望与会者能够参与到会议讨论中来，那么他们可以对此进行沟通并建立相应的机制，把不发言的经理们也吸纳进来。我提议可以帮助他们设计这样的机制，但我坚持认为在这样的情况下，单单引入外部促动者无法产生帮助。

我的对接人，也就是我的学生表示，总裁不太擅长鼓励大家参与发言，而他的叔叔又不愿意扮演这一角色，因此他们才希望由一位外部人士来完成这一任务。但是他相信，这两位公司高层都是真心希望团队能够参与讨论的。而对我来说，对于年会的情况我还有很多不了解的地方，而且我也不了解公司高层届时的反应，因此我暂时还不想确定参与会议。

我让我的学生转告他叔叔，说我想和他见面，对会议的安排进行设计，并讨论是否需要引入外部顾问，而这次会晤也将作为咨询调研进行计费。我想通过这个来测试他们是否真的有动力来解决这一问题，同时更多地了解下他叔叔的想法。

他的叔叔果然给我打来电话并安排了两个小时的会晤。在会晤中，他重复了他侄子所说的一切，强烈要求我参加公司年会。他说我们可以一起搭乘巴士到达乡村酒店，并举行三天的封闭会议，会议结束后再乘坐巴士返回，我在乘坐巴士前往酒店的途中就可以着手活跃团队气氛，在会议中我可以向缄默的经理们发问，在返程途中我也可以进一步推进工作。当我问到他们为什么认为自己不能创建一个更有利于大家参与的团队氛围时，他有点闪烁其词，说他们缺乏这种技能，尤其指向了他的兄弟（指总裁）。

这使我更加紧张，也更加抗拒他们的提议——情况完全感觉不对劲，因为我提出的建议和他们的动机完全不匹配。根据我和我学生的叔叔的谈话，我得到的结论是，他们并不知道真正想要的是什么，他们给出的信息并不明确，或者说他们想要的就是明确的与会者的服从。我感到顾问的参与只会让情况变得更糟，因为在顾问的鼓舞下，一部分人会发表意见，但他们的意见并不会受到欢迎。我委婉地把想法传达给了我学生的叔叔，却意外地遭到了他的反对和抵制。看来他已经拿定了主意，一个外部协调员就是他的答案。我告诉他我对此无能为力，并希望他尝试从公司内部解决这一问题。

坦白说，从实际情况来看，同意客户提出的解决方案是不明智的，甚至有百害而无一利。因为他们希望找到一个医生来诊治他们可能误诊的问题，并不愿意通过更多的过程咨询来承担干预的责任。我也不知道让基层管理者积极参与讨论是否会受到高层管理者的欢迎，或是否符合基层管理者的自身利益。

在这样的情况下，我所能起到的帮助是将所有的考虑点都呈现出来，以便他们对这些问题有所了解。我把我的意见写成了一封长长的邮件，详细地阐述了我的分析和考虑。我收到了两小时的咨询费用，但我们并没有进行进一步的沟通合作，因此我无法知道我的干预最后是否真正对他们产生了帮助。但我对自己在一开始就采用质询式提问进行干预表示满意，因为我因此获得了更多有关客户隐性期望的信息。

练习 3.1　探询问题的类型

（1）请一位朋友或同事模拟客户，与你分享遇到的一个问题。如果他觉得不太方便，那就请对方讲一个近期发生在他身上的事情。

（2）当客户开始讲述自己的故事时，有意识地提出一些白描式提问的问题。

（3）虽然你应该让客户以自己的方式把故事讲出来，但有时你还是想插话询问客户"某人做了什么"或是"为什么要这么做"，留意自己想要提出这类问题的频次。

（4）克制自己的冲动，不要向客户提出探索诊断式提问或质询式提问的问题，直到你感觉客户已经以自己的方式把所有要表达的都表达出来了为止。

（5）做出决定，在某个时刻转换成探索诊断式提问，并观察客户的反应。

（6）做出决定，在某个时刻进一步转换成质询式提问，并观察客户的反应。

（7）当完成之后，相互讨论双方在这整个过程中的想法和感受，思考不同类型的询问问题方式对对话产生的影响。

练习 3.2　欣赏式探询

（1）请一位朋友或同事与你分享他目前遇到的一个问题。

（2）使用之前讨论过的主动探询方式来充分了解这个问题。

（3）在表达自我观点和向对方提出质询式问题时，采用欣赏式探询的方式。即让对方更少地关注"问题"和不奏效的方法，而是更多关注于行之有效的方法、积极的目标以及达成目标的有利因素。

（4）（对比过去的经历）思考：转换成欣赏式探询后，客户的反应；当自身从问题视角转向更积极的视角时，自己的心理过程发生了什么样的变化。

第四章

关于"客户"的概念

任何协助或变革的过程必定有特定的目标或客户。在到目前为止的讨论中，当我谈及"客户"这个概念时，总是清晰明确的。然而实际上，我们往往可能很难回答"客户是谁"这个问题。有时，我自己也不知道在为谁工作；有时，我同时为好几位目标相互冲突的客户工作。我经常把一些人定义为变革的"目标"，我可以清晰地看到他们的问题，也非常愿意帮助他们，但他们却没有意识到自身问题的存在，也拒绝被当作"客户"。我的客户既可能是某个人，也可能是或大或小的团队，也可能是某次会议中的一部分人。我知道，无论是个人客户还是团队客户，我与他们的互动都会对其他并未参与进来的人员或团队产生影响。而最终，我们在干预活动中所做的一切都将作用于我们所置身的更大的社群。

我们在与"谁"共事这个问题不仅仅存在于咨询顾问身上。经理在面对下属或同事、我们与邻居打交道、教师在处理班级问题时都会面临同样的问题——到底谁是我们要施加影响的目标？又是谁需要得到帮助？他们需要得到什么帮助？在所有这些情况中，过程咨询理论的目标只有一个——努力提供帮助。但正如我们将看到的，不同的客户定义决定了我们所要采用的策略和方法。而且随着咨询的深入，"谁是真正的客户"以及"我们要应对的问题是什么"此类问题会变得越来越复杂。而想要简化这些问题，我们需要的是不断明确自己与谁共事、要做什么。

客户的基本类型

客户的基本类型主要有以下几种：

（1）**联系客户**：指带着请求或问题前来与顾问会晤，与顾问产生联系的人。

（2）**中间客户**：指随着项目的进展，在咨询活动中参与访谈、会议或其他活动的个人或群体。

（3）**主要客户**：指咨询问题的最终所有者，一般也是咨询费用的承担者。

（4）**不知情客户**：他们是组织或客户系统中的成员，与主要客户是上下级或同事的关系，他们会在不知情的情况下受到咨询干预活动的影响。

（5）**最终客户**：指社群、组织整体、职业团体等集体。顾问所制定的任何干预措施都需要考虑到最终客户的利益。

（6）**相关的"非客户"**：我们需要注意，在任何变革活动中总会有一些对情况非常了解的个人或群体，他们虽然并不符合上述任何客户的定义，但是会因自身利益而抵制或阻挠顾问的帮助活动。在任何社会与组织环境中，施助者在计划和执行各项干预措施时都必须考虑到其中的政治因素、权力博弈、潜在规则和成员之间相互冲突的目标。

"联系客户"是最初对接顾问的人，他们一般会将顾问介绍给组织中的其他成员，他们也会与顾问一起为组织中的其他成员安排活动计划。随着咨询项目的推进，顾问必须仔细区分各种客户类型，尤其是要区分出支付咨询费用的"主要客户"、将受到咨询干预活动影响的"不知情客户"和"最终客户"，以及可能抵制或阻挠干预活动的"相关的'非客户'"。不同客户对于何为帮助的定义也有所不同，这也就要求顾问能够使用更加广泛的思维模型，以便于思考组织中的社交网络、干预活动的影响路径、权力关系，以及其他更大社群系统中的驱动因素。

不同层次的客户角色

随着帮助过程的逐步展开，顾问还必须考虑根据所要解决的问题的性质对客户角色进行分类。拉什福德和科格伦在1994年出版的《组织动力层次》一书中非常详尽地阐述了这一点。根据此书提供的框架，我们可以将问题区分为七个层次，每个层次的问题都对应不同的客户群体。

个人层次

个人层次可以被理解为那些由某些个体带入协助关系的"内心"问题。在群体与组织环境中，个人层次问题就是拉什福德和科格伦所说的基本问题，包括与他人处理好关系、融入组织或社群等。

在这种情况下，最契合的干预措施通常与个人问题相关，譬如个人职业发展问题或其他问题，通常通过个人咨询、辅导、指导和培训方式来实施。在组织环境中，干预的重点一般是帮助个体员工更有效地成为组织的参与者。而这些个体帮助服务可以提供给客户系统中的任何人（包括联系客户、中间客户、主要客户，又或是不知情客户或最终客户中的某些人）。

人际层次

这个层次的问题发生在个人与（组织或客户系统中的）其他人之间的关系方面。在这种情况下，顾问每次工作一般会与两个或两个以上的人合作。而即使一次只与一个人合作，顾问需要处理的也不再是这个人的内心问题，而是这个人与其他人之间的关系。虽然顾问和客户还是一对一的关系，但顾问的问询重点将放在人际关系的探索、客户在不同群体中的角色，以及客户作为团队成员的工作效率上。人际层次的干预方式在很大程度上会与个人层次的干预方式相同，但在个人层次中顾问关注人际关系对个人的影响，而在人际层次中顾问更关注个人行为对他人产生的影响。

针对人际层次的典型干预措施包括协商谈判、调节、在冲突中引入"第三方"，以及类似在婚姻、家庭关系咨询中常见使用的人际关系辅导。当然，这种人际关系辅导更正式且更具有针对性，只有当顾问和客户的关系达到较高程度，决定彼此共同关注人际问题时才会被使用。

（面对面的）群体层次

这一层次指的是一个群体或团队如何作为一个整体运作的问题。"面对面"意味着即使这个群体或团队的成员没有在同一地点办公或经常进行面对面交流，他们也将自己视为一个整体而存在。如果成员有这样的意识，那么电子通信方式可以作为面对面交流的有效替代。而在这种情况下，顾问可以扮演的帮助角色很多——从引导式的会议促动者，到会议议程管理者，甚至可以帮助团队搭建工作任务框架。顾问可以和成员单独沟通，了解工作安排或调研问题，这个"成员"包括前文所提到的各种客户类型，但重点是顾问必须把这个群体或组织作为一个整体来思考如何运作。在这种情况下，关于"团队建设"这一研究主题的很多工作都可以有效开展。同时，"客户"的概念现在也可以拓展到整个团队。

群际层次

这一层次的问题关注的是群体、团队、部门等组织单位之间的相互关系，以及它们在组织整体或更大客户系统中的工作协调方式。顾问此时必须基于大范围、多单元的干预方式进行思考，并在系统层面进行干预。布莱克（Blake）描述的群际活动以及贝克哈德描述的对抗性会晤就是很好的例子。在这两种情况中，所有单位都被视为"客户系统"。而另一种情况是顾问既可以和各部门、各群体的负责人一起工作，也可以和由部门代表组成的较小群体一起工作。在不同情况下，客户群体的构成会有所不同，但在群际层次上，顾问干预的目标始终很聚焦，那就是改善组织中各个群体之间的协调与配合。需要再次强调，此类干预措施建立在顾问和客户系统成员已经提前建立好关系的基础之上，只有这样才能让客户更好地认知和理解这些大规模系统性的干预措施。

组织层次

组织层次指的是涉及整个客户系统（诸如家庭、部门、组织、社群）的问题，包括使命、战略和整体福利等。同样，无论顾问与客户系统成员的互动形式如何，顾问关注的焦点都应该是整个系统层面的问题。

跨组织层次

当组织和社群作为整体开始形成联盟或跨组织网络时，就会出现一些跨组织的协调、合作和联盟方面的问题，这就是我们所说的跨组织层次问题。顾问一般只会与一些代表一起工作，人数有多有少。即使面对的是单独个体，顾问的关注重心也应该是更加广泛的多组织网络问题。与群际层次问题不同，这些组织联盟是自治的，并不一定有单一的目标或受制于某一政治实体。例如，顾问可能面对的是联合国的某一个委员会，或是几家公司为了诸如"组织学习"这一目标而组建的公司联盟，又或是为了打造区域发展项目而构建的社群网络。

更大系统层次

最后，还有一些问题涉及更加广泛的社群层面，顾问的工作对象可能是社会网络、多个组织机构或社会团体的集合，顾问所要面对的可能是更大系统的健康问题。在某些环境保护方面的项目如"自然之道"（The Natural Step）中，顾问面对的甚至是整个星球的健康状况。

我提出这些分类的目的是让大家关注到客户系统内在的复杂性，同时指出，即使顾问在大多数时间内处于一对一或小组的工作状态，但因为客户角色类型的不同，顾问对于问题的关注焦点也存在很大不同。客户的不同层次也提醒我们关注这样一个事实，即随着早期诊断干预措施的推进，后期更深层次的干预措施往往可能因开始涉及更加广泛的客户系统而产生与预想截然不同的结果。大多数咨询模型认为"组织态度调查"是一种干预，而对少数关键管理人员的"诊断性访谈"则被认为仅仅是了解式诊断。这正是因为组织态度调查往往涉及的范围更广，调查涉及的问题也更加有针对性。然而，尽管关注的问题焦点有所不同，但顾问与客户之间的心理动因却基本保持不变。那么，问题关注点的变化究竟带来了什么不同呢？

当顾问或施助者不再局限于个体咨询和团队促动，而面对更大系统时，"谁才是客户""应该关注什么问题"，以及在规划后续步骤或主要干预措施时"需要考虑谁的利益"等问题会变得非常复杂。为了继续使用过程咨询模型，我们需要将这些问题与正在合作的客户进行分享，无论客户是谁。这并不是顾问能够独自完成的工作，因为顾问对组织政治文化的了解永远不足以让他对这些问题做出正确的判断。相应地，在规划提供哪个层次的帮助以及确定用何种方式进行帮助时，顾问应该将尽可能多的中间客户和主要客户纳入进来。在这方面，"分享问题"这一原则尤其重要。顾问千万不要尝试独自解决所有问题。

无论是顾问帮助客户，管理者帮助下属，还是朋友之间互相帮助，施助者总会陷入一些两难境地，因为他们常常面对客户系统中一个以上的对象，而这些对象存在着不同的需求和期望。在管理领域中，我们将这些多方力量称为不同的"利益相关者"，而管理者的核心任务就是平衡各方的利益。因此，当在复杂系统中进行干预时，管理者和顾问可以相互学习如何定义和管理这些多元关系。

在交代清楚了客户的大致类型和客户问题的层次之后，我想说明一下在不同客户类型中会发生的一些具体问题。

联系客户与中间客户的问题

帮助过程总是从联系客户的工作开始，联系客户是第一个将问题带给顾问的人，无论这个问题是不是他本人的问题。在过程咨询中，我如果希望提供帮助，就需要尽快了解联系客户以及他所在组织中的其他人对我和我的咨询理念的认知和期望。我特别不想过早地进入专家或医生角色；与此同时，哪怕我和客户只进行了简短的电话交流，我也坚持希望联系客户能够从中得到帮助。这也就是我前面所强调的原则——每一次对话都要让客户感到有所帮助。

出于这些考虑，我必须广泛探索调研以了解现实情况，消除信息盲区（见第三章）。客户的想法是什么？为什么他会致电或来访？为什么（他）要在这个特定时间（联系我）？联系客户的回答会给予我可以进行验证或修正的线索。

- 这位联系客户阅读过我关于咨询理论的书籍或文章；
- 我之前或现在的客户向他推荐了我；
- 一位了解我的咨询风格和研究领域的同事向他推荐了我；
- 他参与过我主导的某次教学工作坊活动；
- 他曾经阅读过我所撰写的主题文章或书籍，如《职业锚》（1990）、《组织文化与领导力》（1992），或听过我的讲座，并认为组织中的某些问题与此相关。

在与联系客户的沟通中，我会尽全力去校正客户的咨询理念，无论我们之间的协助关系能否继续或者说我们能否达成合作。我必须评估联系客户和他所在组织中的其他人是否认同并愿意参与过程咨询所倡导的那种联合诊断问题、解决问题的模式。如果客户给出的答案是否定的，那么我会反思一下自己是否有对方所需要的某种专业知识和技能。我必须判断客户的动机是否具有建设性，以免自己沦为某些人政治博弈中的棋子。

当然，我也只能通过详细的询问来获取上述问题的答案。这些询问既是我对答案的探索，也要使客户获得帮助。我一贯遵循的基本原则就是：我说的每句话、做的每件事都是对组织的干预，而这种干预必须尽可能多地让客户感到有所帮助。我的目标不仅是让来访者得到他所需要的信息，还包括让他在反思问题中得到帮助。在大多数情况下，我给予帮助的方式是让联系客户思考之前未曾考虑过的问题，或是给出让联系客户在回到他所在组织后能够实施有效干预或采取措施的建议。如果组织中的其他潜在客户希望进一步深入探索问题，那么我可以安排一个小时左右的时间与他们见面，看看是否有必要进一步提供咨询服务，而他们则需要向我支付这个时段的咨询费用。

为探索性会晤收取费用是合理的，因为在这种初步接触中也会有很多有益的见解产生，而且在这样的探索性会晤结束后，客户往往可能不再需要进一步的咨询服务。因为联系客户以及参与这次会晤的其他客户很可能已经从此次见面中了解到了接下来需要做什么，而之后的这些措施一般都不需要外部顾问参与。此外，在这个阶段收取费用还可以测试客户前来寻求帮助的动机；同时，提醒客户咨询活动是可以按照小时来计费的，而不一定是成为长期项目或订立正式合同。

如果客户认为与顾问初步接触的帮助很大，那么联系客户会与顾问一起协商下一步的措施，而接下来的措施往往就会涉及中间客户，或是直接面对主要客户。在理想情况下，联系客户就是主要客户，然而主要客户一般不想过早暴露自己的问题，除非顾问能够通过初次接触的考验。联系客户可能会判断顾问是否能够与主要客户配合良好，而在决定展开进一步合作之前，主要客户也可能会安排一次接洽来考察双方之间的默契。

在问题层次方面，顾问也必须做好万全准备，并通过初次接触开始收集信息来诊断问题层次，判断其到底是属于个人层次、人际层次、群体层次、群际层次还是组织层次。随着交谈的进行，顾问不仅要努力消除自身的信息盲区，更需要不断与客户建立协助关系，从而能与客户分享问题、共同分析问题，一起探寻问题的解决方案。

联系客户既不一定是问题的所有者，也不一定是项目费用的支付者，他可能只是组织中某个人的代表，而这个人或是没有时间，或是为寻求顾问的帮助而感到尴尬。譬如，我经常接到一些公司人事部门或培训部门的电话，代表业务部门经理来询问我是否能提供某种类型的咨询。致电的人承认他们手上列有一份（顾问）名单，他们会给名单上的所有人打电话询问同样的问题。而对我来说，为判别是否能够提供帮助以及如何帮助，我还需要了解更多信息——我需要知道这是一个什么样的组织，业务部门经理又是什么样的人，他们为什么会把这样的任务交给人事部门或培训部门来做。因此，我将电话另一端的人视为联系客户，并通过各种探索性询问来决定是否有必要进一步了解中间客户和主要客户的身份：

"你能再告诉我一些这位业务经理的情况吗？"

"为什么现在需要一位外部顾问的介入？"

"这位经理在组织中与你的职级关系是怎样的？"

"你是如何得到我的联系方式的？为什么会打电话给我？"

我提出这些问题的目的有几个方面：一是获取进一步沟通交流的信息；二是通过提出一些对方未曾思考过的问题来帮助对方反思；三是让客户对我的咨询风格留下初步印象。同时，这些问题也为客户的独立思考提供了方向，帮助他们构思下一步的行动措施。这种策略的最通常的做法是让联系客户思考为什么业务经理要寻求帮助，以及为什么业务经理会选择让其他人来收集顾问名单并与顾问联系这种方式。通过这两个问题，联系客户就可以进行诊断性思考，从而找到应对措施。

随着对话的展开，我可能会提出一些建议，通过联系客户将其传达给主要客户。例如安排和管理层见面，和高管直接通话，或是就高管的想法再进一步提出一些问题。如果联系客户和我都认为接下来应该由这位中间客户直接和我联系对接，那么我的工作重心就要转到与这位中间客户的关系建立和管理上来，包括设定工作时间表，安排电话沟通或见面会议，决定会议地点、与会人员、会议时长并确定会议目标。要注意，这些提问会促动联系客户不断对问题进行诊断，不仅能帮助他们制定下一步推进措施，同时也在训练他们自行分析问题的能力。

主要客户的问题

主要客户指的是存在特定问题并开始寻求帮助的个人或群体。

在实际操作中，找到主要客户很简单，只要询问由谁来支付咨询费用就可以了。但是这个问题往往会揭示出一些复杂情况，顾问需要对此谨慎判断。我就曾经遇到过类似情况：一位高级经理告诉我，如果我能够为组织中的其他人提供咨询服务，那么他会非常乐意承担全部费用。实际上，我的第一次咨询经历恰好能说明这种困境。

我在麻省理工学院担任助理教授的第二年，我的导师道格拉斯·麦格雷戈问我和我的同事是否愿意接受一项咨询工作，对象是附近的一家公司。他自己没有时间，但是又很想让我们参与到咨询实践中去。（按照我们的定义，麦格雷戈教授扮演的就是联系客户的角色，因为那家客户是通过他与我们取得联系的。）

这项咨询工作的内容是对这家公司研发实验室的技术人员进行访谈调研。根据公司负责人力资源和员工关系的副总裁的说法，实验室技术人员的积极性不高，实验室主任很想了解员工们的想法，从而解决问题。而这位副总裁刚好认识麦格雷戈教授，于是拜托他亲自或者找人来完成这项工作。副总裁不仅是这项访谈调研活动的负责人，同时也由他来支付我们的咨询费用。他向麦格雷戈教授保证，实验室主任同意而且非常欢迎这项访谈调研活动。以上信息都是麦格雷戈教授告知我们的，因此他就是我们的联系客户。我们从未与这位副总裁会面，但我们与实验室主任有过简单的沟通，了解到他支持此次访谈调研活动，并且会安排好具体的对实验室技术人员的访谈时间。

经过几个月的认真调研，我和我的同事收集整理好数据，撰写了一份非常详尽的报告，将员工们所反馈的问题都呈现了出来。正如所预料的那样，员工所反馈的很多问题源于实验室主任的管理风格。我们将这些问题单独罗列在报告中某一章节。接下来，我和我的同事就准备将调研报告反馈给实验室主任。因为报告的内容很多，所以我们要求的汇报时间是两个小时，我们希望通过各种统计数据呈现来说明此次访谈调研活动的真实有效性。

我和我的同事走进了实验室主任的办公室，向他提交了我们的报告（他是公司看到报告的第一个人），当他翻阅报告时，我们就开始了陈述。他很快就发现了关于他的管理风格的那一章节。他在快速通读之后非常生气地打断了我们，生硬地说了一句"谢谢"就请我们离开了。我们总共和他沟通了不超过15分钟。而之后，无论是这位实验室主任还是那位副总裁都没有再和我们联系，我也不知道他们最后如何处理了我们提交的那份报告。

从过程咨询角度来看，我们在这个案例中犯了很多错误，尤其是识别并定义客户类型方面。回想起来，我们一直没有正确地找到主要客户——到底是副总裁、实验室主任还是麦格雷戈？调查结果与他们每个人的利益都相关，他们每个人也都有问题需要解决。但我们在行动之前没有深入探寻，也就没有找到真正需要解决的问题。我们并不知道麦格雷戈教授为什么要让我们承担这个任务。我们也始终没有了解到愿意支付费用的副总裁的真正需求是什么。或许，他一直对实验室主任不满，而这次恰恰是将其赶下台的机会；或许，他试图改变实验室主任的管理风格，而认为这次访谈调研是很好的外部干预机会；又或许，他只是支持了实验室主任发起的组织发展活动。

我们也从来不知道实验室主任是否真的支持这个项目，也不知道是不是副总裁怂恿甚至"强迫"他开展了这个项目。最为关键的是，我们从未发现实验室主任想从调研中获得什么。但很显然，他不想听到有关他自身管理风格的负面评价。正因为我们没有找出主要客户，在项目设计时也没有让主要客户参与进来，我们才陷入了举步维艰地应对各种未知结果的局面。回想起来，如果我们注意到了咨询项目是由副总裁来付费的情况，那么我们应该坚持与他会面，尝试了解他推进项目的动机，以及为什么由他而非实验室来承担费用。我们存在信息盲区却并没有很好地消除盲区，这导致我们盲目地采取了一系列无法掌控结果的措施。

一旦主要客户被识别出来，顾问就必须对该个人或团体进行深入的主动探询。正如前面的案例所示，我们不能将联系客户或中间客户的说法当作主要客户的想法和需求。直接从主要客户那里获得信息不仅仅保证了信息的准确性，更重要的是使顾问和主要客户建立了协助关系，顾问能与主要客户一起诊断问题并制定进一步的干预措施。如果我们牢记"问题诊断与问题解决的责任人是客户自己"的原则，我们就可以避免基于二手信息来提出建议和干预措施这一错误做法。如果顾问撇开客户独自推进，那么虽然主要客户可能会感到轻松并更加依赖顾问，但协助关系会因此扭曲，以致最后变成顾问对问题负责。

因此，如果在咨询项目中要切换主要客户，那么只有在这个决定是由我和当前合作客户共同做出，并且我们彼此都认为让新的主要客户参与会有助于项目推进时才会同意。

不知情客户与最终客户的问题

在咨询项目中，不知情客户与最终客户都是利益相关者，而他们的利益必须得到保护，即使他们并没有直接与顾问进行接触。换句话说，如果主要客户的诉求会明显伤害到其他群体的利益，顾问就不应该给予其帮助。如果咨询项目真的可能介入政治斗争，那么我必须问我自己，对于整个部门、整个组织来说，怎样的方案才是更好的解决方法。只有当我根据自己的价值观判断出最终客户将会受益时，我才会同意进行这个项目。

不知情客户与最终客户的主要差别是范围程度不同。不知情客户是主要客户的上司、同事或下属，考虑到他们彼此关系如此紧密，我们必须在行动之前就判断出可能带来的后果。最终客户可以是整个组织或社群，甚至是整个社会。在最终客户是整个社会这种极端情况下，我们做出价值判断很简单，因为我们绝不可能向恐怖分子和罪犯提供咨询服务。但对于处于中间位置的不知情客户来说，情况就要模糊和复杂得多。譬如，在上述案例中，我和我的同事就未曾想到实验室主任可能就是一位不知情客户，而这项令他不快的访谈调研可能会让他受到处罚。我们也没有想过，如果实验室主任对有关他管理风格的负面评论感到不满，那么他会如何对待实验室技术人员。虽然我们的访谈的确是以匿名形式进行的，在一定程度上已经对技术人员进行了保护，但在这种情况下，不知情客户并非仅是这些实验室技术人员。

对于顾问判别客户类型来说，主要客户会支付咨询费用，最终客户会受到咨询结果的影响（虽然他们有可能并不清楚发生了什么），但对不知情客户与最终客户的区分必须由顾问从专业角度自行判断。如果我们考虑到管理者可能扮演咨询顾问这一角色，那么情况会更为复杂。譬如，一位高级经理是否应该帮助他的下属经理压榨其手下的员工？销售经理是否应该帮助他的销售代表为达成更好的交易而牺牲客户利益？顾问是否应该帮助某家公司来关闭一家社区工厂——如果明显社区会因此受到损害？

这些问题没有简单的"是"或"否"的答案，但在协助关系中，我们必须认真思考这些问题。也就是说，无论何时我们给予某人帮助，我们实际上都将自己和受助者所代表的目标和价值观结合到了一起。如果我们的帮助对其他部门或组织产生了不利影响，那么我们也难辞其咎。

在担任系主任进行教学管理时，我常常会遇到这样既涉及教师利益也涉及学生利益的问题。如果某位教师请我组织项目、安排教学日程或咨询活动，而这些事项在我看来会损害到学生利益，我就必须仔细斟酌，当同时面对作为最终客户的学生和作为主要客户的教师同事时，什么时候顾全谁的利益会更重要一些。当关于这些问题的疑问出现在我的脑海中时，我发现最好的干预方式还是立即与客户分享问题，让他们也承担责任。然后，我们就可以一起讨论如何在满足主要客户需求的同时满足不知情客户和最终客户的需求。

客户作为变革对象的情况和相关的"非客户"的影响

很多咨询项目存在一个主要难点，即某个个体、群体或部门被确定为变革目标，但其成员却认为自己不需要任何改变和帮助。事实上，他们甚至不知道自己成了别人的关注对象，因此，我们也可以把他们当作不知情客户。这种情况通常发生在这样的场景中，即当我们调研中间客户、主要客户甚至联系客户时，我们得知某人或某个部门存在一些问题，但我们并没有办法直接与该人或该部门取得联系。上述的两难困境由此产生。

如果变革对象是客户的下级，那么顾问最好能够主动接近他们，与他们建立联系。例如，在上一个案例中，我们的失败之处就在于我们从未问起过为什么实验室的技术人员会愿意与我们见面；当让他们参与到访谈调研中时，我们也没有将他们视为客户。如果变革对象是客户的上级，或是因为地域原因我们无法与变革对象联系，我们就会陷入困境，咨询项目往往也会就此终止。然而在这种情况下，组织内部顾问却能够很巧妙地解决这个问题，正如下面这个发生在某家大型银行的案例所示。

弗兰克（Frank）是 Apex 银行的组织发展总监，他希望能够在 Apex 银行引入一个全新的团队建设项目，因为该项目在其他几家银行运作得非常成功，取得了很好的成果。然而 Apex 银行的 CEO 是一个非常保守和高冷的人，因此弗兰克认为直接向 CEO 提交项目引进提案是肯定行不通的。而如果没有 CEO 的批准和支持，该项目根本无法开展。

因此，现在弗兰克的问题就是如何让变革对象——CEO 愿意参与到项目中，并成为客户。弗兰克对 CEO 的言行进行了深入研究，发现 CEO 特别乐衷于将 Apex 银行与其他银行进行对标。弗兰克了解到该团队建设项目正在 Beta 银行顺利推进，而他正好认识 Beta 银行的组织发展部总监玛丽（Mary）。弗兰克从玛丽处获悉，两家银行的 CEO 经常会面交流。于是，他请玛丽进行了如下安排：请 Beta 银行的 CEO 在 CEO 会面午餐中提及这个团队建设项目，并向 Apex 银行的 CEO 夸赞项目取得的有效成果。如是几次之后，Apex 银行的 CEO 便主动致电弗兰克，要求他尽快在 Apex 银行引进该团队建设项目。

如果这种解决问题的有效干预很难实施，那顾问就必须与一起工作的中间客户共同面对困境，共同思考如何把干预对象转变为客户。根据过程咨询理论，这一点只有通过对该人或该团体施加有效帮助才能做到。而想要施加有效帮助，又需要对干预对象进行调研，以揭示对方需要何种帮助。为能够开启这样的调研，顾问通常需要首先寻求对方的帮助以建立初步联系。例如，如果某位管理者是变革对象，那么内部顾问可以接触他，询问他有哪些需要。主动帮助变革对象解决问题可以为双方建立关系提供机会。之后，顾问可以向变革对象询问一些其他问题，而这些问题可能是该对象开始没有注意到或不愿深入探讨的。

那些相关的"非客户"，就是那些组织中意识到变革正在发生却选择反对立场的人员，他们的情况又如何呢？最常见的一种情况是：顾问被引进来实施一项技术或组织文化变革，组织中的某些成员却误认为这是组织用来打击他们甚至使他们失去工作的幌子。在这样的情况下，顾问可以采取的措施是帮助组织中某个团队设计并实施一项对组织成员都有利的项目，从而发现相关的"非客户"群体中的抵制和反对因素。诸如邀请员工参与工作的设计可能会遭到工会的反对，因为工会认为员工拿了同样的薪水却做了更多的工作；很多"岗位拓展"项目之所以遭到员工反对，是因为员工对于工作现状很满意；而很多调研和团队建设项目的反对因素是它们看上去像会压榨员工而非帮助员工。

在所有这些情况中，顾问必须找到最终能够起到帮助作用的办法，并采取建设性的方式来处理相关的"非客户"群体。这些方法包括更加有效的沟通机制：鼓励对立双方之间进行更多对话，增进理解、澄清事实，以确保主要客户能够充分理解反对者的意图。一旦双方达成谅解，顾问和主要客户就可以联合制定推进工作的措施。

对于解决这些问题，顾问在组织动力学方面的知识和经验能够起到很大作用。因为在重要变革实施之前，顾问就可以通过自身经验来预判并找出组织中的相关的"非客户"群体。我认为，自己所扮演的最重要角色就是当管理者提出变革意愿时，"迫使"他们思考对于这项变革，谁是受益者、谁的利益会受到威胁、谁会反对这些变化。在这些分析的基础上，我们所策划的变革措施就能够充分考虑到所有涉及的人群。

结语、案例与练习

首先，关于客户的话题，最重要的一点就是顾问必须时刻清晰自己的客户是谁，必须能够清晰地区分出联系客户、中间客户、主要客户、不知情客户、最终客户以及相关的"非客户"。尤其当顾问在组织内工作了一段时间或与多个不同部门合作之后，很容易忘记客户到底是谁。

其次，顾问必须始终意识到客户会随着问题层次演进而不断变化，尤其是不知情客户、最终客户和相关的"非客户"。例如，在与 CEO 的一对一咨询中，顾问可能是在帮助他解决个人事务，对其他人影响很小；而如果他们探讨的是主要战略问题，那么组织内的每一个人乃至组织外部的社群都会被影响到。

最后，无论在什么情况下，如果顾问认为接下来的干预措施可能会对他人产生影响，而客户并未意识到，那么顾问必须将这些影响揭示出来，让客户能够充分认知和理解并愿意接受（这样才能够推进措施）。顾问无论是面对联系客户、中间客户还是面对主要客户，"这里谁才是真正的客户"都是一个好问题。如果这个问题能够想清楚，那么无论是对顾问还是对客户本身，都能起到极大的帮助作用。

案例 4.1　玛迪公司的客户复杂性

我曾为玛迪公司——欧洲一家大型事业部制化学类跨国公司——服务多年，开展了大量的咨询工作。通过回顾与它的合作，我们可以清楚地看到一个不断发展的项目中的客户复杂性。这个案例不仅说明了客户发展中可能存在的问题，还说明了顾问在面对个人层次问题、群体层次问题和组织层次问题时所需要扮演的不同角色和所需采取的不同的应对方式。

我最早与这家公司的合作是受到了该公司组织发展总监彼得·斯特恩博士（Dr. Peter Stern）的邀请，要求我在六个月后的公司年会上组织 45 位高管进行一次研讨会。因为在此前的一次研讨会中，我与斯特恩博士碰过面，他聆听了我的讲座，并表示我所讲述的内容和他们公司非常相关，所以我接受了邀请。另外，对能接触到一家大型跨国公司的高层管理团队，我也非常感兴趣。

在确定合作之前，我必须与公司总裁理查德·迈尔（Richard Maier）会面，一方面确认我们是否能就研讨会的目标达成一致，另一方面也测试一下迈尔先生是否认可我的会议组织方式。迈尔先生现在是我的中间客户，为了与他会晤，我安排了一次特别旅行。我们如期会面，就研讨会的目标达成了共识，彼此也非常认可，我们双方都同意进一步推进咨询项目，于是他转变成了我的主要客户。

接下来的步骤是在下一个月与培训总监奥托·昆斯（Otto Kunz）见面，他是本次年会的策划人和负责人。我们碰面的主要目的是制订详细计划，包括我组织研讨会的时机和方式，以及如何融入整体年会的活动安排。因此，他也成了我的主要客户。我必须保证在满足昆斯的需求时与总裁提出的研讨会基本目标保持一致；与此同时，昆斯也成了我的顾问，他帮助我设计出了针对公司当前显著问题并符合玛迪公司企业文化的研讨会。

在年会上，我遇到了很多管理人员：执行委员会的成员显然应该是我潜在的主要客户，一些部门负责人和地区负责人同样如此。在与他们每个人的沟通互动中，我有两个目标——探寻情况、提供帮助。这两个目标也是我衡量与他们的沟通成果好坏的标准。在会议过程中，斯特恩博士牵头的会议策划小组——包括总裁和几位执行委员会成员——督导了整个年会。他们邀请我一起就座，在会议过程中及时给予他们帮助。就此（协助他们的）目标而言，他们这个团体成了我的主要客户。

而就研讨会而言，全体参与的45位高管是我的主要客户，因为他们才是我的研讨会所聚焦问题的所有者。在研讨过程中，有与会者要求单独和我沟通，与我讨论特定问题，他们随即成了我的主要客户。在研讨会结束之后，迈尔先生邀请我继续为公司提供咨询服务，以提升公司的创新能力。他将自己、执行委员会成员和斯特恩博士定义为我的主要客户，并让斯特恩博士负责与我的会晤日程安排。这样一来，斯特恩博士又一次成了我的联系客户。

随着咨询项目的发展，我与公司高层管理团队、执行委员会成员以及之后两年年会的参与者都有了接触。显然，整个公司是我的最终客户，而受到咨询项目影响的各个事业部员工属于不知情客户——特别是当公司开始在各事业部实施裁员时。斯特恩博士和昆斯先生继续扮演了联系客户和主要客户的双重角色，因为在后期的咨询项目中，组织发展和培训成了主要的关注点。另外，还有一些管理人员，随着参与会议或因某个特定问题得到协助，他们也成了我的联系客户和主要客户。

根据年会的决议，公司成立了一个项目推进工作组，专门负责规划公司内部的变革，其中就包括对某些事业部进行缩编，同时提升其他事业部的盈利水平。项目推进工作组将变革项目分配给了25个任务小队，有些小队的负责人会邀请我协助他们实施项目。在这种情况下，尽管我与这些小队负责人进行合作，但我的客户显然还是整个公司。

斯特恩博士还希望能够重新设计公司的职业发展体系，请我发挥专长来帮他设计一个调查项目，对公司最高层的200位管理干部的职业履历进行研究，以找到最成功有效的跨国、跨职能工作轮岗的路径。通过对这些资料进行仔细研究，我们都对跨国任职的重要性有了新的见解，并对公司的高管任职系统进行了重大的变革。

这个案例给我的启发是：经常评估自己与玛迪公司的每一位员工之间的关系，同时警惕对客户系统中某一部分的干预措施对其他部分产生的影响。如果我自己不能确定这些影响的范围与效果，那么我会遵循"分享问题"这一原则，邀请内部人员一起参与研究问题，而不是尝试自己独断专行。

同时，我也看到，当我面对不同的客户时，我必须扮演不同的角色。在这家公司中我遇到了很多情况，有些人认为一旦邀请顾问协助就意味着自身权威的丧失；也有些人认为顾问就必须是医生或专家，他们总是倾向于让我给出意见或建议。只有当我们在过程咨询模式下共同工作许久之后，他们才开始认识到过程干预、共同探寻和联合诊断的价值。

案例 4.2　杰克逊战略咨询公司：面向顾问的咨询

我曾经作为专家小组的一员，以参加顾问研讨会的方式帮助一家战略咨询公司提高该公司顾问的工作效率。这是一个关于最终客户的有趣案例。我们专家小组与公司内部一些高级顾问一起组成了一个咨询工作组，就营销、财务、人力资源和咨询技术问题展开了讨论。专家小组的作用是向咨询工作组提供研究数据，并使用这些数据帮助客户改进他们分析问题的工具。

作为咨询方法论和流程专家，我受邀参与了此次研讨。在与公司成员的个别沟通和小组讨论中，我们探讨了很多内容。诸如，客户的真实目的、客户的组织文化，以及顾问如何有效管理协助关系等。我提供了咨询模型，客户提供了案例素材，然后我们再运用这些模型和案例素材来探讨开发新的客户问题分析工具。

我们的基本规则很清楚——如果没有特殊原因，那么不允许专家小组和最终客户（杰克逊战略咨询公司的服务对象）直接接触。因此，我们向最终客户提供的所有帮助都必须通过中间客户（杰克逊战略咨询公司的顾问）来实现。从表面上看，这个案例并不复杂。然而，始终存在一个悬而未决的问题，即专家小组在面对杰克逊战略咨询公司的服务对象（也就是最终客户）时是否具有发言权，或者说是不是应该具有发言权。对于这个问题，我的做法是跟进监督杰克逊战略咨询公司顾问的具体措施。由于他们在案例中所采用的干预措施基本符合我对"有效帮助"的定义，因此在此过程中我们并没有因这个问题而产生冲突。

在通常情况下，我们的工作是作为培训顾问或"影子顾问"，而在杰克逊战略咨询公司却截然不同，因为专家小组的目标是提高整个咨询公司的效率。但如果公司聘请了与我们理念不一致的顾问，或承接了我们认为不应该接受的客户，就可能导致我们对项目失去掌控。在这个过程中，我的做法是请杰克逊战略咨询公司的顾问提供足够多的客户信息资料并据此做出相应评估判断，从而我能够有效监督整个过程。

练习 4.1　谁是客户（用 1～2 小时完成）

（1）邀请几位顾问，组织一次会议。如果你是管理者，那么可以再邀请几位管理者同事。

（2）请每位参会者回顾一下自己在过去的 1～2 年中所经历的向他人提供帮助的案例。

（3）依次找出每个案例中的联系客户、中间客户、主要客户、不知情客户和最终客户。如果感到难以区分，那么请集中探讨下这个案例的场景，以及为什么会出现这种（模糊不清的）情况。

（4）依次审视每个案例，思考自己在多大程度上考虑了不知情客户和最终客户的需求，以及这对于你达成整体目标的行动的影响又如何。

（5）通过反思案例，你从中学到了什么？

02
第二部分

解密高效咨询背后的驱动因素和影响过程

要想成为一名有效的施助者，不仅需要掌握第一部分中所描述的咨询理念，还需要大量的咨询实践，并最终形成自己的工作理论。我所谓的"工作理论"指的是成人对于世界如何运转的心智模型，这能够让我们感知、理解、简化、解释、预测和管控所接触到的现实。仅仅凭借善意的初衷和动机是远远不够的，一名成功的施助者/顾问需要对影响人们为人处世的各种知识都有所了解，包括个体心理知识、人际互动理论、团队与组织理论，以及组织间动因理论等。在前面的第二章中，我们给出了一系列模型，对与各个层次的协助关系相关的驱动因素进行了介绍和分析。对于这些模型，我们不能仅仅学习理论概念，如果想要真正理解掌握，还需要将理论概念应用到实践中。在对个体、群体或更大的组织和社群的实际协助实践的过程中，进行学习和反思。

除此之外，要知道最终对协助关系产生影响的驱动因素都是隐藏或难以解读的，因此有效的施助者不仅需要及时发掘现实信息，还需要能够灵活应对，最终能够校验并破解这些隐藏动因。过程咨询最重要的功能之一就是"让隐藏的东西现形"。然而这个过程往往很复杂，我们总是受到文化假设、防卫心理和认知偏见阻碍，无法准确认知、把握现实情况和客户心理。单纯地告知客户问题所在并没有太大价值，专家模型和医患关系模型都可以进行精确诊断，详细地解释问题，然而客户可能会因为没有意愿或没有能力对问题进行深度挖掘，从而完全不置可否。

因此，想让真相浮出水面，第一步需要创造条件，鼓励客户挖掘深层次原因；同时要协助客户正确地看待问题。正如艺术家必须学会认真审视他们想要表达的素材一样，我们必须学会准确地界定想要解决的问题。我们都希望能够掌控自己的人生，然而事与愿违，我们总是不得不为其他人或社会环境所左右。而我们往往会因此自责，却没有意识到发生在我们身上的许多事情是未知的因素或规则的作用结果。有些因素源于我们自幼所学的文化，这些文化因素根深蒂固，从而形成了我们的思维惯性。我们忘记了这些文化是我们在所处的社会环境中习得的，并不是自然产生的（因此会随着社会环境的改变而改变）。也有一些因素则来自我们所处的社会架构和体制。还有一些因素源于我们复杂的思维和个性，源于我们的潜意识，源于大脑与躯体的相互作用。

在接下来的两章中，我将介绍一些概念和模型，以帮助我们挖掘人际关系中的深层因素。在协助关系中，这些深层因素尤为重要。在第五章中，我会着重关注思维活动；在第六章中，我会分析决定了面对面沟通模式和原则的文化因素，并对第二章中所提到的协助关系中的心理动因进行解释。

第五章

内在心理过程：ORJI

在任何关系中，我们最需要了解清楚的都是所思所想，尤其要搞清楚自己的想法。我们只有意识到并正确认知自身情感中的偏见、冲动和意识扭曲，才能有效判断自己的行动和干预措施，是真的基于现实的理解还是仅仅出于自我表达或自我保护的需求。由于人类的神经系统集成了信息收集、数据处理和决策应对的功能，想要理解内在心理过程并分析其对外在行为的影响，这个过程非常复杂，所以我们需要建立如下一个简化的过程模型：

O（Observation）——我们通过观察收集信息。

R（Reaction）——对所观察到的事情做出情绪反应。

J（Judgment）——根据观察和感受进行分析、判断和处理。

I（Intervention）——为实现某些预期目的，我们通过外在行为实施干预。

我们将内在心理过程简化为如图 5-1 所示的循环模型。虽然实际的内在心理过程绝非如此简单，也没有如此强的逻辑顺序，但这个模型有助于我们对复杂的内在心理活动进行分析，复盘我们走过的"弯路"，反思如何让干预措施变得更加有效。

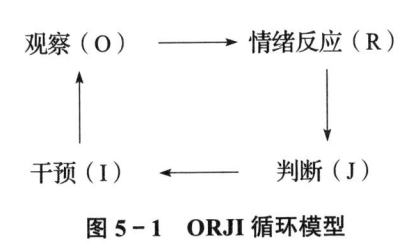

```
观察（O）  ——→  情绪反应（R）
  ↑                ↓
干预（I） ←——   判断（J）
```

图 5-1 ORJI 循环模型

观察（O）

观察是指我们通过全部感官对外界环境进行感知的如实记录。然而，我们的神经系统会基于个人自身的过往经历，不同程度地主动对扑面而来的大量信息进行"筛选过滤"——我们对"希望发生"或"预期发生"的信息会接收得更多一些，而对那些不符合预期、不希望发生或存在主观偏见的信息会进行屏蔽。我们并不会如实地全盘接收信息，而会根据我们固有的语言习惯、文化环境，以及我们所希望或需要的内容来接收并归纳信息。更夸张地说，我们并不是在思考和谈论所看到的东西，而是我们只看到了那些自己想要思考和谈论的东西。

精神分析和认知理论向我们展示了感知扭曲的严重程度。自我防卫效应（拒绝承认某些符合自身情况但不愿接受的信息）和投射效应

（将他人想象成与自己特征一致）可能就是最明显的例子。事实证明，我们的需求也会扭曲我们的认知。当我们在沙漠中极度口渴时，可能会将看到的任何东西都当作绿洲。为了发掘事物的客观真相（就如艺术家进行绘画创作时），进而做出应对，我们必须意识到这种感知扭曲的存在并尽量避免。

一些心理学家将这种"观察能力"与左右脑的功能联系起来，认为左脑的"批判性"是感知扭曲的原因。这个理论与很多绘画教师所强调的观点一致——我们画得不好是因为我们没有真正看到我们所绘画的事物，仅仅绘出了它们在我们心目中的印象。同样，一些运动心理学家也认为我们的批判性大脑限制了我们的某些运动天分，譬如某个网球运动员"认为"自己肯定无法接住对方的发球，然后他果然没有接住。学会"观察"意味着我们必须意识到并克服已有知识和经验所带来的陷阱。对于顾问而言，只有准确观察到现实情况，才能真正发挥作用，而这就要求顾问能够自我反省，找到自身存在的认知倾向和已有偏见。

情绪反应（R）

在"情绪反应"部分，我们的难点在于我们可能并没有意识到情绪的存在，我们可能将其视为理所当然从而忽略了这些情绪，并跳过这些情绪直接做出判断或采取措施。我们可能的情绪包括焦虑、愤怒、内疚、尴尬、喜悦、好斗或兴奋，但除非别人询问我们感觉如何，或我们静下心来进行反思，否则我们可能并不会意识到这种情绪影响的存在。

情绪存在于生活的每时每刻之中，我们从小就被告知，通常来说应该管理和控制好个人情绪。随着我们对性别角色、职业角色的不断深入认知和了解，逐步融入某种特定的社会文化，我们进一步理解了：人们喜欢什么样的感受，讨厌什么样的感受；何时适合表达情感，何时并不适合；如何正确表达情绪，而什么样的情绪宣泄又是不妥当的。

在主流文化中，我们不仅知道情绪会导致认知扭曲，也知道不应该为情绪所左右而意气用事。然而讽刺的是，我们在很多时候依然会下意识地根据感受来决策行事，同时还振振有词地狡辩"自己进行了谨慎的分析判断"，而对我们的内心感受对于决策判断的影响，往往选择视而不见。

未知的因素才让我们难以管理和控制。如果能够识别出自己的真实感受以及引发这种感受的原因，我们就可以选择是否在决策中加入情感因素；然而如果没有意识到感受或没有找到触发感受的原因，我们就会为这些情感因素所累。冲动本身并不是麻烦，不假思索地盲目行动才是我们陷入困境的原因。因此，关于感受方面的主要问题是需要想方设法搞清楚这些感受，从而让自己的决策变得更为全面充分。顾问也必须了解自己的感受，一方面要规避感受的影响而保持客观，另一方面需要通过这种感受来诊断和分析协助关系。

判断（J）

处理数据、分析信息、方案评估和决策判断，正是这种在行动之前进行分析的能力使得人类能够规划复杂的行为，并能够制定长达数年的行动计划，最终实现长远目标。提前规划并按照计划执行是人类智慧结晶中最关键的组成部分之一。

基于数据进行逻辑推理固然非常关键，然而数据本身也十分重要。首先，如果我们不能正确理解原始数据，又或是因自己的情感而扭曲了这些数据，那么我们基于数据的分析和判断自然也会存在问题；其次，如果我们在数据信息收集方式上存在偏差或偏见，那么无论我们随后进行多么复杂的计划和分析都不会有什么用处；最后，如果我们有意识或无意识地让自己的情绪反应主导了推理过程，分析也就不再有意义。已有研究表明，即使在最理想的情况下，我们的理性也是有限的，我们依然会产生一些系统性的认知错误，所以必须尽量减少原始数据导入过程中的各种扭曲。对于顾问而言，最重要的是从一开始就认识到我们的理性是有限的，同时推理分析的效果与所获得的原始数据准确性正相关。

干预（I）

一旦我们做出决策判断，我们就会采取行动。虽然"判断"可能只是我们因应情绪冲动行事的一个"决定"而已，但它也是一种主观判断，没有意识到这一点是非常危险的。换句话说，当我们依照本能反应意气用事时，我们看起来已经绕过了理性决策的过程。但实际上，我们并没有绕过理性决策，只是我们太过于相信初步观察和对观察情况的情绪反应。让我们的干预陷入困境的本能反应是基于不正确数据的判断，而不一定是错的判断。当他人对我进行言语攻击时，我立刻反唇相讥，这有可能是一个合理而有效的干预措施。但如果是我误会了，对方并没有攻击我的意图，那么我的反击就会显得我故意挑衅甚至会造成沟通障碍。作为顾问，我必须反复提醒自己，我的一言一行都是一种干预手段，都会造成一定影响。

接下来，让我们来看一下在团队会议中经常出现的一个经典案例。

我发现团队中的一位成员史蒂夫（Steve）总在会议上诋毁我或反对我的观点。我刚提出自己的一个观点，他马上就会针对这个观点发表自己的意见。这个案例的 ORJI 循环展示如下：

观察：史蒂夫通过反驳我的观点来攻击我。然而，我可能没有意识到，我把史蒂夫的意见看作反驳是因为我认为他会反驳我，而我将这些反驳视为他对我的攻击也是因为我认为他会攻击我。

情绪反应：当别人不认同我的观点或抨击我时，我非常愤怒，我觉得自己应该立即进行反击并清楚地表明我的立场。然而我可能没有意识到，我的情绪反应（愤怒）可能并不是基于史蒂夫的真正动机，而是基于我自己赋予史蒂夫的动机。另外，我因观点被抨击而感到焦虑不安，但我忘记了除了愤怒和反击之外，我可能还有其他渠道来摆脱这种焦虑。从这个角度来说，愤怒是我所选择的，而不是自动自发的，这也是我没有觉察到的一点。

判断：我断定史蒂夫想在这个组织中和我争权夺位，我不能让他打败我，我必须坚持到底来捍卫自己的立场和地位。这一系列看似合乎逻辑的推理起源于我的初步理解和情绪反应，但我自己并未意识到这一点。如果我基于这个推理判断来采取进一步的措施，那么我可能是正确的，也可能是完全错误的，因为我并不能确定我的初步观察是否正确。

干预：我义愤填膺地回击了史蒂夫的意见，然而这可能使他一头雾水，因为我的干预措施可能来自我对史蒂夫的成见而非他真实的意图。他也可能会开启他的 ORJI 循环，如果他因此接下来采取回应措施，我就会全然不知所措。

我们在使用 ORJI 循环进行反思时经常会发现，我们的判断是合乎逻辑的，然而判断所依据的"事实"可能是不准确的，因此最终的结果可能根本不合理。在这个循环中，最容易出错的就是第一步，在观察阶段，我们往往戴着"有色眼镜"或草率地做出判断，而没有集中精力尽可能地了解实际情况。当我们言及某人总是意气用事而不是理智行事时，可能认为他的行为不合时宜，但我们并不了解可以解释他为什么这么做的任何信息。而当我们后期对他进行访谈时，经常会发现从这个人的视角来看，他的行为是完全理性和合乎逻辑的，这个人完全基于他"所观察到的"事物做出了恰当的反应。如果他的行为是不合时宜的，那么并不是因为他的推断过程不符合逻辑，而是因为他从一开始就得到了不正确的观察信息。

最近，一名高管在我们推动的高管发展项目访谈中给出了关于上述论断的一个鲜明事例。

高管戴夫（Dave）正在认真准备第二天一早的财务考试，他把自己关在书房中，并要求他六岁的孩子不要去打搅他。半个小时之后，孩子出现在了门口，打断了戴夫的工作。戴夫认为自己已经向孩子提出了要求，但"观察"到孩子并没有遵从，因此大发雷霆（情绪反应）。他认为自己生气是完全正确的（判断），于是向孩子大吼大叫以示惩罚（干预）。

随后，他发现孩子非常沮丧，看到他就远远躲开，这些反应远远超出了他的预期（观察），这些新的发现使他对孩子感到非常紧张、关注和焦虑（情绪反应），他进而做出判断，希望找到原因。他决定询问妻子（干预）。而这些问题完成了第二个 ORJI 循环。

戴夫终于得知孩子出现在书房门口是因为妈妈让他来询问一下爸爸是否需要一杯咖啡提神，并向爸爸说晚安（新的观察）。听到这个回答，戴夫非常内疚，为自己的大发雷霆而感到羞愧（情绪反应）。他做出判断，认为自己之前的武断行为是错误的，于是他决定向孩子道歉，希望与孩子重归于好（干预）。

在这个案例中，当戴夫意识到他误解了孩子并导致不恰当的干预后，他有机会弥补之前犯下的错误。同时他也可以从中吸取教训，在未来打算"随心所欲"之前先核查一下自己对现实的观察是否准确。因为情绪并不是平白无故发生的，它来自我们的感知。如果我们能够对所感知到的情况进行核查，也就可以通过这个（核查）过程来控制我们的情绪。但要注意的是，在通常情况下，我们可能并不像戴夫那么幸运，能够有机会进行弥补。我们既可能没有机会发现自己的判断失误，也可能永远不了解为什么我们的行为没有得到预期的回应。更重要的教训是，我们首先需要更加务实地看待 ORJI 循环，不断强化自身的观察能力，并能够在做出判断和采取行动前审视我们的观察是否正确。对于顾问而言，不仅自身要意识到思维中存在这样的驱动因素，还必须帮助客户了解这些驱动因素造成他们不当行为的过程，正确理解认知与所思、所感、所行之间的关系。

更具象化的 ORJI 循环

如果结合我们上文中所讨论的内容，将 ORJI 循环绘制得更加具象化，那么我们大概可以得到如图 5-2 所示的结论。

根据图 5-2，我们可以对 ORJI 循环中所涉及的各种陷阱进行归纳：

陷阱 1：误解。由于存在偏见、期望、自我防卫心理，或归因错误，我们未能准确理解发生了什么事情以及为何会发生。

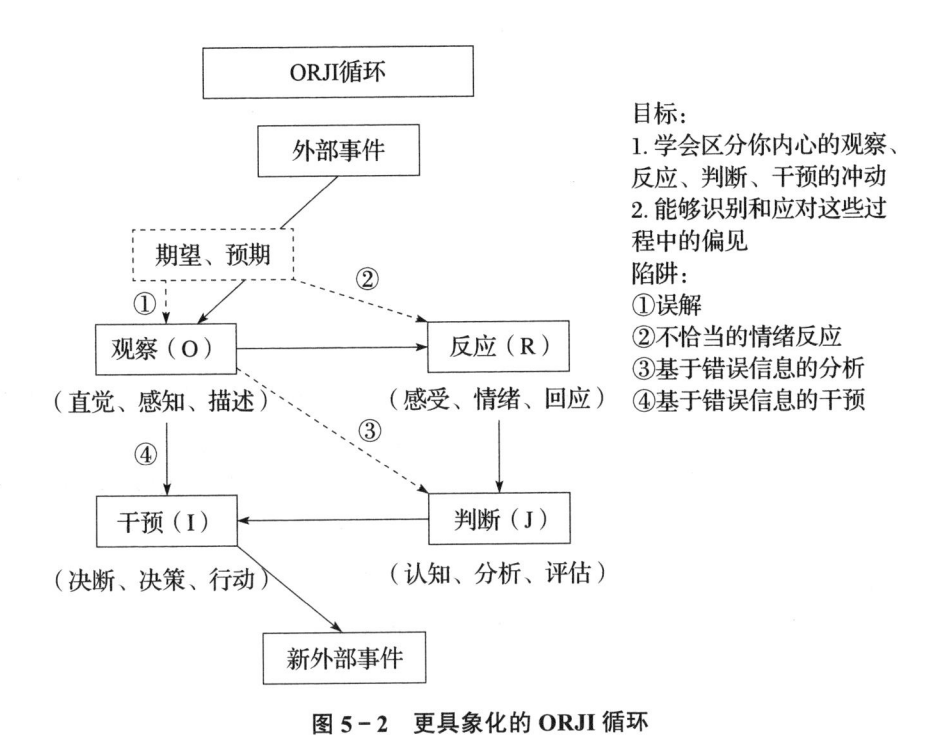

```
         ┌─────────────┐
         │  ORJI循环   │
         └─────────────┘
                │
         ┌─────────────┐
         │  外部事件   │
         └─────────────┘
```

目标：
1. 学会区分你内心的观察、反应、判断、干预的冲动
2. 能够识别和应对这些过程中的偏见

陷阱：
① 误解
② 不恰当的情绪反应
③ 基于错误信息的分析
④ 基于错误信息的干预

图 5-2　更具象化的 ORJI 循环

陷阱 2：不恰当的情绪反应。这种情绪反应的出现主要有两种原因：错误理解实际情况或其发生原因（陷阱1），在未能掌握实际情况时就"放纵"自己意气用事；当面对实际信息时，我们反应过激，或采取了不恰当的应对方式（譬如用焦虑和愤怒来回应爱的语言）。

陷阱 3：基于错误信息或错误逻辑的分析和判断。这个陷阱也有两种形式：只有当我们的观察和情绪反应正确的时候，我们才能进行合理推理，而错误的输入信息必将导致错误的推理结果；如果我们不了解认知偏见或推理障碍，我们就不能进行正确的、合乎逻辑的推理。

陷阱 4：根据看似正确实则错误的判断实施干预。如果我们没有反思和检查整个过程，没有检查我们的观察和情绪是否正确和合理，就贸然展开行动，那么可能行动虽然是合乎逻辑的，但有可能会让情况变得更糟。

需要注意的是，这些陷阱是逐步累积的。如果我们不小心掉入了第一个陷阱，那么很自然会满盘皆输。因此，我们需要通过反思和剖析自己的决策和行动，以保障我们能够及时了解全局并有针对性地采取补救措施。需要重申的是，顾问必须首先了解这个具象化的动态过程，并能够帮助客户诊断和发现他们思维过程中的各种陷阱。

如何避免咨询陷阱

沟通中断、感情破坏和关系受损往往是由于落入了内在心理过程中的陷阱，而并不一定是有人恶意或刻意为之。无论是管理者与员工相处、顾问与客户相处，还是组织内员工之间相处，都需要高度警惕这些陷阱。而且，我们非常有必要学习一些现成的方法来规避或防范这些陷阱。

识别可能造成误解的缘由

造成误解的缘由可以分成至少三大类：

（1）**习以为常的文化假设**。在不同文化环境中，相同的行为举措可能意味着不同的含义。某些组织会允许成员对公司决策提出质疑，而另一些组织会强调成员在公开场合必须服从高层管理者。而我作为顾问，如果基于自己原有的而非特定组织的文化假设来对行为进行解读，就很容易造成误解，进而做出不恰当的反应和干预。本章最后给出的案例 5.1 进一步说明了这一点。

（2）**个人防卫心理或偏见**。根据我过去的咨询经验，我可能会因为自己的防卫心理或偏见，把咨询活动中某人的一些行为误认为暗含某些特殊意图。譬如我可能将其他人的不同意见视为对我的攻击，也可能将他人的沉默视为同意。我之所以会这么认为，正是因为我需要这么认为。作为顾问，我有必要找出个人观念中存在的系统性偏见，因此我需要对自己的行为进行一段时间的观察并邀请他人给予矫正性反馈。一旦我了解了这些偏见，我就可以在做出反应之前通过小心检查来规避它们。

（3）**基于过往经验的情境期望**。如果我反复遇到某种情境或某个人，那么我有可能会凭经验判断事情的发展历程和结果。在这种情况下，产生误解的缘由正是过往经验。然而，消除或忽略自身过往经验积累的影响也是最为困难的。作为一名合格的顾问，我必须尽可能客观，并且坚信人与事都会发生改变。因此，即使我事先"知道"会发生什么，我也必须尽可能保持敏锐的观察力。我需要学会静观其变。

识别个人情绪偏见

如果我对某些事物的认知存在特定的好恶，那么我首先要能够知道这种偏见的存在，然后才能在特定的咨询环境中采取相应的规避措施。例如，当客户挑战我的观点或告知我犯了错误时，我可能会做出自我防卫反应——发怒。显然这就是一种偏见，我必须控制或修正这种情绪反应，尤其是当我的理性判断告诉我，争论和愤怒于事无补时。然而，并不是说自我防卫和火冒三丈就是错误的，在某些时候这确实是合适的反应。但是，为了能够决策并采取有效的措施，我们必须了解自身存在的偏见。

识别判断和推理中的文化假设

　　判断和推理也会受到文化的影响。文化蕴含了一些假设，告诉我们如何推理、从什么样的数据中得出什么样的结论。如果我们对这些假设一无所知，那么即使在我们自己看来推理过程无可挑剔，在其他人看来也可能大错特错。对于时间和地点的文化假设是经常容易出现问题的地方。例如，当我希望和客户进行"私人"会谈时，在我的文化环境中，我们只要在某个办公大楼中找到一个安静的角落，就可以保障隐私。而我的客户却可能将其理解为必须只有我们两个人，完全不受其他任何人影响的密闭空间才能确保隐私。我如果不能理解他对隐私的定义，就可能无法理解他为什么在开放的办公室环境中交流会感到如此不安。

　　又譬如另一个例子，在我的文化环境中，守时既是效率的象征，也代表了对对方繁忙工作的尊重。如果我的客户让我等待超过15分钟，我就会有不被尊重的感觉。然而，在我客户的文化环境中，迟到15分钟可能是合适的。在他的认知中，我们双方都让接下来预约的其他人如我们所希望的那样长时间等待，这可能就是他对我们会面表示尊重的方式。这种跨文化差异的陷阱比比皆是，而且不易察觉，因此我们在帮助过程中必须先求助于对当地文化非常了解的人，与他们合作以了解情况。

例如，我曾经在墨西哥为某家银行的两个部门（甲和乙）开展了一次研讨会，其中甲部门的管理者是我的客户。在研讨会进行到中间时，他邀请我介绍几种组织发展的干预手段。我介绍了一个部门之间合作的小练习，请每个部门都为自己和对方定位。然后我的客户和乙部门的管理者都请我进行示范。我的推断是他们希望通过我的示范来更加了解这个工具。然而，我却没有意识到他们其实是想借助这个工具来解决两个部门之间的重大问题。

然而，这个示范练习暴露出了甲部门员工对他们的领导非常不满，当这个事实被公开揭示之后，乙部门的管理者趁机提出要接管甲部门的许多职责。双方发生了激烈的争执，他们不再遵守会议中使用英语交流的协定，而使用西班牙语吵了起来，我也失去了对整个会议的管控。

我的示范最终让我的客户既丢了面子又失去了权力。当他们提出要求示范练习时，我完全误解了他们的动机，而当我意识到这一点时已经为时晚矣。

什么是合乎逻辑的，什么是合乎理性的，在很大程度上取决于我们内心深处的默认假设，这些假设深深地影响了我们，甚至让我们觉得它们是理所当然的。因此，制定反思流程是非常有必要的，我们需要通过这些流程来审视甚至质疑这些默认假设。

制定系统的检查流程

询问确认。避免误解的关键在于在过程中严格检验自己的观察、反应和推理是否正确。顾问可以通过在干预之前进行更多观察、与他人的观察对照印证，以及向客户询问并确认已经观察到的内容来完成校验。虽然诸如"看看我是不是理解了，你刚才指的是……""我刚才听你说……，我的理解对吗"之类的询问会让人有些尴尬，但这正是必不可少的环节。

沉默干预。保持沉默并且积极观察进展情况，往往是最有效的干预措施之一。虽然保持沉默但积极倾听可能看起来并不像一种干预，但实际上，这能够有效地降低误解、不良情绪反应以及偏见判断的风险。在我们保持沉默的过程中，我们的所见所闻往往会揭示出对我们更为重要的信息，这让我们能够做出更有效的回应。在前文提到的案例中，父亲戴夫只需要再多等待几秒钟就会发现孩子只是过来道个晚安并询问他是否需要咖啡。

当他人直接提问时，暂时保持沉默也是一种很好的应对方式。我经常发现，（当对方提出问题后）我保持沉默以思考答案或下意识转动我的烟斗时，对方往往会继续说下去。有时候他们会继续讲述自己的故事，有时候他们甚至自己就会回答他们提出的问题，于是我就了解到其实对方可能并不需要我的答案。

持续探究。避免落入陷阱的最佳防护措施就是持续探究，也就是向对方表达想要了解实际情况的需求、愿意倾听并提供帮助的意愿，而不是在搞清楚情况之前就表明立场、表达感受。与过程咨询模型相比，专家模型和医患关系模型比较少地关注探究实际情况，而更多地引导求助者寻找到一个既定的正确答案；而过程咨询模型则认为，只有求助者自己才能够真正解决问题。因此，使用过程咨询模型的顾问和管理者都应该安心扮演探究者的角色，从长远来看，只有这种方式才能形成最佳的解决方案。

结语、案例与练习

如果顾问希望有所帮助，他们就必须施加干预。他们也势必会施加干预，哪怕他们什么都不做，保持沉默也是一种干预。为了能够让干预手段更加恰当和有效，顾问必须准确观察，做出合理的情绪反应，并对客户的表现及其内在动机进行合理推断。所有这一切都要求顾问具备一定的自我洞察能力。这种洞察能力并不是与生俱来的，一方面有赖于顾问对自身及客户的不断探索练习，另一方面需要顾问借助认知方法论模型（如 ORJI 模型），勇于探索，独自或在他人的帮助之下进行反思和分析。

为了培养观察和反思的能力，顾问需要对观察和反思进行刻苦训练。正如画家在下笔之前要构思好全图的框架一样，顾问也必须通过研究客户、实际现状、情感反应来尽可能掌握情况。在积极探究的过程中，倾听和思考最为重要，可以让顾问保持注意力不至于分心，积极发现并消除自身认知盲区，最终找到解决问题最有效的措施。

案例 5.1　欧洲埃索化学公司的管理层选拔

在这个案例中，我还是点明了公司的名称，因为这个案例发生在 20 多年以前，已经不再会有人因此受到影响。这个案例说明了，无法意识到自身的文化偏见会对管理决策造成严重影响。

这家公司的内部顾问邀请我协助他实施一个项目，找出为什么管理者的绩效随着年龄增长出现系统性下降。在这个项目的筹备阶段，我参与了公司高层管理委员会的月度例会，访谈了他们的高潜力候选人，并和他们探讨了未来的职业发展规划。(我会在后续讨论中说明年龄相关因素，这里重点讨论的是执行委员会如何选拔高潜力主管进入董事会的问题。)

在这几次会议中，讨论的主题是如何选拔出优秀的欧洲管理者进入董事会。鉴于这个子公司恰好正在欧洲开展业务，因此问题就变得更为紧急。执行委员会由 12 位高管组成，他们都是美国人，而他们希望在董事会中加入几位欧洲管理者。在选拔候选人时，他们建立了一套系统流程，其中包含与每位候选人进行深入座谈。而我的任务就是全过程倾听，检验这套选拔流程是否合理。

大部分候选人是美国人，座谈过程也平淡无奇。而当第一位欧洲候选人出现时，我确实有所发现。这位候选人是意大利分公司的负责人，业绩很好，潜力也很大，但执行委员会依然犹豫不决。正在此时，有一位高管指出这位候选人虽然能力很强，但是"过于情绪化"。他会因为个人情绪影响某些决策，而且他在高管会议中经常带着情绪谈论工作。正因为他如此"情绪化"，所以他在晋升到更高岗位后也将难以保持"客观"。而在美国文化中，"冷静客观"是高管的必备要求。

然而，执行委员会从未想过这样的问题，即该工作是不是要求高管保持冷静，他们也没有想过是不是正因为他们设定了这个"冷静客观"的标准才导致无法找到合适的欧洲管理人选。该委员会实际上陷入了两种文化假设的困境：高管必须做到冷静客观；相对更情绪化的欧洲管理者不如冷静客观的美国管理者。

由于他们并没有要求我对此过程进行干预，因此我只能观察。但是，如果委员会要求我给出建议，那么我该说些什么呢？在这样的情况下，我能提供哪些有用的干预呢？

练习 5.1 识别 ORJI 循环中的陷阱

（1）从个人近期经历中，找出一件由自身行为导致意外或不良结果的事情。

（2）详细反思自己在采取干预措施之前所进行的观察、所出现的情绪反应、所做出的判断，以及制定干预措施的逻辑。详细写下每一个环节的具体内容。

（3）找出可能出现错误的环节。

（4）如果你未能发现任何错误，那么可以和同事进行交流，向同事讲述整个过程，看他是否能从你的所见、所感、所思和所做中发现任何错误。

（5）使用上述循环重复多次，找出自身在观察、情绪反应、判断和干预方面的系统偏见。

第六章

交际动因：互动与沟通中的文化规则

在本章中，我们将探讨第二类深层因素，即人们在人际交往、互动沟通和建立相互关系时的驱动因素。表面看来，互动沟通是一个交换信息和意见的过程，而实际上，人们面对面的互动沟通是一个极其复杂的互动过程，双方会出于多种动机通过多种渠道传递多种信息。第二章已对此进行过简要介绍，在那里，我们分析了协助过程中的心理动因。但是，因为协助过程只是互动沟通的一种形式，所以我们现在必须进一步探索，尝试理解更为广义的沟通过程以及其中发挥作用的隐形文化因素。

沟通的功能

我们已经对人际交往中的互动沟通习以为常，会认为不愿意沟通和互动的隐士行事乖僻甚至存在潜在威胁。然而，我们为什么要进行沟通？为什么沟通对于人际活动如此重要？表6-1总结了人际沟通的几种功能。

表6-1　人际沟通的六大功能

① 满足我们的需求
② 了解他人
③ 澄清确认模棱两可的情况
④ 获得优势
⑤ 建立合作关系
⑥ 自我表达，理解自我

（1）**把我们的需求告知他人，从而使这些需求得到满足**。从孩提时代开始，我们就知道我们有求于别人，我们只有通过与别人沟通才能请他们满足我们的需求。

（2）**了解他人的想法，真正认识他人**。从小我们就知道，他人不仅可以满足我们的需求，同样也会对我们造成威胁。他人真实的想法对我们来说是一个谜。我们试图通过与他人沟通，揭开他们的神秘面纱并了解他们，进而找到与他们相处的最佳方式。这一桥段曾经反复被电影借鉴，表现我们与外星人建立关系、互动沟通的艰难过程。

（3）**通过分享认知和想法来确认现状**。不断变化的生活给我们带来了大量需要解读的数据。我们如果彼此语言相通，就可以通过相互沟通来澄清现状、达成共识。今天会下雨吗？我应该投票给谁？那个部门是不是对我们有威胁？简（Jane）的这句话是什么意思？销售额下降意味着什么？如果我们对人与人之间的对话进行分析，会发现其中很大一部分是为了澄清和确认现状，并达成共识。然后，我们就知道如何进行应对了。

（4）**根据需要构建情境，通过劝说、游说和教导他人来获得优势**。我们沟通的目的不仅仅是认知和理解，更重要的是为我们获得优势来构建情境。由于我们知道自己想要什么，因此我们通过沟通来尽可能实现。我们会千方百计来控制局面以达成自己的目的，无论这些方法是什么，本质上都是某种形式的沟通。

（5）**通过与他人建立有益的合作关系来提升能力**。当我们无法独立完成某项任务时，我们就会通过沟通来建立协作关系、寻求帮助甚至组建团队。因为我们意识到如果要完成任务以满足自我需求，就必须与他人合作。如果我们只想满足自身的需要，就应该让对方知道并提出请求；如果我们希望在彼此的关系中占得上风，就需要进行说服和劝诱；如果我们要建立合作关系或者过程咨询中的"协助关系"，就需要以增进相互理解的方式来沟通。

（6）**充分展现和认知自我**。有的时候，沟通只是为了表达和展示，我们希望听到自己说出一些有趣或发人深省的话。正如有些人所说，"我只有自己说出来，才知道自己的想法和感受"。在这样的沟通交流中，我们可以成为自己的听众。同时，通过观察倾听者的反应，得到他们的评价反馈，我们可以更好地了解自己。

为了实现上述功能中的任何一个，我们需要使用某种形式的语言。所谓语言，也就是由情境中的参与者共享含义的一系列符号。

语言的作用

人类最伟大的成就之一就是创造了相互沟通的语言,使抽象交流成为可能。我们可以通过简单音节和手势来进行简单沟通,但如果想要真正理解复杂模糊的情境、获得优势、寻求帮助、建立协作关系以及表达自我,就需要一种共识的符号系统,以便将现实变成抽象情境从而进行分析。语言使人类社会能够和谐,并帮助人类通过群居生活获得种族优势。语言来自抽象思维和符号的结合,能够帮助群体制定社会规范和假设。伴随语言而来的还有文化,即群体在不断实现外在目标和达成内在和谐的过程中持续积累的知识。最终,语言成为文化中最重要的文化产物,人类通过语言记录了所经历的过往现实,同时又通过用语言训练新来者思考和感知环境,使这种现实得以延续。

已发现的所有人类文明都表明,为了保障群体内安全的人际互动,必须制定一些沟通规范和准则。譬如,群体中的每个人都必须遵循一些准则和规范来控制生理需求和冲动,尤其是攻击性冲动和情爱冲动。社会不仅进化出各种各样的家庭来定义哪些人可以相爱,哪些人则不能,哪些人可以敌对,哪些人则不能;还进化出一套人际交往互动的潜规则,目的是让行为变得可预测从而使社会趋于稳定。在大多数社会中,我们通常可能意识不到这些规则的存在,而只有在违反规则时我们才能深切地感受到。遵守这些规则通常被视为"礼貌""优雅""得体"的象征,但在这些标签的背后所隐藏的是如何让我们的整体社会环境更加安全稳定的深层问题。幸运的是，不少社会学家已经解构了部分规则，以便于我们进行分析。

当面沟通中的文化规则

为了能够理解我们所处社会中互动沟通的文化规则，我们需要在我们的语言中探寻面对面互动沟通的真正含义。譬如，礼貌、得体、优雅、尊重、风度、羞辱、尴尬、保住或丢失面子具体是什么意思？为什么礼仪和外交对于人类活动如此重要？为什么我们把社交活动或事件比喻为"（戏剧）场景"，而将其中每个人的表现评价为是否扮演好自己的"角色"？为什么我们会说"上当受骗"或是需要"留心"某人？为什么我们会说"投资"人际关系，以及需要给予某人"回报"？

我们所使用的语言揭示了人们最喜欢使用两种模型来诠释彼此之间的相互事务：一种是社会经济学与社会正义，另一种则是社会戏剧。在人生的各阶段"舞台"上，我们会逐步了解如何成为一名得体的"演员"或"观众"，我们会学会什么样的人际交往才是"公平"的。某个行为在我们看来是否"得体"或者"公平"，在很大程度上决定了我们的情绪反应。

对于咨询顾问和管理者来说，这一事实的启示是他们必须在文化规则允许的范围内提供帮助。因为所在环境的文化决定了施助者的行为是否有帮助，所以施助者要想能够有所作为就必须对当地的文化进行深入了解。回顾我在墨西哥的研讨会案例，正是我不理解客户公司的运作规律，才使我的主要客户受到了伤害。当他们把交流语言切换为西班牙语时，我甚至无法了解发生了什么。本章的讨论会聚焦以美国为代表的西方文化。

社会公正：沟通必须平等

我们从小就被教育人际交往应该是互惠互利的。当别人对我们说话时，我们应该聚精会神；如果别人赠送我们礼物，我们要表示感谢；如果有人羞辱我们，我们要辩护或反击。我们也应该知道何时采取什么样的回应方式是合理的、恰如其分的。正如我们在传达我们认为重要的信息时，会通过肢体语言、语气进行强调，还会辅以说明介绍；而如果听众心不在焉，我们就会因对方不够专注而恼火。同样，当我们赠送给对方一件精美的礼物或是成功举办了一次盛大的招待会时，我们会期待对方的感激；而如果对方毫无表示，我们就会因此感到沮丧。当受到他人侮辱而无法为自己辩护时，我们会感到伤心难过，甚至想要报复。当我们在某段人际交往中投入了很多，而对方却弃之如敝屣时，我们会认为自己受到了欺骗和伤害，并感到愤怒；如果对方希望继续此段关系，我们就希望得到某种形式的补偿。

这些反应说明了我们对于什么是恰当和公平的人际互动有着一种强烈的、早已习得的认知，而且这种认知是自然而然的，并不需要刻意为之。我们会对事情的结果产生自然感知。如果事情公平合理，那么我们会认为一切如常；而如果认为存在不公平，我们就会本能地感到不对劲和不满；如果希望从某段关系中"获利"并取得了成功，我们就会不自觉地感到高兴。

对于等级地位悬殊的人际互动，同样有着潜在规则让我们适当表达对上级的尊重，面对下属保持风度。下属可以通过以下行为来表示对上级的尊重：当上级走进房间时，下属要站起来，征求和询问意见而非直接断言，保持顺从的身体姿势，服从命令，做出各种表示尊敬的姿态，如专心倾听、不打断上级、不公开反对、在公开场合对上级的决定表示支持。

相应的，上级必须掌控局面，下达明确的指令以便下属遵守和妥善执行，不至于让下属误会而产生焦虑和不当防卫；把握正确的方向而不要让认同自己的追随者们感到难堪；下属可以失去冷静但上级必须保持沉着；下属可以偶尔犯错或举止不当但上级必须在公共场合应对得体。级别越高，上级在公共场合无论是举止、穿着还是其他行为都越应该符合人们的期望。因此，高层领导者必须谨慎管理好他们的公众形象，以免让下属们"大失所望"而感到受骗。正如我们通常认为办公室内的独立卫生间是高层领导者的特权，却往往没有意识到它其实为高层领导者提供了一些私密空间，让他们为自己的公开露面做好准备，并保持神秘的超人形象，例如没有凡人的基本生理需求。

换言之，我们一旦开始与他人沟通互动，就会本能地依照我们认为可以掌控局面的特定规则行事。这是我们从小通过观察、父母和教师的教导指点，以及自我失败的惨痛经验教训反思和总结出来的。总之，支配人际互动的一个重要隐性因素就是我们对公平合理的共识。

人生如戏

交际规则和公平原理并不能保证简单适用于每一个场景。而我们从孩提时代起就开始学习在不同场景中扮演不同角色，交际规则和公平原理会随着特定场景和角色的改变而略有侧重。人类的一项令人叹服的能力就是可以记住如此之多的"场景脚本"，我们知道如何成为孩子、朋友、教师、配偶、下属、上级、顾客、领导者、父母、主人、访客等。每当进入不同的社交场景时，我们的大脑会自动识别以匹配相应的角色。

协助亦如戏

咨询和帮助的复杂性源于"帮助"并没有一个固定的模式和方法。"帮助"的定义和概念数不胜数，因为帮助的定义更多地取决于观众（客户）的反应而非编剧和演员（顾问）。换句话说，客户会认定是否得到了帮助，而不是顾问和管理者认定是否提供了帮助。因此，有想法的施助者会基于观众（客户）的反馈信息来及时调整自身的帮助行为，他们随时准备改写"脚本"。此外，协助关系还涉及"观众参与"，施助者需要获得观众（客户）的协助，从而决定如何展开帮助行为。

管理者和顾问在给予帮助时当然会有一些通用原则和方法，但在特定情况下，他们必须具有创新性。类比表演艺术而言，帮助更像是一场即兴表演而非正式戏剧，但由个体艺术家引入的美学元素必须与设计、色彩和和谐等方面的基本原则（正如协助关系的基本原则）保持一致。而即兴表演的表演者（施助者）不仅需要表演基本功和对观众的反应进行敏锐观察，还需要保持率性并具备灵活应对的技巧。正如前文所言，顾问不仅必须做到"顺其自然"，同时也必须时刻准备"把握机遇"。

如果我们暂时抛开这些通用的社会定义，检查施助者与客户之间的关系，那么我们会发现帮助过程是一场极其复杂的互惠式戏剧。演员是求助者（客户），而观众是潜在的施助者。客户希望通过舞台展示自身的问题，并希望能够得到帮助和解决问题，而施助者则在台下倾听。一旦客户说完了自己的台词，就希望施助者能够登上舞台并继续表演。这就是我们前文提到的，"角色引力"往往会诱使顾问迅速代入专家或医生的角色。然而，客户可能并不知道顾问扮演专家或医生角色时会说些什么，通常来说他们不会喜欢顾问的台词，因此会产生抵触情绪，最终使协助关系化为泡影。

如果施助者能持续保持过程咨询模式，那么结果将截然不同。在过程咨询模式下，顾问并不会上台表演，而是扮演了一个场外导演的角色。顾问会帮助客户继续在舞台中央表演，通过强制推动或循循善诱让客户自己解决问题（客户自己撰写剧本）。施助者保持观众或导演的角色，饶有兴趣地观察并提供有效的支持。因此，设置正确的场景并有效管理表演过程以达到理想的结果，是成为高效的管理者和顾问所必须学习的一项关键技能。与此同时，他们必须遵从上文所述的互动中的文化规则。

例如，当客户陈述完他的"戏剧故事"，询问我"埃德加，如果你是我，你会怎么做"时，我能提供的最有效的帮助就是"嗯，这听起来确实很难。告诉我你到目前为止已经做了什么，或者你认为你可以再做点什么"。如果客户坚持要求我给出建议，我就会说："如果我处在你的情境中，我会采取以下措施1……2……3……然而我不是你，所以你认为这些措施可行吗？"通过提供多个选择并且提醒客户你的建议可能并不可行，你还是让客户站在了舞台中央（由客户自行决策）。

人之神性：脸面

人际关系取决于多方的合作，应该尽量满足各方的需求，这是文化假设中的一个核心理念。戏剧强调演员与观众之间的公平性，然而这需要双方使用某种衡量方法来度量人际互动中的"价值"，以最后判断是否公平。人际互动中的价值可以这样度量：外界认知的社会角色与地位范围内某个特定个体声称的地位。例如，社会认为管理者角色优于下属角色，所以管理者在某些情况下可以比下属要求更多的价值。因此，管理者更容易打断下属的发言以吸引他人的注意力，反之则不然。

从主观上讲，这种声称的价值也可以被视为自尊，即我们在特定情境中赋予自己的价值。当他人不认可我们所声称的内容或是我们的行为与自己所声称的内容不相符合时，我们会感到被羞辱（"他们让我出了洋相"或是"我自欺欺人了"）。社会学术语中的羞辱可以被定义为：在特定情况下，某人的价值远低于他对自己的要求。即我们羞辱了某人，实质上是我们打破了他对自我价值的认知，所以对方在被羞辱后出现激烈情绪反应自然也在情理之中。

在我身上曾发生过一个生动的案例，我在普罗旺斯一个小镇的邮局购买一些邮票时，由于不了解当地的文化规则而受到了双重侮辱。

我耐心地排队，当轮到我时，一个男子走进邮局，径直插到我前面，打断了我并提出了他的要求。我希望店员能够不理会他，继续接待我。然而令我惊讶的是，店员竟然接受了他的要求并开始帮他处理，几分钟之后才回到了我的面前。毫无疑问，这种显然违反了文化规则的行为令我愤愤不平。我晚些时候向我的法国同事讲述了这件事。他却笑着对我说："埃德加，情况比你想象得还要糟糕。你默认了这个人的插队而没有提出你的诉求，邮局中的所有人都会认为你缺乏自尊。如果你认为自己的价值较高，你就应该打断这个人，坚持要求先为你服务。"不同文化情境中对于面子问题的处理规则也略有不同，关于如何正确应对这种局面的例子就先说到这里。

在特定环境中，我们可以声称的价值的多少取决于制度条件、身份地位和扮演特定角色的人的动机。观众们的反应能够验证这些声称是否有效。"面子"就是个人在特定情境和角色情况下声称的社会价值。在具体情境中，个人在互动交往的早期就会通过口头表达传递这些主张，而在这样的情况下，作为观众的其他人就会感到有义务帮助他维持这些主张（帮助这个人维系"面子"）。他们是否愿意或有能力帮助这个人维系"面子"取决于该人所声称的面子是否与社会赋予这个人的地位和权限相匹配。

譬如，当我对你说"我们来聊聊我前几天遇到的有趣的事情"时，你应该聚精会神，做好准备。一旦我开始讲述，当我的语音语调、肢体语言或措辞暗示你应该有所反应时，你就应该哈哈大笑。如果这件事情确实很有趣，那么这个过程会非常顺畅。而如果事情并非如此，或者你认为非常无聊或感到被冒犯，这时候你就会发现自己进入了戈夫曼所说的"面子工作"。

"维系面子"是我们不得不做的事情，文化规则要求我们即使出现令人失望的交际过程，从长远角度出发，我们也应该保持自我形象并维护彼此的关系。因此，当对方的说法在短期内无法得到维系和支持时，我们还是要维系面子，尽量维护他人的说法，尽量减少故意伤害他人自尊心和对他人造成羞辱的行为。所以，即使我的故事非常无聊，按照文化规则你也应该聚精会神并保持笑容。如果你眉头紧锁并抱怨这个故事既无趣又无聊，没有维护我，我就会"丢面子"。在抱怨的那一瞬间，你说明了我在社交活动中的社会价值小于我的自我评价，我会认为你是在羞辱我。我的工作是努力把故事讲得有趣，让你更能保证我的脸面；而你，即使我夸大其词，也不应该当众羞辱我，而应该选择假装有趣并竭力协助维持我的说法。如果你真的认为我非常无聊或者狂妄自大，那么你会选择逐渐远离我——当众"撕破脸"的情况（在美国文化中）确实比较罕见。

我们每天都在经历着成百上千的类似情况——不断做出声称并尽量维持别人的声称。我们在背后也许会反复强调自己受到了欺骗或背叛、讨厌他人的某个行为、认为他人自作自受或对他人十分失望等，然而我们在与其会面的时候却会谨慎地掩盖这些情绪。事实上，我们在了解和掌握文化的过程中就学习了这些常见的情绪应对方式，所以在社会舞台上我们可以自然而然地完成大部分"面子工作"——我们称之为优雅、得体、有风度或有礼貌。我们感受的内容和方式与情境息息相关，所以在很多时候，我们可能都并没有意识到本能反应与真实感受之间的差异。

通常我们会帮别人维系面子，哪怕他们夸大了自己的身份或能力（正如我们所说的"摆架子"或"装腔作势"），我们也不会拆穿他们——打破他们的幻想或用其他方式让他们难堪。但如果这个人三番五次地出现这种行为，譬如有人老是像老板一样对同事发号施令或是开一些不妥当的玩笑，我们就会尽量疏远他，避免与他打交道。我们很少会当面痛斥他，至少不会在公众场合令其难堪，因为如果不这么做就会让我们自己显得十分不礼貌，也会让我们丢面子。以上所有这些陈述的重点在于我们要尽量维系保持自己和他人的脸面。我们要注意的是不要过于夸大自己，以免给别人带来不必要的麻烦。

做"面子工作"的最根本原因在于我们每个人都需要稳定的社会自我，并为人所接受，否则生活将变得不可预测、岌岌可危，而社会也会因此坍塌。人类社会的本质蕴含了彼此之间维系社会自我的隐性契约。从这个意义来说，每个人都神圣不可侵犯，而人身攻击、破坏脸面就相当于谋杀了某人的社会自我。如果我可以这么做，也就意味着对方可以针锋相对、以牙还牙，这会导致整个社会形态的覆灭。

刻意破坏他人脸面能够得到认同的唯一条件是，在社会化过程中必须放弃自我、重塑自我。例如，当我们从一个组织到另一个组织、从一个身份到另一个身份时，在适应新角色的过程中需要忍受很多刻意安排的磨炼和考验。然而，只有在过渡过程中才会出现这样的情况，而且只有父母、导师、教练、教官或其他合规的"变革推动者"才有权破坏"面子"。而受训者在培训过程中往往受到保护，在训练完成后会通过某种"仪式"来重新确定其在社会群体中的地位和价值。晋升仪式或其他正式宣传仪式是社会公开正式赋予个体更高价值的途径。

协助关系中的"面子"问题

脸面与咨询、协助关系有什么关联呢？大有关联。正如在第二章"协助关系中的心理动力学"中介绍的那样，对一个存在问题的人来说，施助者通过某种方式表明或暗示这个问题其实微不足道，言下之意是说这个人实在无能或缺乏毅力，没有比这种羞辱更加危险的了。这是因为客户在承认自身存在问题时放下了脸面，向别人暴露了自己其实没有想象中那么能干。声称的社会价值低于实际价值会让客户变得脆弱，并感到"低人一等"。

正是出于这个原因，潜在客户往往不愿意暴露他们真正的问题，他们会否认问题，声称一切尽在掌握，他们还会通过其他方式来检验施助者是否能够感同身受和值得信任。正如施助者反复学到的一样，只有通过大量倾听、持续支持，才有可能发现并解决真正的问题。从这个角度而言，客户的这种反应是正常的，也在意料之中，施助者必须做好准备以接受这些反应。

而如果施助者表现出不耐烦、暗暗嘲笑（暗示）客户过于愚蠢或迟钝而无法提出具体需求，又或是因客户遇到了障碍而勃然大怒，那么这本质上是以种种方式羞辱客户，使客户失去面子。按照"面子"的文化规则，这同样给了客户因受到羞辱和丢了面子而表达愤怒的机会，客户甚至会认为自己有权不择手段地进行报复。于是，报复、重新获得平等的关系成了首要问题，而要解决的问题却只能被搁置一边。

施助者和客户的反应都是下意识的。因为文化规则已经深入骨髓，他们已经形成了下意识的本能反应。如果客户被羞辱，那么他很可能会认为顾问的建议荒谬可笑、偏离目标，或者他可能会以各种理由告知顾问方案不可行。客户可能没有意识到，他这么做并不是真的认为顾问建议的解决方法无效，只是受到羞辱后愤愤不平的报复罢了。

在管理关系中，我们格外需要把握好尊重和风度。上级如果很轻易地羞辱下属，事后感受到下属的不满自然也就不足为奇；同样，让上级丢面子的下属也很有可能后期遇到上级给"穿小鞋"，譬如承担某些"脏活累活"、失去晋升机会或遭到上级的辱骂。"告密者"之所以被社会普遍唾弃，是因为他们在揭露组织中所发生的事情时，难免会涉及一些有伤上级脸面的内容。在这种情况下，让团队变得更为高效可能会与维护面子的文化规则背道而驰。

在协助过程中，采用专家模型和医患关系模型将大大增加让客户感到受辱和丢面子的风险。这些情况也曾多次发生在我的咨询诊断过程中。当我给出建议时，如果客户曾经有过类似想法却被自己否定了，那么当我此刻再次提出时，客户可能会认为我在轻视他，甚至认为他愚蠢——连这种程度的建议都想不到。因此，从过程咨询模型开始会更有帮助，因为按照过程咨询理念，顾问会假设客户有能力帮助自己，而且已经思考过一些改进方案。如果客户没有提到某个很明显的解决方案，那么顾问可能需要反思一下为什么客户没有提出，而不是将这个方案脱口而出。顾问在提供建议之前需要思考的关键问题是客户可能已经思考和尝试了哪些方案。

当施助者传递出的信息是"的确这里存在一些问题，但我相信你有能力自己解决，你需要的时候我可以协助你"，这种方式实际上肯定了客户的能力和价值（比他自称的要更高），保全了客户的面子。从社会学的角度来说，保全面子相当于我在第三章中提到的"地位平衡"，也传递给客户一种遇到问题不足为奇的信息。我早期常用的一个干预手段是列举一些我曾经遇到的类似案例，这既能够检验我是否正确理解了客户的意图，也暗示客户他的问题并不特殊，他无须为此羞愧。下面我们以案例来深入探讨。

艾伦公司的部门经理拉尔斯顿（Ralston）和比林斯公司的创始人兼总裁斯通（Stone）有着截然不同的风格。拉尔斯顿是一个非常傲气的人，他在与下属的互动过程中往往扮演家长的角色。他在人际交往过程中往往自我标榜得很高，并且要求他人对他保持特别的尊重，让人觉得不好相处。在部门会议中，他往往像一个教师一样长篇大论地发表个人观点。

当他人提出不同意见时，他会千方百计地进行解释以坚持自己的立场。从表面上看，他支持民主和参与，但他的态度、肢体语言和沟通方式都已经向下属传递了信号——他不需要任何建议。因此，公开向他提出质疑就会让他感到丢面子，他的下属往往只能采取"迂回战术"。而他们也感到非常沮丧，特别是当面对某些切实有效但拉尔斯顿不认同的方案时，他们完全不知所措。

拉尔斯顿与他所分管部门的主管之间的关系也被大多数人认为缺乏公平。他们经常受到不公平待遇。他们认为自己接受并努力实现了拉尔斯顿设定的挑战性目标，却没有得到应有的表扬。他非但没有给予他们奖励或给他们放个短假，反而变本加厉地布置了更多的新任务。在他们看来，要达到拉尔斯顿的要求简直痴心妄想，他们永远只能让拉尔斯顿感到失望。

从长远来看，这种不公平或缺少成就感的感觉的危害非常大，因此艾伦公司引入我实施咨询项目的主要目标之一就是解决这个问题。要么减少拉尔斯顿对下属的压力，要么让拉尔斯顿给下属更多表扬。而选择我是因为拉尔斯顿对我非常尊重和敬佩，他经常寻求我的帮助和反馈，因此我能够有机会向他指出这些问题。但在我指出问题的同时，我必须让他认为我一直肯定和赞扬他的领导能力。我必须让他自己意识到，他可以在依然保持他的骄傲和自我价值感的同时，对自己的行为做出一些改变，如当发现惩罚行为不利于他的团队实现目标时，能够自发地减少这些行为——他仍旧是他自认为的卓越领导者。

与之相反，比林斯公司的创始人斯通则表现得和其他普通员工没有太大差别，员工可以向他提出质疑，他也经常与员工争论。当然他也足够强势，会在需要决策的时候拍板说"够了，我已经定了"。然而，即使在他忍无可忍的时候，他也还是会和下属进行澄清和沟通，尽管他的下属有时候会抱怨他并没有对决策的原因解释得足够清楚。

斯通在下属面前没什么架子，在会议中也愿意花费大量时间听取他人的意见。他认为自己是一个过程导向的管理者，他每次都会在会后问我是否有可以帮助他更好地胜任这个角色的意见和建议。因此，比林斯公司并不太重视等级仪式，当然，在斯通所强调的底线问题上，大家也从未向他发起过挑战。

由于斯通有这样的管理风格，因此其他人可以直接给予他反馈甚至对他的某些行为提出批评。相应地，他也可以自由地在公开场合批评其他人。这改变了人际互动中的很多关于"面子"的规则,下属之间的相互"羞辱"越来越多甚至成了常态,因为大家并不认为这是一种羞辱。斯通可能会当着其他同事的面对你提出严厉的批评,但这并不会让你丢脸,因为这仅代表斯通对你非常关注,并希望能够改善你的绩效。而被斯通置之不理才是真正的羞辱,因为这意味着你根本没有资格成为他批评的对象!

当你分别参与过两个公司的会议之后,你会立刻注意到组织成员维护他人脸面的不同方式。艾伦公司的方式是搁置分歧,相互保留意见、分歧而不是强行解决问题成为该公司避免让某人难堪的主要方式。即使在拉尔斯顿不在场的情况下,艾伦公司的部门负责人之间可能会出现更多对抗,他们也依然不会针锋相对地解决问题。他们处理好脸面问题的方式是提出一个初步的想法或向其他人寻求建议,从而避免让某人的脸面因某个特定决策而受到损伤。他们已经学会了如何在避免对个人造成威胁的情况下管理好任务冲突。

而在比林斯公司,会议则更像是一出舞台剧,有时候是喜剧,有时候是悲剧,但总是很热闹。斯通和执行副总裁是主要演员,其他人则常常被赋予观众的角色。在会议中,对抗、争吵和相互贬低是常态,而斯通往往唱主角。在每次会议之后,斯通都需要花费数个小时来澄清信息和安抚"伤口",这种会后讨论的目的是帮助管理者恢复已经失去的面子,并让会议中的"公开羞辱"成为斯通帮助管理者提升绩效的一种形式。虽然管理者并不喜欢这样的方式,但他们也无计可施。斯通的强烈个性和对抗风格使得管理团队和我都遵循了他的沟通方式,而传统的文化规则在会后有效运作，为维护人际关系、挽回面子和地位发挥了重要作用。

这个案例说明了不同的群体和组织可能会形成截然不同的维系脸面的机制。关于脸面的文化规则的影响是如此巨大，每个组织都需要找到一些与之匹配的机制，否则就无法长期存续。作为人类，如果无法保证自己的信用（自己所声称的不受到质疑），就无法在社会中生存。归根结底，人际关系的底层基础是公平公正，如果做不到公平公正，人际关系就会坍塌。

过滤

人际互动的文化规则不仅解释了沟通中的共通之处，也解释了我们进行沟通的基本模型。但是，这些通用规则不可能解释个体所经历和面对的各种交流变化。换句话说，在文化规则下，我们所沟通的对象、沟通的内容、表达的风格、伴随的肢体语言、表达的时机、语音语调和我们所选择的特定词汇千变万化。造成这种差异的原因是，我们每个人的成长经历不同，在与人交往中建立了一套接收和感知信息的"过滤"规则。在个体之间的沟通交流中，无论是给出信息方还是接收信息方，都时时刻刻无意识地应用着这些"过滤"规则来选择他们想要表达和接收的信息。我并不是指双方有意地选择措辞，而是指我们所有人都会下意识地根据自我规则来选择我们所说的内容、所表达的方式。自我规则是我们在成长过程中习得的，体现了每个人不同的经历。主要的五个"过滤"规则是：

（1）**自我认知**。沟通双方都有自我认知，也就是对个人的社会价值（地位）和自我尊严有着自己的理解和认识。在某个特定场景中，沟通双方的自我认知和对个人的价值判断会在一定程度上左右沟通的结果。譬如，如果我认为自己是某一领域的专家，对所讨论场景中的问题有很强的自信（在自己身上赋予了很高的价值），那么我可能会主动进行沟通，选择一种自信而有说服力的陈述方式，不太愿意倾听别人的意见。而当别人与我的观点相左时，我会极力辩驳——毕竟我才是专家。而如果我对特定场景中自己的身份地位并不确定，那么我更可能会保持沉默，采用提问而非陈述的方式，并尽可能地避免冒犯到身份不明的人。

（2）**对他人的认知**。在沟通中，我们都会对沟通对象有一定的认知，并赋予他们一定的价值。这些认知和价值也会在一定程度上决定我们的沟通方式。例如，如果我认为沟通对象不够专业或地位较低，那么我很有可能会采取"高姿态"——当我认为对方跑题时打断对方，更加关注对方是否理解和同意我的观点而忽略他们的个人意见。反过来，如果我认为对方是权威或地位较高，我就会少发言、多倾听，想尽办法获得对方的认可（这种想法也会妨碍积极地倾听，因为它让沟通者将注意力从沟通内容转移到了人际关系上）。我们通常用来描述某人个性的词语，诸如傲慢或谦卑，正反映了这些对自我和他人的认知和看法。

（3）**我对"当前场景的认知"**。沟通的双方都会对他们所处的场景有所认知，正如我们对舞台、角色、剧本性质的感知。召开这次会议是为了解决某个特定问题吗？这是一次非正式的自由讨论吗？总裁是在向我们阐述他的想法吗？通常我们只会暗自思考，偶尔也会有人提出诸如"我们要达到什么目标"或是"我们的任务是什么"之类的问题直接将其挑明。对现实情况的定义不仅局限于要达到的目标或完成的任务，还局限于对自我定位、他人角色、任务时长、边界范围和规范准则等的整体认知。显而易见，我们对于场景的定义会在很大程度上影响我们的沟通内容和沟通方式。而沟通障碍的一个重要原因也正是参与方对现实情况有着不同的认知和理解，却没有发现或弥补——对现实情况达成共识几乎是所有团队高效行动的前提。

（4）**个人动机、感受、意图和态度**。沟通双方在沟通过程中的另一种过滤器是彼此的动机和感受，以及意图和态度。目标不同，所采取的沟通方式也会有所不同。如果我希望影响他人或兜售方案，那么相对于因单纯好奇某事而收集信息，我可能需要更多沟通；如果我试图影响他人，我就应该更加关注于听取对方认同和反对的点，而非在与对方的沟通中发现新想法。如前文所述，沟通包括满足需求、自我表达、达成合作以及影响他人等功能，根据想要实现的不同功能，我们采取的沟通手段也截然不同。

（5）**个人期望**。心理过滤的最后一类影响因素是我们因自身经验、固有认知或偏见而对自身和他人形成的期望。如果认为受众的理解能力较差，我就会使用更为简单的语言；如果认为他们的接受度很高，我的表述就会较为轻松；如果认为受众非常挑剔，我就会更加谨慎和精准地表达我的观点。反过来，当作为听众时，如果认为发言者聪明睿智，我可能会尝试从他的发言中解读出更多信息；如果认为发言者口齿不清或不够聪明，我可能不太会期待与他的沟通能有所收获；如果预想对方会提出反对意见，我可能会更为敌对地审视他的发言；如果认为对方会表示赞同，我很可能会忽略他言语中的不同意见。

正是由于这些心理"过滤"因素的存在，沟通过程中充斥着各种困难也就不足为奇了。正如我在第五章中论述ORJI心理过程时的描述，正是这些预判使我们的观察和倾听受到了扭曲，使我们产生了错误的推理和不当的情绪反应。而当我们处于过程咨询模式时，我们并不会消除这些心理因素的影响，"过滤"机制也依旧存在，因此，虽然我们是训练有素的观察者，能够比其他人更快地意识到过滤器的存在，但并不能因此就比其他人更加了解真相。也正是由于这个原因，我们必须帮助和推动客户进行自我诊断，而不是草率地提出自己的诊断作为绝对真理。只有在团队成员的共同努力下，我们才更有可能做出接近真相的判断，并有针对性地采取应对措施。

初始预判的强化循环过程

在上文中我们描述的各种"过滤"心理过程可能使得沟通中断并产生不良后果。如果沟通双方都先入为主地做出了很多预判，因此双方都很有可能从对方的言行中抓取线索来验证自我判断，那么最终他们都将很难改变自身的原有观点。例如，如果甲在过往的经历中被认为给人印象良好、积极自信，并且非常具有影响力，那么，他在沟通中能够做到表达清晰且充满自信。而这种清晰和自信的表达会使听众更加积极地倾听，而这恰恰佐证了甲的影响力。随着自信心的不断增强，他在组织中也扮演越来越重要的角色。

相反，如果在以往的经历中，乙对自己的能力没有信心，认为自己很难影响他人，并且在与他人沟通时缺乏自信，在团队内缺乏影响力，那么，即使他能够在沟通中（像甲一样）思路清晰，他犹豫不决、缺乏自信、低调的沟通方式也会让听众认为他并没有什么真才实干，从而对他不再关注。而这恰恰证明了乙缺乏影响力。长此以往，乙将越来越缺少沟通，越来越缺乏自信，从而让他人进一步认为他可能缺乏潜力，逐步将其归入"无能"的行列。

在甲乙这两种情况下，最终结果都是某种初始预判的产物——初始预判决定了沟通方式，而沟通方式又进一步佐证了初始预判。值得注意的是，这些初始预判可能和甲、乙对团队的贡献毫无关联。然而，甲最终有所建树，而乙却碌碌无为。只有了解了这种强化循环的机制，组织才能避免这些不相关因素带来的负面影响。

而当过程咨询顾问发现团队内成员的参与度和贡献率参差不齐时，他应该判断出这到底是如实反映了组织成员的个人能力，还是上述循环强化过程的结果。如果是后者的话，他就应该帮助团队来重新评估自身的运作，检验对团队成员贡献程度的偏见，建立起帮助不自信的成员大胆发表观点并增强自信的机制。譬如，当在团队讨论中乙的观点被团队忽略时，顾问可以通过再次重申这个观点或采用其他方式帮助团队将注意力重新聚焦到乙身上。

结语与练习

虽然交际中的文化规则难以捉摸，它却是能否建立有效协助关系的决定性因素。客户得到了帮助而且保全了自己的面子。维系住自身尊严让他们感觉良好，确切地说，他们在得到帮助之后自身能力得到了极大的提升。当我们将管理者认定为施助者时，这一点会变得更加清晰。对下属而言，他们希望上级能够信任自己（认为自己能够解决问题），希望能够得到上级的指导和帮助（但上级不必事必躬亲）。虽然那些过于聪明、总喜欢向下属炫耀自身能力的上级可能会取得一些成果，但他们却很容易引起"民愤"，组织将变得充满依赖性而越来越弱势。

而在社会交往中，保全彼此的脸面是重中之重。如果有人在交际过程中丢了面子，那么不仅他本人会感到难堪、受辱并可能实施报复，令他颜面尽失的人同样会失去他人的信任，最终导致被排斥和孤立。顾问和管理者不仅必须遵循这些规则，同时也要让其他人意识到规则的重要性。在这项工作上，他们必须起到表率作用。

在这些文化规则下，施助者必须意识到自己和他人存在着认知偏差。而过程咨询顾问必须意识到产生偏差的自我原因，并通过防止个人偏见来引导客户，最大限度地化解沟通中的认知偏差。当我们将沟通作为学习方式时，这些影响因素尤为重要，我们将在接下来的两章中展开讨论。

练习 6.1　检验交际中的文化规则（限时 20 分钟）

这个练习很简短，但完成之后需要花费大量时间来进行分析，请妥善规划好时间。

当你与朋友或同事进行交谈时，在某个时刻做出如下反应：

（1）"冻结"面部表情，并保持尽可能长的时间。

（2）"冻结"肢体语言，譬如不再频繁点头、身体不再前倾等。

（3）停止说"是"或其他赞同对方言行的行为，保持沉默。

你会发现只需要短短 10 ~ 20 秒钟，你和沟通对象就都会感到不适。对方也会停下来，开始询问你诸如"有什么问题吗""你怎么了""你还在听吗"之类的问题。

你可以和你的朋友或同事分享探讨当时的感受，并校验我们遵循文化规则的自发程度。

交换角色，让你的朋友或同事扮演"无反应的听众"，体验一下面对他们的感受。

03

第三部分

学习中的干预

顾问的一言一行皆是干预，这是过程咨询的基本原则之一。正如所有顾问所认知的那样，诊断以及建立协助关系中的干预与其他旨在刺激、启发并最终促进行为、理念和深层假设的干预有所不同。到目前为止，我一直在强调关系建立和诊断干预，重点关注各种形式的主动探询。接下来，我会转向那些为改进客户的学习过程而特别设计的干预措施。这些干预措施可以被分成两大类，我将在接下来的几章中进行阐述。

第一类可以被定义为"计划反馈"，是指顾问会有意识地向客户提供他们如何与别人进行交际的数据。我们在日常工作中也会得到反馈，但大部分反馈只是对方的反应，而学习过程中的反馈者则得到了客户的明确允许或默认（为其提供反馈），并被认定为具备专业能力能够为客户提供有效的反馈。第七章将专题讨论这些计划反馈的过程动态，包括一些简化的人际互动模型以及如何提供更有效干预反馈的指南。

第二类可以被定义为"过程干预"，是指围绕个体或团队的学习过程，进行观察、提问、评价和建议。过程干预涉及很多群体过程，包括团队如何确定身份、设定边界、处理主要任务和管理内部人际关系等。我将展示团队运作的简化模型，并举例说明适用于这些过程的几种干预方法。

当关注点聚焦在过程时，我会降低对另外两个潜在关注点——当前的工作任务、相对稳定的运行结构——的关注度。

在我看来，当我们观察并掌握运行的过程时，结构会自然而然地显现出来。从某种意义来说，结构可以被认为是在某种特定情况下能够可预测地重现，并表现出一定程度的稳定性的过程。而在其中，团队成员对于组织文化的定义（即当团队成员遇到某些事件时，他们如何看待、思考和感受问题的默认假设）最为重要。组织架构、汇报关系、职责权限以及其他能够表征结构的内容往往都会被纳入文化范畴，这是因为这些内容反映了这个组织中被认可的默认假设。这些假设才是过程运作中最强有力的推动因素，因为这些关于如何完成工作的假设是组织运作中最为稳定的影响因素。

而关于"当前任务",当深入研究各个团体和组织运作时,我发现了两个频繁发生的现象:(1)管理过程比管理团队任务更能够揭示当前的情况;(2)客户在过程管理方面需要更多的帮助。大部分人在任务内容的沟通和协商方面训练有素,但在过程管控方面知之甚少。我们往往忽视过程,低估了过程对于任务达成的影响程度,在策划更高效过程方面也显得能力不足。因此,我的观点是应该在不忽视任务内容以及事件结构的基础上,着重关注过程。

例如,在任务内容层面,我们会相互倾听,通过复述来确认正确理解了要点;我们会通过协商和妥协来找到解决办法;我们还会使用诸如议程设置、罗伯特议事规则、头脑风暴和共识测试等流程工具来确保公平合理地处理任务内容。但我们对于过程管理,诸如长时间的会议中断、某些成员在讨论中占用过多时间、成员在研讨关键时刻离席或跑题等事件的处理经验较少。通常,我们只会笼统地抱怨"组委会能力不足",而实际是我们缺乏解决这些问题的干预方法和策划技能。

在结构方面,一个比较戏剧性的例子就是"从众"。默认文化假设是以多数人的意志为准,即使投票的结果是8:7,少数人也只能乖乖表示赞同。另外,我还观察到西方团体中的一种结构性假设,体现在会议主持人会以点名的方式使每个人公平地得到发言机会并且必须参与进来,这种隐形的文化假设包括组织成员有平等的发言权、成员在会议前必须进行准备、会议主持人拥有点名发言权等。此外,文化假设还体现在会议召开时间、会议时长、会议采取的决议过程等多个方面。

在接下来的几章中,我会介绍一些简化模型,这些模型在我参与并观察组织中的团队运作时,对我理清现状非常有帮助。第八章主要介绍群体任务过程,即团队内如何处理问题和决策。第九章侧重于介绍群体中的人际互动过程,以及群体如何在维系现状和发展中处理其内部关系。第十章探讨了"对话"这个概念如何将各个过程串联起来,并阐述了"对话"在学习过程中的作用。

随着更大的群体、组织甚至更大的社区系统成为我们的客户，了解现状也变得越来越复杂，读者应该全面了解这些模型、原则、具有针对性的干预技术，并将其作为发展协助关系的基石。这些概念和模型相互依存，因此在试图理解大型系统内部的复杂动因之前，首先了解关系和群体的基本概念尤为重要。

第七章

沟通与计划反馈

在第六章中,我介绍了人际互动和信息传递(过滤)中的潜在文化假设。这是一种隐形的动因,会对沟通过程产生引导或约束。然而,虽然存在这些限制范围,但人们依旧在沟通时机(何时沟通)、沟通对象(与何人沟通)、沟通方式方面有广泛的选择,这些选择会对关系建立和团队发展产生影响,因此顾问、管理者或其他想要建立和管理协助关系的人都必须对它们有所了解。需要强调的是,施助者在尝试确定可以增强学习过程的沟通方式时必须掌握其中的隐藏动因,提供和接受计划反馈是最基本的学习过程。计划反馈可以作为改变人际沟通"级别"和深度的一种特殊形式,因此我们首先要将"乔哈里之窗"作为这一级别的简化模型。

沟通层次

正如我们大多数人通过观察自己的行为所了解到的那样，我们不仅会对他人对我们所说的话（显性内容）做出回应，还会通过解读其他细节线索——肢体语言、语音语调、情绪变化、沟通方式和沟通时机——来挖掘所得信息的"真实"含义。同一条消息可能同时包含显性内容和隐性内容，有的时候，这两种内容甚至可能完全对立。举一个简单的例子，虽然某人发出了"欢迎随时光临寒舍"的邀请，但他的语气却十分敷衍，你会意识到他并不是真心邀请你造访，只不过是出于礼貌而已。我们有时候也会流露出某种情绪，同时却通过语言给予否定。在团队中，某个成员为了让自己看起来不出尔反尔，或想表示要和团队共进退，因此否决了某个建议。然而他否决的方式却向大家传递了信息——如果大家私下劝说他，他就会同意转投赞成票。在沟通过程中，我们常常通过一些言语来挽回自己的面子，这一点很常见。当有歧义的信息出现时，如果说话者能够发现歧义并及时澄清误解，那么可能并不会带来多大的麻烦；但如果歧义所反映的内容连说话者自己都没有意识到的话，那可能就会有大麻烦。

为了说明这一点，我们可以将人的内心划分为几个部分（见图7-1所示的"乔哈里之窗"）：右半部分（象限1、3）是我们展示给他人的部分，上半部分（象限1、2）是我们了解自身的部分。因此，象限1代表"开放区"，也就是我们了解并愿意与他人（甚至是陌生人）分享的领域；象限2代表"隐藏区"，即我们了解却刻意隐藏的部分。如果要求一个群体匿名透露一些他们刻意隐藏的事情，那么我们得到的典型答案包括我们羞于承认的不安全感，那些我们认为是反社会的或有悖于自我形象的感受和冲动，经历的失败或严重违反自我价值准则的事情，以及最重要的——我们在受到他人无礼对待或伤害时产生的感受和反应。譬如，吉尔（Jill）可能认为老板在重要会议上糟糕的陈述使他们丢了订单，但他认为他必须克制这种想法，"为了避免伤害老板的感情或激怒老板"从而选择恭维。顾及双方的脸面这一原则要求我们将很多第一反应隐藏起来，从而维持我们宣称的自我形象。而计划反馈则从出发点就与这些根深蒂固的文化准则相左，正如我们在下文中将展示的。

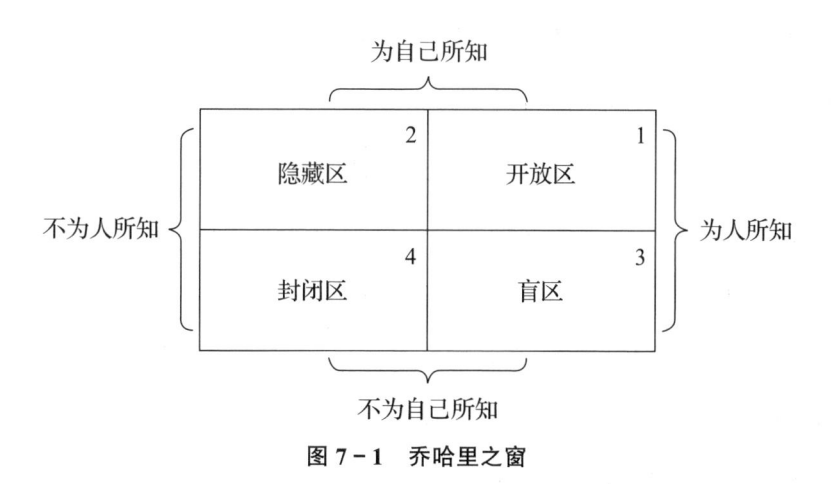

	为自己所知		
不为人所知	2 隐藏区	1 开放区	为人所知
	4 封闭区	3 盲区	
	不为自己所知		

图 7-1　乔哈里之窗

图 7-1 中的象限 3 代表"盲区"，也就是我们传达给了他人自己却尚未有意识发现的信息。老板猛拍着桌子，怒不可遏地大声喊道"我没有生气"；经理的双手止不住地颤抖，声音语调都发生了变化，仍说"这些会议没有让我感到压力"；她试图保持不动声色，"我并不

在意他人的意见"，而如果他人真的没有关注或肯定她，她就会感到心烦意乱。

我们在成长经历中，都曾因某些行为而受到奖励，也曾因某些行为而受到惩罚。而这些学习的经历大部分体现着文化规则中关于性别和社会阶层的部分。通常来说，男孩子更好斗一些被认为是正常的，但在一群男孩子中表现出怯懦和多愁善感是不对的。这样的结果是男孩子可能会拒绝变得感性，因为他认为自己并不应该如此。于是乎，他可能会压抑或回避自身的正常情感，尽管在别人看来情感已经表露无遗。我们是否都遇到过那种看起来粗暴、坚强的壮汉，但其实真的非常温柔和感性？我们能够看到他温柔的一面，然而他自己却不能承认和接受，他必须继续保持粗暴、坚强的外表以维持自我形象。因此，成年男子的好斗程度与他们所感受到的周围人的温柔程度成正比。

同时，许多年轻女子自幼便被教育咄咄逼人是不对的。因此，她们即使被冒犯，也要学会抑制或否定这种感觉（以免针锋相对地回击）。如果某位女子意识到咄咄逼人是不对的，那么她会根据受到冒犯的程度刻意变得体贴和温柔，虽然她自己并不会承认这一点。我们都有着自认为不属于自己的感受和特征，当这些感受可能通过沟通清晰地传达给他人时，我们自身却往往视而不见。

象限 4 代表"封闭区"，是我们真正无意识、不为自己和他人所知的自我。这些部分包括深深压抑的感受和冲动、隐藏的天分和才艺、尚未开发的潜能等。为了更好地认知封闭区，我们可以将其分成三种不同类别：（1）基于防御心理而被压抑的知识或感受；（2）隐性知识，我们可以通过反思来发现的无意识区域（例如我们所遵循的文化假设）；（3）潜能，即尚未开发或使用的潜在知识、技能和感知。这个区域只有在我们出现极端情绪或充分调动创造性时，才可能会显现出来。当顾问协助客户探寻其真正的需求时，有时候会采取一些方式来让这些隐藏区域显现出来。然而，当顾问对这些潜意识进行干预时，必须意识到自己已经介入了私人领域，除非顾问接受过临床医学培训，而且客户确实想与顾问深入探讨此类问题，否则顾问不应该触碰这些领域。

值得注意的是，我们表达和隐藏的信息反映了我们心理构成的复杂性。我们既会有意识地维系脸面，也会无意识地"泄露"信息。当选择揭示某些信息时，我们还会将其中与他人密切相关的信息隐藏起来。

为了便于理解，我们可以采用"乔哈里之窗"来展示两个人面对面的互动过程（见图7-2）。

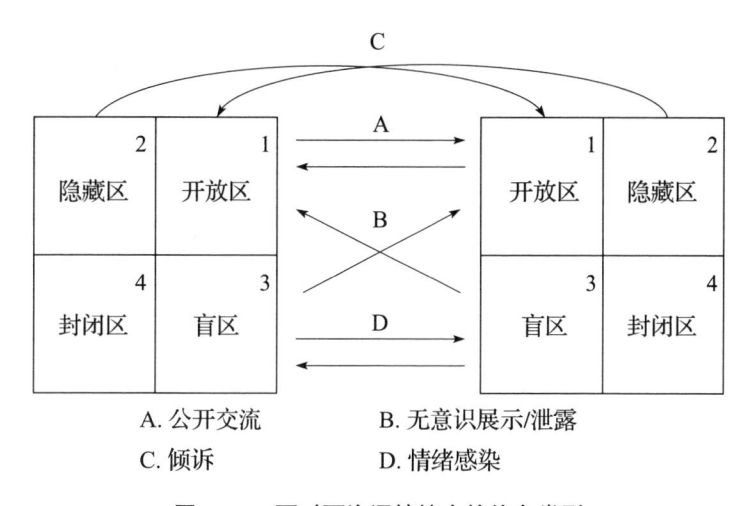

A. 公开交流　　B. 无意识展示/泄露
C. 倾诉　　　　D. 情绪感染

图 7-2　面对面沟通情境中的信息类型

互动的沟通效果

图7-2揭示了两个人面对面沟通中的四种不同层次的沟通类型，相应也会产生不同的沟通效果。

（1）公开交流（箭头A）。大多数沟通发生在这个层次（第一个层次），即两个开放区之间的信息交流。关于沟通过程的大多数分析也往往仅限于这个层次。

（2）无意识展示/泄露（箭头B）。沟通的第二个层次指对方在无意识情况下向我们展示了一些有利于（我们）了解其盲区的信息，这种沟通可以被视为"泄露"。

（3）倾诉（箭头C）。当我们有意开始表达一些平时隐藏的感受时，就达到了沟通的第三个层次。通常来说，当我们与他人分享对当前事件的反应和感受时，就是在向他人"倾诉"。有时我们决定给出明确的反馈，我们会说"好吧，那我告诉你吧"。

（4）情绪感染（箭头D）。这是沟通的第四个层次。它虽相对比较罕见但也非常重要。我们将其称为"情绪感染"——某人受到另一个人的情绪影响，但两人都没有意识到这种情绪产生的缘由。接受者被激发的感受有时能够反映出发送者的情绪。譬如，尽管发送者矢口否认自己的紧张感，但接受者仍然会因此变得紧张不安。当然，在某些情况下，接受者的紧张不安来自发送者嘴上否认紧张却表露出紧张情绪，这时接受者不知道是应该接受公开区的信息（不紧张）还是应该接受来自盲区的潜在感受（紧张），因此感到焦虑，从而变得紧张不安。

无论是语言表达还是情绪展示，人们通过不同途径传达出的信息在一定程度上应该是一致的。而一致的程度决定了我们对于某人是否比其他人更加"真诚"或"开放"的判断。如果某人畅所欲言，而且通过语言和情绪所传达的信息一致性更高，我们就会认为他（相对于封闭自我和含糊其词而言）更加真诚和开放。例如，我们会说："我不喜欢和乔（Joe）在一起，是因为我永远猜不到他在想什么。"但从另一个角度来说，正是沟通的模糊性让面子工作变得更有意义，因为我们可以通过这种沟通来维系我们对自我的定位。要是真的完全像《皇帝的新装》中那样，我们无所不谈而又不留情面，在彼此面前将无所遁形，社会生活也将无以为继。

计划反馈：精心设计的学习过程

到目前为止，我已经阐述了现状——"正常"的社会关系是由文化决定的。然而，如果我们把学习的目的设置为让自己的内心和行为更加统一、让自己变得更加开放、对自我压抑和否认的感受有更加深刻的认知，那么我们仅靠（被礼貌和得体的文化规则支配的）正常交流过程无法满足这样的要求。我们可能需要基于我们所希望实现的特定目标，设计一个更加深思熟虑的反馈过程。从另一个角度看，这个学习过程会涉及自身的盲区，我们要意识到我们自己可能成为学习的障碍，还需要对影响我们行为的潜意识和默认假设有更加深入的理解。

要在这些领域中学习，学习过程需要设计，而顾问要在协助客户设计和创建这样的学习过程中发挥关键作用。

反馈是一种信息，可以告知我们达成目标的过程进度。我们感知到的和人际互动中的任何信息都可以当作反馈。但当我们说"给我一些反馈"或"让我给你一些反馈"时，会更加强调管控和深思熟虑。如果没有这些更有针对性的反馈，大量的时间就将被浪费于猜测他人对自己的看法或在背后"八卦"那些我们不愿意当面表达的想法和感受。如果没有聚焦、精准、有计划的人际反馈，我们就只能通过反复试错的方式来进行学习。

有计划的针对性反馈可以成为人们彼此提升人际影响力的重要工具，对于处于绩效评估情境的上下级，或其他希望提升团队效率的团队成员尤其有效。"乔哈里之窗"这个简化模型之所以至关重要，是因为它揭示了学习过程与分析的有机结合是如何决定有计划的反馈的学习效果的。如果没有其他人指出某人通常无意识隐藏的内容，这个人就无法得到对于其盲区的准确反馈。无论是否存在顾问的帮助，人们都需要找到一种方式将关于顾全脸面的文化规则暂时搁置起来，这样才能更加坦诚地指出对方平常隐藏的部分。这种相互吐露是一个危险的过程。例如，我可能会听到有损个人形象的评论；你也可能会在不知不觉中流露出敌意或伤害到我，从而引起我的反击导致双方关系破裂。为了给双方营造更加"安全"的计划反馈氛围，我们应该建立一些新的规则，以便于我们能够表达出一些我们通常不愿或不应说出的想法。而施助者在这个过程中的关键作用就是确保建立和执行这些规则。

对于接受反馈的一方来说，主要问题是：

"我要如何确保你所说的关于我自己和我的经历的评价是真实可信的？你是真心来指导和帮助我的，并且和我所希望的学习成长相关？"

对于给予反馈的一方而言，主要问题是：

"我要怎么确保你能够把我的反馈听进去，能够认真对待我的反馈，相信我是在帮助你而不是打击你？"

如果接受反馈者认为得到的反馈信息毫无价值，甚至是对自己的中伤，那么给予反馈者就变成了"自讨没趣"。因此，参与计划反馈过程的双方必须做到彼此信任：即使所传递的信息有可能让自己颜面扫地，也必须相信对方是在尽力为自己提供帮助。这种信任不仅要求给予反馈者和接受反馈者双方的动机都是好的，还要求他们具备准确观察和沟通的能力。因为如果无法准确辨识我的行为，或者无法将他所感受到的内容通过组织语言表达反馈给我的话，也就谈不上帮助了。

顾问或施助者可以采用以下方式来发挥关键作用：（1）帮助客户理解反馈过程的动态性；（2）对客户进行给予和接收反馈的培训；（3）树立榜样，向客户展示如何得体地完成这个过程。本章末的案例将说明这个过程的微妙之处。

为计划反馈创造条件

为了实现计划反馈过程，我们必须创造一些条件以保证参与者可以暂时搁置沟通中的文化规则。当然，如果参与者具备足够的洞察力，那么这个工作可以由他们自行完成。而更多的时候，则需要顾问或施助者在对过程进行设计时发挥积极的作用。首先，要让参与者了解"乔哈里之窗"模型，以及在某些特殊情境的人际互动中需要特别注意的文化规则。如果参与者对此能够有所认知，我们就可以逐渐将理论付诸实践并在此过程中不断评估修正，直至进入"信任状态"。建立新的互动规则必须稳扎稳打，循序渐进。

接下来，为了规避一些常见的错误，施助者需要给出一些指导并提供相关培训。对我们而言，其中最重要的是上下级关系。因为处理这种关系是最为复杂的：在（上级对下级）进行绩效评估的背景下，进行有效的计划反馈充满挑战——我们常常会高估自己的表现，而他人对我们绩效的评价意义重大，会直接影响我们的经济收入。如果上级、同事或下属的评价与自我评价相差甚远，那么发现其中的认知偏差就变得极为重要。获得有效的反馈可以帮助我们改善绩效表现。而在这种情况下，上级管理者要担当起施助者或顾问的角色，通过创造条件并营造安全的沟通氛围，以便让双方在沟通时消除文化规范的影响。同样，当下属在日常工作中感到迷茫时，也应该寻求计划反馈。如果双方都能够积极主动，就更易于实现计划反馈的有效沟通，让双方从中获益。

尽管我们创建了很多条件，依然要遵循一些原则让沟通更加清晰通畅、减少误解产生的风险。由于ORJI是一个动态过程，而我们的沟通中又存在着如此之多的过滤器，因此给予反馈者和接受反馈者都必须格外小心，以确保正确的信息得以传递。接下来，我将以上下级关系为例，对这些原则进行逐一说明。这些原则并不仅仅适用于上下级，而是适用于所有协助关系。

计划反馈的原则

原则1：对于接受方的目标，给予方和接受方必须达成共识

所谓的反馈是基于目标的，而这个目标应该是接受方试图想要达成的。因此，第一个最容易出现问题的地方就是沟通双方彼此对于要达成的目标或达到的标准未能形成共识。如果上下级对于目标和绩效标准没有达成一致，或传达得不够清晰，那么来自上级的绩效改进建议就可能被下属认为是吹毛求疵。

所以，这一原则强调的是给予方和接受方需要在计划反馈之前，对接受方想要达成的目标进行探讨。譬如，当我希望通过削减内容，将两节课压缩成一节时，好心的同事告诉我这门课的内容既详细又充实，显然对我毫无帮助。再举一个体育方面的例子，当我希望改进网球步法时，教练指出我的反手挥拍动作需要有所改进，这同样不是我想要的。因此，在给予纠正性反馈之前，优秀的教练都会问运动员："今天你想训练什么？"

这个逻辑同样适用于顾问与客户之间的协助关系。顾问很容易单方面决定计划反馈的内容，但如果双方没有就目标达成共识，那么计

划反馈的风险就很大。当我认为需要给予一些重要反馈时，我会先询问沟通的主题和客户想要达成的目标。只有当与客户的目标相吻合时，我才会给出我的建议。

原则2：给予方应该多给予肯定和赞扬

反馈的内容有三类：（1）指出下属做得比较出色的地方（正面反馈）；（2）客观描述下属所做的事情（客观描述性反馈）；（3）指出下属做得不尽如人意的地方（负面反馈）。大多数学习理论已经证明这三种反馈对于接受方的影响不同，而正面反馈既最容易被接受方接受，也最能令接受方感到愉悦。因为正面反馈不仅起到了正向强化的作用，对出色表现的赞赏和表扬也符合我们对保持高水平自尊的个人需要。

如果下属对自己的工作标准非常清晰，只需要补充完善他人对自己行为的看法，那么客观描述性反馈是比较有效的。在人们较为敏感和隐私的领域，这也是他们唯一可以接受的信息传递方式。客观描述性反馈也要求给予方对评价的事实依据进行澄清，并关注一些更有可塑性的行为。

为了杜绝某些行为，负面反馈不可或缺，但负面反馈是最容易引发问题的，因为这种反馈可能引起接受方的防御心理，导致矢口否认或置之不理。除此之外，负面反馈并没有就正确行为做出指导，所以也没有办法提供积极的改进方向。

反馈过程中常见的问题就是过于依赖负面反馈，而忽略了客观描述性反馈和正面反馈。我们总是习惯性地将计划反馈和"建设性批评"

的概念等同起来，没有意识到一个人从出色表现中进行总结更为重要，而肯定和表扬也可以确保接受方的自尊不受伤害。因此，绩效评估中的"三明治法"——肯定对方的表现，建设性批评（"肉"，关键的干货），再给予对方鼓励——也就随之产生。但这个方法的核心问题就在于没有意识到表扬往往比批评更能触达人心。

原则3：反馈的内容应该更加清晰具体

反馈是一个沟通过程，因此不免受到前文所提到的"沟通陷阱"的影响。因此，反馈内容不够清晰明确或用词不当（尤其是在描述人格特质时）往往是造成误解的原因。下面列举了一些例子。

"你太强势了"（负面、内容模糊、笼统的场景）。"我发现你在表达观点的时候总是通过提高嗓门来压过他人"（客观描述、具体行为、特定的场景）。

"你对下属的管理存在问题"（负面、笼统的场景）。"在制定决策时，你没有让下属参与进来，而且你没有给他们机会发表自己的观点"（负面、特定的场景）。"我发现，当你倾听下属的观点，并让他们参与决策时，你们部门的工作效率更高"（正面、特定的场景）。

"你要更加积极主动一些"（负面、笼统的场景）。"你需要设置自己的预算管控机制来防止预算超支，而不是等着让我来发现再指出"（客观描述、特定的场景）。

清晰传达语义的关键在于具体化。无论是正面的反馈还是负面的反馈，表达越抽象越概念化，就越有可能产生误解。反馈越能聚焦于双方都能观察到的具体场景和行为，就越能避免误解。同时，反馈应该聚焦于可塑性行为，以使接受方可以根据反馈有所行动。另外，如果某人的个性特点使他无法达到其希冀的目标，那么反馈者应该告诉他而不是放任他继续幻想或抱有不切实际的希望。

原则4：给予方和接受方都应该具有正向动机

反馈双方的动机也是计划反馈成功与否的关键之一。如果接受方认为给予方是发自内心地希望提供帮助的，他就能更认真地倾听和对待这些反馈意见。而如果他对对方的动机感到怀疑，那么他对待这些反馈的态度就会有所改变。我们都有过类似的经历：当我们对某人感到不满时，为了宣泄愤怒，我们经常会说"我想和你谈谈我的想法"。毋庸置疑，在这时接受方也能感觉到，给予方的需求不过是宣泄愤怒罢了。

接受方的动机不纯同样是一个潜在的问题，当给予方发现对方无意采纳这些反馈，而只是寻求他人的肯定或者根本缺乏从反馈中学习的动力时，给予方也将很自然地无心认真对待。下面的例子将对此进行说明。

"我们本季度再次预算超支，所以你应该请你的下属更好地控制成本"（老板希望各部门负责人能够提高员工的绩效，但部门负责人却认为老板只是为了达成自己的财务指标）。"公司运转比较顺畅，但我仍然担心会预算超支。为了提高员工的成本意识，你们有什么更好的建议吗"（老板提出了表扬，清晰地表达了自身的感受，并通过提问将大家聚焦到某一个问题）。

"我觉得你应该学会如何正确地对待客户"（上级可能认为下属只需要克服一个弱点就可以成为高潜力人才，但下属可能认为自己表现很糟，从而开始自我辩护）。"你的工作效率很高，如果你能专注学习一下如何对待客户，就可以进一步提升效率"（上级明确肯定了下属的表现，并期待下属更加精益求精）。

"今年公司效益不佳，我只能给你加薪2%"（老板试图陈述事实，但无法澄清；下属认为这只是委婉地被告知工作表现不佳，从而失去斗志）。"你去年的整体表现非常出色，我希望我能够给予你更多物质奖励。但公司整体业绩不景气，所以调薪幅度最高为2%"（老板准确评价了下属的业绩表现，并给予了肯定，明确了下属在团队中的位置）。

这个原则的操作难点在于反馈双方随时都要关注自身的动机和感受。正如ORJI循环所强调的，如果我们没有关注自身感受或由感受引发的动机，那么我们很容易会根据观察内容直接做出判断。

原则5：如果言之有物，那么不要惧怕给出负面反馈

在提供反馈中的一大问题是人们有不愿给出负面反馈的天性，因为批评会令人产生防卫心理或产生不快。接受方往往否认批评或置之

不理，给予方所付出的种种努力也都付诸东流了。然而，如果上级又不得不给出负面反馈，那他就有可能让下属处于猜测（为什么没能晋升、加薪或承接更有挑战的任务）之中。

　　与前面提到的一些场景类似，解决问题的关键在于避免笼统，要通过明确、具体的行为实例来说明导致负面反馈的原因。例如，我们能够接受他人对我们在某些场合中特定行为的批评，但是我们往往难以容忍他人抨击我们的性格和品行。如果仅仅因行为而受到批评，那么我们可以结合实际情况进行评估，学会如何避免类似情况再次出现。或者，如果我得到的结论是这是由于我自身的性格特点，那么我可能会尝试改变或判断自己是否与这份工作相匹配。但这必须是我（根据具体的负面反馈）自己得出的结论。

　　如果反馈给予方对我的性格和品行提出质疑，就会影响到我对自我形象和自尊的认知，尤其是当我还没有认为自己需要改变的时候。因此，我会拒绝或否认这些批评。相反，如果负面反馈能够紧密结合双方观察到的具体行为，那么给予方可以发表他对于这个行为的评价和感受，对于接受方来说这就更加"对事不对人"一些。好比说，如果老板对我这个人有意见，我可能就有大麻烦了。但如果他只是对我的某个具体行为有意见，那么我可以从他对我的反馈中有所发现，从而加以改善。下面的例子讲述了如何应用上述原则来进行负面反馈。

　　"我们需要更多的高管，而迄今为止你的表现让我怀疑你是否想或有能力成为其中一员"（负面，笼统，归因于接受方的动机和能力）。"每次你加入一个团队，就希望扮演队长的角色，就像在XYZ委员会时那样，我认为这是你进入高管层的一个问题。当你加入ABC小组之后，你非常恪尽职守，但你让自由讨论变成了针锋相对的辩论赛，所以团队成员无法发挥最佳状态。每次看到你那样否定他人，我都非常恼火，开始怀疑你能否改变这种行为，以便日后能够进入高管层发展"（负面反馈，但非常具体地说明了老板生气的原因）。

"你确实缺乏主动性，就这个工作而言，你进取心不足"（指向了难以改变的性格，而且没有说明主动性和进取心的具体内容）。"在过去一年中发生的事情令我对你有些担心，在ABC这个项目遇到阻碍时，你有些听之任之，而没有提出解决问题和推进项目的建议。当其他部门对你提出质疑时，你退缩了，没有信心十足地向他们展示为什么你们坚信你们的方案是正确的。我在其他的项目中，也发现了类似的情况，因此我有些担心你在这些行为中表现出的主动性和进取心不足"（虽然也指向了性格问题，但提出了具体的行为场景）。

"上次的销售谈判完全被你搞砸了。我们成功在望，你却横插一脚，让客户退缩了"（根据一次观察"以偏概全"）。"在上次销售谈判中，你提出了XYZ问题，我认为这个风险很大。我们本来已经接近成功，但在你的意见发表之后，客户似乎因这些意见而改变了想法"（注重行为，同时表达了自己的想法但没有做出绝对判断，从而缓和了评价的语气）。

在上述例子中，给予方都给出了评价性意见，但他们针对的是特定的行为，而不是某人或某人的性格特质。当目标和标准都非常明确而且得到对方认同时，这种评价方式是比较有效的。但如果双方并没有就目标和标准达成共识，那么客观描述性反馈会更加有效，双方可就此进一步对行为进行评估。在两种反馈中，具体化场景都是关键。反馈越笼统，就越容易被误解、抵制、拒绝，或者触发其他自我防卫行为。

原则 6：给予方要有自己的观察、感受和判断

这个原则包含两个方面。一方面，就 ORJI 循环而言，反馈越侧重观察到的客观行为，就越容易被采纳和接受，因为接受方可能也观察到了同样的行为。另一方面，相对给出评价判断而言，倾诉感受更容易为对方所接受。"对你的行为，我感到十分生气（焦虑／沮丧）"类似的反馈比"你的行为很不得体（表现很差）"这种反馈更容易让人接受。同样的逻辑也适用于正面反馈。"你的 ×× 行为让我感到高兴或以你为荣"要比"你表现不错"更能促进学习过程。

给予方应该有意识地将观察、感受和判断更加具象化，对应到具体的行为或场景，而不是笼统模糊地表达。这就要求给予方必须专注于反馈行为的微小差异。如果我说"你真棒（或你一无是处）"，这种表达就是一种笼统评价。如果我尝试将这个表述更加具象化，我可能的表达会是"当你和客户针锋相对的时候，你就搞砸了"或者"当你开始挑战客户的时候，客户就开始退缩了。这使我很生气，你搞砸了"。

对于给予方来说，重要的是如何用反馈让问题呈现出来，进而让大家开始探讨并使反馈成为学习和改善的潜在来源。泛泛而谈的批评会让人感到这只是给予方的个人好恶，而并不是应该的样子。另外，通用评价意味着给予方已经"盖棺论定"，形成的判断不允许再被探讨和修改。而这种判断也暗示着这并不仅仅是给予方的个人反应，而是代表了大多数人的意见，更难以被接受方认同。

原则7：必须当给予方和接受方"都"做好准备时，才能进行反馈

在前文有效干预内容部分，我强调了"选择时机至关重要"的原则。为了保证计划反馈更加有效，时机同样至关重要。然而，我们可以通过什么样的标准来衡量时机是否恰当呢？目前看来，第一个也是最重要的标准是接受方的学习动机和学习准备度。如果他已经准备就绪，就会明确邀请给予方开始进行讨论。而如果他还没有准备好，给予方就不得不面对需要自己创造机会的窘境（但在某些情况下必不可少）。上级可以要求下属在某个时段内对业绩表现进行反馈讨论，把对具体时间和地点的选择权交给下属。

第二个标准是给予方也必须做好准备。这通常意味着通盘思考，包括准备好支持给予方反应、感受和判断的具体行为示例，并做好自身心理建设，思考以恰当的方式来反馈有效信息。完成这些准备工作要求给予方接受如何进行计划反馈的专项培训，并且深思熟虑计划反馈的各项原则。在没有做好准备的情况下，贸然对下属进行反馈往往很难奏效。

第三个标准是双方必须就目标达成共识，并努力建立一些初步的信任基础。良好的时机需要铺垫，而这些铺垫又取决于反馈双方对于其动机和能力的真实评估。如果上级想要实施绩效评估反馈，那么在双方沟通开始时，他可以首先要求下属对过往几周或几个月的工作目标进行自我反思和评估，再给予指导反馈。这样，反馈的内容就可以与工作目标紧密相关。而如果发现下属所陈述的工作目标与上级的期望不符，那么双方需要首先就目标达成共识，这个共识是开始建立相互信任的最基本条件。

第四个标准是反馈的时间点不能和相关事件的时间间隔过长，否则接受方可能已经忘记了这些特定的事件。一旦接受方忘记了事件，无法和自己联系起来，他就很有可能予以否认。但如果在事件发生之后过早地进行反馈，接受方可能还处于激烈的情绪中，对负面反馈也就难以接受。例如，我的同事会倾向于在我课程结束之后立即向我提供反馈，因为这个时候双方对于整体课程的印象最为深刻。但对我来说，我可能并不愿意（在这个时间点），因为我还没有进行自我反思。只有我对自我目标进行评估反思之后，才可能真正接受他人（基于他人目标）对我的反馈。

结语、案例与练习

在对以上七条原则进行总结时，最为关键的就是将所有七条原则一并考虑，这样才能确保计划反馈能够有效激发和推动学习。即：目标必须明确并达成共识；（相对负面反馈）要更多地进行客观描述性反馈或正面反馈；反馈应该更加具象化（到行为示例）；反馈的双方都必须具备正向动机；负面反馈要具体到事并就事论事；反馈者要更多地结合自己的感受和反应，避免给出笼统的结论性评价；双方都必须做好接受反馈讨论的准备。

总而言之，无论是上级对下属进行绩效评估反馈，还是顾问询问客户情况，施助者的一言一行都是一种干预，即使顾问一言不发，他也仍然无时无刻不在提供着反馈。那么，我们应该在什么时间、以什么形式、通过怎样的步骤将干预上升为计划反馈呢？另外，我们什么时候应该中止常规调研，暂时搁置一些关于脸面的文化规则，开始为不同级别的沟通铺垫基础呢？或者，正如我们第三章中讨论问询方式时提到的，质询式提问正是一种计划反馈，那我们应该什么时候从白描式提问、探索诊断式提问过渡到质询式提问呢？

这些问题并没有简单明确的答案。随着顾问与客户之间关系的不断发展，顾问必须在组织内部持续诊断现状，判断客户是否已经准备好接受更有针对性的干预措施。当客户提出明确需求时，他当然已经做好了准备。另一种情况是顾问已经呈现了足够多的信息，并相信客户可以独立发现问题所在。也就是说，顾问越能够将反馈和双方所观察到的行为关联起来，反馈就越容易为客户所接受采纳。但这两种情况的假设前提都是，顾问和客户已经对彼此的假设和目标有了清晰的理解，并达成了共识。

在本章开篇，我引入了一个人际沟通模型——"乔哈里之窗"。这个模型揭示了计划反馈的必要性和难点。我们需要这样的反馈来消除自我认知的盲区，了解我们影响他人的方式，并对未知的封闭区有所认知。与此同时，文化规则也可能会让对方将对我们发送的信息的反应隐藏起来。因此，能够让双方找到一种有效方式来暂时搁置关于脸面的文化规则，以便于我们能够进一步交流彼此隐藏的部分，这正是创造计划反馈情境的用意所在。创造这样的情境需要建立新的规范，这意味着双方必须建立高度的信任感。因此，计划反馈是一种能够提供绝佳学习机会的沟通方式，但必须谨慎管理。

案例 7.1　比林斯公司的计划反馈流程

创造计划反馈情境并非总是精心策划的过程。我每月定期与比林斯公司的高层管理委员会会晤，每次为期 1～2 天。我们一般会在公司外部对公司重大战略和运营问题进行讨论。斯通是公司的创始人兼首席执行官，他常常会通过控制会议的主题来主导这些会议的议程（即使这些主题不在原定议程中）。在某次月度会议的第一天讨论中，他突然宣布，他认为高层管理委员会的 8 位成员应该就工作进展情况和如何改善现状进行相互反馈。

就在斯通提出建议的那一刻，会议室的氛围一下子紧张起来。而鉴于他的个性和管理风格，高层管理委员会并不确定向他进行反馈是否妥当，更不用说反馈那些关键的东西了。斯通转而对我说："埃德加，你在培训方面经验丰富，不如你给我们一些相互反馈的建议吧。"

我也紧张起来，因为他的语气不容我有所推脱，我只好决定给出一些稳妥的建议。

当顾问"左右为难"时，会寄希望于直觉帮他解决问题。我担心这个团队不愿意相互指出过去行为的不足，所以我建议让每个人都讨论一下如何在未来更有效地开展他所负责的特定工作，即在未来的一年之内，如何更好地与公司战略相结合。这种基于未来的建议既暗含批评，又保住了接受方的颜面。如果财务副总裁被告知，"乔，我们认为你下一年度的工作重点应该更紧密地与生产线配合，以帮助他们控制好库存"，那么这样的说法能够避免反馈者直截了当地说出他们的感受——"乔，你去年把我们害惨了，我们还没来得及处理好库存，你就提出了对所有库存问题的审核"。以上反馈想表达的内容是，乔其实更像一个"警察"而非施助者，其他人对此很不满，但乔很难直接接受这样的反馈。

当高层管理委员会的每一位成员都接受反馈建议时，我观察到当通过对未来的建议来表达负面反馈时，每个反馈者都非常谨慎小心。当讨论对象变成斯通时，这个过程尤为重要。斯通坚持他也需要被反馈，并仔细聆听（尤其是在听取"在未来尽量不在会议或其他公开场合批评下属"的建议时）。会议历时几个小时，最终变成了一个建设性的"重新定位岗位角色"的会议，将对个人的反馈融入其中，避免了面对面给出负面反馈的尴尬。

虽然这种方式并不能百试百灵，但这次实践告诉我们如何在没有提前计划的情况下获得有用的反馈。不必纠结于过去的得失，通过规划未来的方式往往更容易传达反馈信息。

练习 7.1　感知"乔哈里之窗"（限 30 分钟内完成）

该练习在 15 人以上团队中效果最佳。

（1）在简要介绍"乔哈里之窗"后，请每位参与者取出两张白纸，不要在纸上写名字。

（2）在第一张白纸上写下自己了解却刻意隐瞒他人的事情（隐藏区）。因为没有写姓名，所以参与者可以放心表达。

（3）在第二张白纸上写下你观察到他人沟通表达的一个/多个事件，你确认他们自己并没有意识到他们正在如此表达（盲区）。

（4）分别收集每个人的第一张和第二张白纸，汇总成两叠。

（5）将两叠纸分别打乱顺序，确保让大家无法判断是谁写的。

（6）从第一叠纸中选取一张纸，大声向团队成员朗读，告知团队成员大家通常隐藏的事情。如果时间充裕，可以在黑板上将所有撰写的示例都列出，并按照问题类型将它们进行分类。鼓励团队成员一起分析，以了解我们通常倾向于隐藏的内容。

（7）从第二叠纸中选取一张纸，大声向团队成员朗读，告知团队成员所发现的他人自身并未觉察的事情。同样进行分类和分析。

（8）分析两个列表之间的关系。它们毫无关联吗？是否存在我们自身认为是隐藏的区域，但其他人已经对此有所觉察或感知到了？如果我们更加开放地探讨团队中某人的隐藏区，或是对其盲区给予反馈，那么利弊如何？

（9）协助团队成员认知这样一个道理：我们只有打开自己的隐藏区，才能帮助他人认知盲区。

练习 7.2　练习计划反馈

两人一组（最好彼此没有密切合作过），每个部分的练习时间控制在 10～15 分钟。

第一部分：双方就过去 1 小时内共同经历的事情进行自由讨论，时间为 5 分钟。结束之后，双方依次对对方的行为给予客观的计划反馈，即你们分别在另一个人身上观察到了什么，保持中立客观，并能够尽可能地关注行为细节（每人不超过 5 分钟）。

第二部分：在第一部分结束后，双方依次就前 15 分钟内的感受给予对方计划反馈。你们各自产生了哪些感受？（每人不超过 5 分钟。）

第三部分：在上述 25 分钟练习之后，双方依次就此前过程中做出的判断和评价给予对方计划反馈（每人不超过 5 分钟）。

第四部分：双方分享前三部分中每个部分的观察和感受。这三部分的内容与你此前所观察到的内容有什么不同？你在这个练习中学到了哪些关于计划反馈的内容？你能否分享出你通常隐藏的感受和反应？是什么驱使你做到这点的？对方对你的分享（隐藏区）作何反应？

第八章

引导式过程干预：团队任务过程

本章将介绍引导式过程干预的概念，作为前文中所分析的诊断干预的重要补充和完善。在本章中，讨论的客户关系重点将从一对一的人际互动转变为涉及更为复杂客户系统的大型会议或团队。干预措施的首要设计标准保持不变：所有的干预措施都应该对客户有所帮助，也就是要帮助客户更加有效地实现他们的目标。然而，在会议或团队场景中，履行这一原则将变得更为复杂。探索诊断式提问和计划反馈显然都属于引导式过程干预的方法措施，除此之外，在对话和会议中，还会有很多其他的干预手段出现。因此，我们需要对这些措施和手段进行分类，并提炼出一些简化模型，以确定哪些是我们在整个会议过程中所应该重点关注的，以及确定各种干预手段的效果。

首要的关注重点是"过程"。顾问或施助者必须意识到"过程"（说话和做事的方式）相较于"内容"（所说或所做的内容）也许更为重要。然而，无论是对于过程这个概念还是将过程作为关注焦点，我们都比较陌生。我们往往习惯性地将过程视为理所当然如此，而没有意识到应该对其进行管理和控制。另外，对于发挥过程在协助关系和学习改进中的作用，我们也缺少一些理论工具。在本章中，我首先会列出关于过程概念的几种分类方式，并针对在团队中所观察到的某些突出过程提供简化模型，然后会给出顾问或施助者如何更加有效地实施干预措施的建议，从而帮助客户更好地学会过程管理。

什么是过程

从广义上来说，"过程"不是指"做了什么事情"，而是指"事情是如何做的"。例如我正在过马路，这就是我正在进行的动作（在做的事情）；而过程是指我过马路的方式——是慢慢走过、跑步通过、闪避汽车通过还是因身体不适而请人搀扶通过。又如我正在与人交谈，这也是正在进行的动作。而我是正视对方陈述还是一边看着地面一边陈述，是喃喃自语还是声音洪亮，是手舞足蹈还是正襟危坐，这些都是我谈话的方式。但是，因为过程无处不在，而且涉及我们做的每件事，所以我们应该如何发现这种有意识或无意识的过程，包括这些过程所产生的结果呢？当顾问或施助者试图通过干预改进现状并激发客户学习时，应该如何找到关键点呢？在前文关于协助关系和主动探询的章节中，我们介绍了面对面沟通场景中所发生的各种过程，在本章中，我们会将分析场景扩展到在各种会议和小组活动中,关注顾问与多人(两个或两个以上)合作时的过程。

假想一下,你受邀参加员工会议,要帮助他们提升团队效率。其他人已经将你定位为"促动者",而从你的角度来说,如果找到了干预的关键焦点,那么静静地坐着观察也是一种有效的干预措施。那么,"促动者"对你而言到底意味着什么呢?如果你是召集会议的管理者,你希望竭尽所能让会议更加有效,那么你应该关注什么呢?除了议程和与会人员的发言内容外,你还可以考虑对哪些内容进行干预?表8-1将可能作为关注焦点的可观察性活动进行了分类罗列,以供顾问参考。

表8-1 可观察和干预的领域

	团队边界管理	团队任务实施管理	团队人际关系管理
内容	①谁是团队成员谁不是	②研讨议题安排	③团队成员对彼此的看法
过程	④边界管理过程	⑤解决问题制定决策	⑥人际互动过程
结构	⑦管理和维系边界的流程	⑧工作流程组织架构	⑨关于权威等级和亲密程度的正式规则

表8-1的单元格划分维度有所交叠。事实上,这些内容之间也并不像表中所呈现的那么分明。但是,如果我们需要对人际互动中的复杂场景进行分析,就需要一些简化模型。所有团队(包括二人关系在内)都总是有三个基本问题需要解决:(1)如何管理团队的边界,即定义谁是团队成员谁不是,如何维系他们的身份;(2)如何让团队通过履行职能或完成关键任务得以生存;(3)如何通过管理其内部人际

关系来保证其正常运作。表 8-1 的表头就列出了这三个基本问题。

只要团队成立或关系建立，这些问题就可以被观察到，包括团队如何在以下三个层次上运作：（1）工作内容；（2）处理事务的过程；（3）稳定且反复出现的结构。我们在表 8-1 的左侧列出了这三个观察点。顾问必须确定聚焦于哪些过程问题，以及何时需要转向内容和结构。换句话说，顾问要明确哪些单元在战略和战术上是集中观察和干预最好的切入点，哪种方式可能是最便利的干预方式。我们将从内容一行中间一项（任务）开始，这基本也是人们聘请顾问的主要原因。

任务内容——议程管理（单元格②）

在任何会议或对话中，最显而易见的重点就是团队因何而存在。它的主要任务或功能是什么？会议的目标是什么？为什么要成立这个团队？每个团队或组织都有着终极职能、存在理由，乃至使命。目标和任务都源于这个终极职能。然而，并不是所有的组织都清晰地了解其最终使命，正如并非所有的团队成员都认同组织目标一样。事实上，顾问的重要职责之一就是帮助团队来理解其任务和职能。

任务内容中最容易观察的点是团队研讨或试图解决的实际问题，通常我们会把它们标记为会议正式议程。如果团队中有一位书记员进行会议记录，我们在会议纪要中就能够看到讨论的内容。顾问可以密切关注任务内容，以确保会议并没有跑题。在召开会议时，我们常常问："我们希望解决什么问题？""我们今天的目的是什么？""我们希望在中午（会议结束）之前达成什么目标？"有时顾问会对与会者进行访谈调研，并受邀提炼总结；又或是被邀请进行教育干预，如讲解理念或实施培训。在这些情况下，顾问甚至会直接参与会议议程的编排。

自从我经历了前文（第二章）所提及的比林斯公司案例，在不知情的情况下对会议实施了干预措施之后，我就意识到了管理会议议程的重要性。

在当时的情境中，该管理团队有一个书面议程，内容包括10多项议题，会议会按照顺序对这些议题逐步进行讨论。但在2个小时会议安排快要结束时，他们往往只能讨论完一半甚至更少的议题，进而他们会抱怨会议效率低下。我也注意到了议题的讨论顺序安排比较随机。在这种情况下，我有两种选择：一种是向团队反馈我所观察到的情况；另一种是进一步探索未知区域，坦诚地询问"这个议程是如何确定的"。我选择了后者。

团队的第一反应是困惑，看起来似乎没有人知道答案。然后，总裁说每次会议的议程都是由他的行政助理玛莎（Martha）来安排的。于是，团队请玛莎前来说明会议议程是如何安排的。原来，管理层会通过电话或当面向玛莎提出议题讨论申请，然后玛莎会根据议题提出的先后顺序罗列出来。

听到玛莎的解释，管理团队立刻意识到了议程安排的荒谬性。他们当场决定玛莎的工作内容和方式保持不变，但当每次会议开始时，团队成员会一起梳理各项议题，将议题进行归类并按照轻重缓急进行排列。经过梳理之后，他们发现议题基本上可以分成两类——"救火式"项目，也就是需要当场拍板的项目，以及长期规划项目。我们一致认为"救火式"项目应该在会议议题中优先安排讨论，甚至认为不应该将长期规划项目研讨放入每周五下午的 2 小时例会中。

为了研讨这些长期规划项目，团队决定每月安排一次集中讨论，到公司外部寻找场地，花费一到两整天的时间对这些项目进行专题研讨。在以后的若干年中，这些专题研讨会议逐步形成了固定模式，并以制度化的方式被纳入公司的常规运营之中。因为我在设计此类会议方面的经验丰富，所以我常常在设计这些会议时扮演专家角色。最终，这些会议演变为为期两到三天的季度会议或半年度会议，有效地保障了管理团队能够深入探讨关乎公司未来发展的战略问题。而所有这些改变都源自关于会议议程的一个简单问题。

从表面来看，这个团队似乎是在学习如何提高会议效率。但事实上，议程安排会让团队思考什么是他们的首要任务，以及什么样的会议模式能够更好地帮助他们完成这项任务。对于为公司制定未来发展战略的问题，他们意识到每周五下午的例会无法解决这个问题，于是在我的帮助下，他们开创了这种专题研讨会议作为承接战略思考的主要载体。

任务过程——高效完成工作（单元格⑤）

花费时间最多的模块是表 8-1 中的单元格⑤——任务过程。客户经常对任务过程安排不当，导致团队效率低下、员工之间无法了解彼此的意见从而造成误会、人们在会议中随意打断其他人发言、会议充斥着争论和冲突、团队无法制定决策、在无关紧要的问题上浪费太多时间、破坏性的私下讨论开始滋生等一系列影响团队效率的行为。

在对各种团队进行观察之后，人们可能会意识到不同团队完成同一项任务的方式可能截然不同。在某些团队中，会议主持人会点名与会者发表意见，而在另一些团队中，会议主持人可能会请与会者自由发言；在某些团队中，激烈的冲突和争论从未停止，但在另一些团队中，倡导彬彬有礼的正式询问；一些团队的决策需要团队成员一致通过，另一些团队则通过投票制定决策，还有一些团队会由管理者听取各方意见之后做出决策。

任务过程难以捉摸。观察和体验这些过程很容易，但很难对它们进行准确定义，更不要说能够清晰地将过程和内容分离开来。团队成员可以通过管控过程来对内容和结果产生一定影响，正如美国国会参议员阻挠对手通过议案一样：他们会通过讽刺来激怒对手或攻击对手的论点，或通过转移话题或其他方式将讨论引入歧途。而顾问或施助者所面对的最有挑战性的任务就是不要被具体内容诱惑，陷入对具体问题的研讨之中，从而忽略对解决问题的方式/过程的关注和把控。

团队如果希望在核心任务上有所突破，就必然要经历一些必不可少的步骤。这些步骤的有效实现往往与组织的领导力紧密相关，或被认为是会议主持人的职责。然而，在运作良好的团队中，这些步骤往往在不同时间由不同团队成员完成。而顾问的主要作用则是发现并补全缺失的步骤。表8-2这个简化模型列出了完成核心任务的主要步骤。

表8-2 完成核心任务的主要步骤

主要步骤： 启动任务——收集信息——提供信息——收集建议——发表观点——澄清意见——详细说明——总结概括——检验共识

想要达成结果，首先必须启动任务。必须有人陈述目标或问题，提出实施方案，设定工作目标和时间限制。一般，会由团队领导者或发起者来完成这项工作。随着团队的发展和成员自信心的增强，会有越来越多的成员参与到这项工作中。

为了获得进展，团队必须就任务相关问题收集和提供信息，并集思广益、各抒己见。这些信息和意见往往直接决定了解决方案的质量。顾问应该帮助团队自行评估是否有足够的时间来完成这些工作。此外，将原始信息收集和建议方案研讨区分开来也非常重要，以免大家在信息不充分的情况下展开讨论，导致最终变成无效的辩论而非建设性的对话。顾问可以通过询问，确认需要哪些信息来帮助团队。

澄清意见和详细说明在步骤中不可或缺，只有这样才能保证沟通的充分性，以及促使大家在他人想法的基础上进行创新和细化。如果缺失这些步骤，组织也就不能真正发挥出其独特的力量。顾问最常见和最有效的干预措施之一是通过提出一些澄清问题，或转述团队成员的想法，来检验自己是否确实已理解。

因为分小组讨论，且讨论的时间较长，所以很多想法会被忽略，而总结概括可以保证意见的完整性。有效概括既包括小组研讨达成的共识，也包括小组成员提到的不同想法，以便团队在进行决策时能够掌握充分的信息。我在高层、项目组、管理层研讨中观察到的一个通病是，大家都喜欢线性地讨论问题，即一次讨论一个议题，很少进行整体的研讨整合，这样就缺失了总结职能。如果需要弥补这一缺失，那么团队可以安排记录员在黑板上记录下全部的过程想法，以便于随时呈现和查看。同时，顾问或团队成员也可以对研讨内容进行简要回顾，形成初步的总结概括。

最后，团队需要定时进行审视，是应该继续讨论，还是可以形成决策。为了检验共识，我们可以询问"我们准备好决策了吗？"或者进行一些总结——"我认为我们已经提出了三个方案，大家比较倾向于第二种，是吗？"这种审视可以有效促进团队决策，即使当下并不是决策的最好时机，也可以推动大家进一步展开讨论。

基于类似的任务研讨结构，我们可以提出第二个简化模型，该模型聚焦于问题解决阶段，因为每个会议都会有会议目的、意义和待解决的问题。

团队决策制定与团队问题解决

虽然"问题的分析与解决"这个主题被广泛讨论，却少有人真正理解。下面给出的这个简化模型与本领域文献中的很多模型类似，因呈现清晰、便于分析而被采纳。下文对于问题解决过程的描述和分析步骤适用于任何类型的场景，无论是涉及单人，还是涉及二人小组，又或是涉及大型委员会甚至整个组织。如图 8-1 所示，这个模型最早是由理查德·沃伦（Richard Wallen）在敏感性训练项目中提出的，下面会对此进行详细说明。

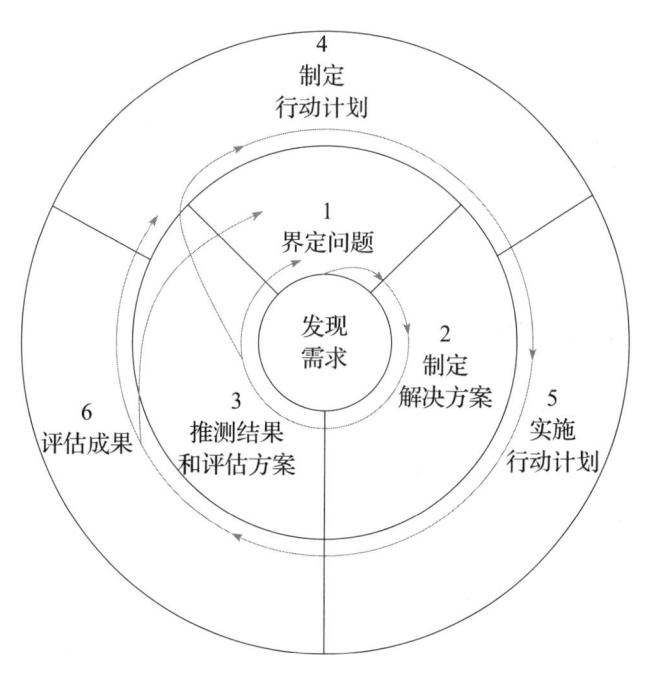

图 8-1　问题解决步骤模型

该模型基于活动的开展时间分为两个基本循环，第一个在决策和行动前，第二个在做出决定之后。第一个循环包含三个阶段：（1）界定问题；（2）制定解决方案；（3）推测结果和评估方案。

当团队制定最终决策后，第一个循环就结束了。第二个循环包括：（4）制定行动计划；（5）实施行动计划；（6）评估成果。而这通常会返回第一个循环——对问题重新进行定义。之所以要将整个过程划分为多个阶段，是因为只有如此，才能对解决问题的过程进行管控，避免缺失某个环节从而导致问题无法得到有效解决。

在每个阶段都有一些典型的陷阱，对这些陷阱有所认知可以帮助顾问更加专注于干预时机和干预对象。无论是在与客户建立关系而组成的二人小组中，还是在为了解客户组织受邀参加的工作组会议中，顾问都需要解决一些问题，完成一些显性或隐性的任务，都需要投入时间和精力并做出一些决策。因此顾问非常有必要了解作为一个小组应该如何应对和解决问题。

循环一：制定决策

（1）**界定问题**。对于解决问题来说，最困难的步骤就是定义问题。难点很大程度上在于我们往往混淆了症状和问题。当管理者发现问题或感到实际情况与计划有所出入时，他通常会启动一个解决问题的过程。问题诸如：销售额下滑、未能如期交货、客户电话投诉、生产线出现故障、骨干员工声称要离职、发生火灾等。学习或变革理论通常把以上情况称为"失验"，即所了解到的实际情况出乎意料，且未能达到预期期望。

然而，所观察到的各种现象并非就是真正需要解决的"问题"，它们只是有待改善的"表象"。在着手解决问题之前，管理者首先必须找到这些"表象"背后的原因。这往往很复杂，不仅需要深入调查和诊断，甚至它们有可能不是由单一原因导致的，而是多个（难以触及或难以改变的）系统性问题综合作用的结果。例如，关于销售额下滑的问题，如果管理者没有搞清楚销售额下滑背后的原因，那么他召集业务骨干开会可能很快陷入是否应该增加广告预算或新增人员编制的争论中。而真正的问题到底是什么？他是否找到了导致销售额下滑的主要因素？而这些因素是如何相互作用导致最后的结果的？

导致销售额下滑的因素有很多，譬如：出现了错误的市场预期——这意味着营销部门没什么可以改变的，而应该由公司的市场部门进行调整；出现了新的竞争对手；销售骨干投奔了竞品公司；又或者消费者对产品的喜好发生了改变。如果没有投入时间和精力进行诊断，管理者就无法知道他真正应该做的是什么。而顾问通常可以在此环节扮演重要角色，顾问由于不用像管理者一样背负时限压力，所以更有可能关注到过快得出的结论中存在的问题。顾问的作用通常是帮助团队放慢节奏，通过展开对话（而不是辩论，详细内容请参见第十章）让团队避免在确定问题之前草率行事，并最终证明将时间和精力投入识别真正的问题可以在后期节约大量时间和精力。

涉及人际关系的问题尤其难以诊断。管理者表示，他在激励下属、跨部门协调、向上影响、整合资源或推动变革方面都存在问题。这些问题往往令人沮丧不安，但管理者却不了解令他沮丧不安的原因到底是什么。他虽然知道出现了问题，但并不知道问题是什么，更不知道如何解决。

在这种情况下，顾问需要通过主动探询（见第三章）来尽力帮助客户确定症状背后的原因，这是最有效的干预措施。顾问可以询问："你遇到这种情况是在什么时间？具体发生了什么事情？你能多举出一些具体的事件吗？"只有在了解了一系列行为事件的基础上，顾问才能开始着手与客户一起诊断和分析可能导致问题的原因。通过对行为事件进行仔细分析，从而确定到底是哪个事件导致了（客户的）沮丧不安，顾问可以帮助团队找到真正的问题。其中最关键的步骤就是积累足够多的行为事件以发现线索，再通过推演其相关关系找到真正的问题所在。

如图8-2所示，这个过程是界定问题的不可或缺的步骤，然而这个步骤也最容易被忽略，从而导致对于问题的错误诊断和武断决策。在销售额下滑这个案例中，团队应该认真分析所有关于销售额下滑的信息（于何时何地出现下滑），然后找到这些事件的共性和相互联系。此时系统图的作用非常大，可以帮助问题解决者全面考虑各个原因之间的相互关联。

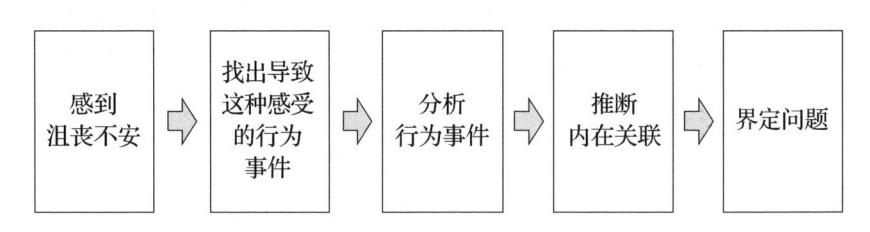

感到沮丧不安 ⇒ 找出导致这种感受的行为事件 ⇒ 分析行为事件 ⇒ 推断内在关联 ⇒ 界定问题

图8-2　界定问题的必要步骤

（2）制定解决方案。一旦问题得到了充分的界定，团队就可以开始进一步探讨想法或行动方案，以解决问题或改善现状。这个阶段最有可能出现的陷阱是团队逐一对想法或提案进行评估，这有可能会让团队陷入争论而无法开展有效对话。一旦争论产生，团队就不太可能从一系列可能解决问题的想法中寻找到解决方案，也就不能正确认知这个问题。

在这个时候，顾问可以提醒团队不要太快对想法和提案做出判断。如果没有对所有想法进行比较，就很难做出正确的评价。而太快对某个想法或提案进行评价判断，会让意见提出者感受到威胁。如果想法被迅速否决，这个成员可能就不再愿意发表自己的想法了。应当鼓励团队以集思广益的头脑风暴形式来实施这个过程，即鼓励团队成员发表意见，在搜集了所有意见之后再进行评价。头脑风暴建立在这样两条基本规则之上：在大家发表意见的阶段不允许对意见进行评价，从而保证团队的创造力；与此同时，要让意见脱离它们的提出者而单独存在，从而保证一视同仁。通常来说，我的角色就是负责在白板上记录下这些意见，然后询问："还有其他的想法吗？"

当团队将所有意见都罗列出来之后，对那些明显行不通的方案团队一看即知，团队可以集中研讨可行性较高的两三个方案。顾问此时应该鼓励团队进行系统思考，请团队找出方案之间的相互联系和相互影响。另外，顾问还需要提醒团队，通过头脑风暴提出的想法并不能保证团队一定能够获得最佳方案。从我的经验来看，当团队采用头脑风暴进行研讨时，用于系统评估方案的时间往往是不够用的。

（3）**推测结果和评估方案**。如果备选的解决方案比较多，就必须通过预测每一个方案的执行结果来对方案进行评估和筛选。这个过程通常很难，因为团队并没有明确的评价标准或是对遵循何种标准存在分歧。这些标准可能包括：个人经验；专家意见；对数据/信息的调研；有计划的检验和研究。个人经验和专家意见容易获取，但有效性往往最低。问卷调研、小组座谈、访谈或其他正式调研方式虽然有效性更高，但也需要投入更多时间和费用。顾问在此阶段的主要职责就是提供一些可选方案，并引导团队选择与待测试想法相吻合的验证方法。

例如，如果团队在两种新产品的研发取舍方面犹豫不决，就应该进行一些市场调研和营销测试；如果团队需要决策是将盈余资金用于资本扩张还是用于投资，就应该征求金融专家的意见；而当团队试图了解组织变革推进可能产生的阻力时，就应该邀请未来组织的参与者进行小组座谈，了解他们的看法。无论评估什么方案，一个团队都往往只使用一种验证方法，而这种方法通常基于某人的个人经验而非正式调查。

在问题解决的每一个阶段，都可能通过研讨揭示出一些新情况，从而需要重新定义问题。例如，在验证是否需要开展新一轮广告活动时，通过数据分析可能会发现原有广告的宣传效果非常显著，这个发现会让我们反思最初的认知——广告宣传不佳导致销售受挫是不是真正的问题所在。从界定问题、发表意见、测试想法到重新定义，这种反复循环可能需要花费更多时间，并且看起来效率很低，但这正是解决问题的合理方式。顾问需要帮助团队认识到这一点，帮助团队消除"不断重新定义问题只是在浪费时间"的错误疑虑。当能够熟悉解决问题的循环之后，团队可能就不再需要顾问的帮助了。

当团队制定决策并着手实施时，循环一就结束了。当然，这个决策也有可能是停止团队讨论，去收集更多信息或是制定一些备选方案。那么，下一个问题就是团队如何制定决策、如何保持决策过程和决策的一致性。我们需要慎重考虑若干备选方案。

团队决策方式

问题解决过程的每个阶段都需要团队做出决策，但决策环节在从循环一到循环二的过渡阶段最为明显，因为这个过渡要求团队决定是将一个方案付诸实施还是进一步收集信息以优化方案。在此之前，团队已明确了会议的时间、地点、组织形式、时间分配、程序或规则（是否设置会议主席、是否遵循罗伯特议事规则等），也明晰了界定问题的标准从而能够判断何时可以开始收集意见。通常来说，小组成员既不会感知到他们已经制定了如此之多的过程决策，也不会意识到这些决策对于团队氛围和解决方案质量的重要影响。因此，顾问需要做好准备，通过"教育干预"来帮助团队认识到一些可用的决策方式，下面会对这些方式进行简要介绍。

对于所列出的决策方式，切勿草率判断哪一种最好，不同场合适用不同的决策方式。另外，不同的决策方式会给后期的团队运作带来不同的影响。因此，重点是团队需要充分理解这些影响，以便于选择合适的决策方式——与团队现状、团队历史、任务类型和期望氛围相符合的决策方式。

（1）无回应决策（石沉大海）。这是最常见也是最不容易被察觉的团队决策方式。某人提出一个想法，在团队中的其他人对这个想法给出反馈之前，另一个人又提出一个新的想法，这个过程周而复始，直至团队最终选择一个想法开始讨论。所有被忽略的想法实质上都是由团队选择的，只是团队的选择是不支持这些想法，用忽视让提出者感觉他的想法如同"石沉大海"。在大多数会议中，这样的"石头"随处可见。而在这种决策方式背后的隐性假设是"沉默代表不认同"。

（2）权威决策。很多团队设立了权力结构，以确保会议主席或其他权威人士拥有决策制定权。团队成员可以各抒己见、畅所欲言，但在意见发表完后，主席可以随时宣布自己的决定。虽然这种方式非常高效，但它的有效性在很大程度上取决于主席是不是一名足够好的听众，以及能否从讨论中挑选出正确的信息以进行决策。

此外，如果团队继续推进工作或执行决策，那么这种方式决定了只会有少数团队成员参与，这会降低团队成员的参与度，进而影响决策实施的质量。我参与过很多类似的会议，会议主席在团队讨论几分钟后便做出了决定，然而后期的执行情况却往往与主席的期望大相径庭。在后期的复盘中，我发现原因是该团队或是对主席的决策理解不足，或是根本就不认同这个决策，因此既没有能力也没有意愿来有效执行该决策。

（3）自我决策或少数决策。团队成员常常抱怨他们"被通过"了某些决策，原因是少数团队成员的想法很有建设性，他们就将自己的想法等同于决策，然而并没有得到大多数人的认同。在这种情况下，隐性假设就变成了"沉默代表无异议"。

少数决策的另一形式是自我决策。它是指当团队中的某个成员提出建议之后，既没有人提出其他建议，也没有人反对，于是团队就按照该成员的建议执行了。这种决策方式的一个经典示例是杰瑞·哈维（Jerry Harvey）在1974年提出的"阿比林悖论"（Abilene Paradox）。这个理论源于他和家人驱车前往阿比林吃午饭的不愉快记忆，直到当天晚些时候，他们才发现其实没有人想去。一个家人随口提议，而其他所有人都保持沉默，无论是提议者还是其他人都认为沉默意味着同意。

以我自己的经验来看，这种决策形式在团队中既最为常见，也最容易出现问题。有人提议，"让我们采用罗伯特议事规则吧"，其他人既没有表示赞成也没有提出反对意见，于是该团队最终采用了一种所有人都不想使用的决策方式。或者，当有人提议"少数服从多数"时，没有人表示反对，然而最终投票的结果却是8:7，可想而知执行结果很可能难如人意。遇到这种情况，顾问应该提出质询："团队所有人都同意吗？这是我们想要的结果吗？"

一个人（尤其是会议发起人）可以通过不给其他人反驳机会来推行他个人的决策。他说："我认为，解决问题的方法是让我们每个人都发表自己的想法，让我们了解彼此的立场。关于这件事，我的看法是……"他说完之后，转向右手边的人："约翰，你怎么看？"当约翰发言结束后，他继续邀请下一位成员发言，直至成员发言全部结束。这样的方式实质上是让大家基于他自己的提议进行讨论，如果大家不发表意见，就自动执行他的提议。当然，如果他想要推动约翰的提议，他也可以以这样的方式从约翰开始。细心的观察者会发现可能只有约翰、主席或者其他少数人赞同这个想法，但大家都表示沉默。而当询问他决策是如何制定出的时，他可能会说："这是大家都同意的啊！每个人都有机会提出反对意见，但沉默代表大家没有意见，不是吗？"然而，如果事后对团队成员进行访谈，我们很可能会发现其实大多数人不同意这个决策，不过团队成员误认为其他沉默的人都表示同意，因此犹豫而没有提出反对意见。于是，这个团队也为"沉默代表无异议"所困扰。

用少数决策方式来"统治"团队最常见的方式是让两个或两个以上的成员就所期望的行动方针迅速达成一致，然后立即向团队询问"有人反对吗"，如果没有人提出反对意见，几秒钟之后，他们就说"好，那就这么办吧"。这同样利用了假设陷阱，不仅发起者认可这个提议，其他对提议并不认可但害怕因反对而成为"少数派"的人也用沉默表达了"认可"。在这种决策模式下，往往会出现"多元无知"的情况，即大多数人拒绝某个提议，但大家都错误地想象其他人会接受，从而因从众而选择接受。群体思维即这种情形的极端情况。

顾问在制定决策的方式方面起着重要作用，因为人们很少会意识到决策方式的重要性，并将其单列讨论。很多团队决策，尤其是与团队程序或规则秩序相关的重大决策往往是草草做出的。团队成员如果提出异议说"我并不同意"，就会被认为妨碍了团队进程。因此，团队成员即使持有异议，也会迫于压力保持沉默，让事情顺其自然。

顾问首先必须引导团队了解他们所要做的决策和决策的方式，请团队成员对决策方式是否匹配现实情况进行评估。譬如，团队同意由主席个人做出决策，他们可能认为这样是适当的，因为时间仓促，需要有人快速做出决策，团队才能聚焦推进重要工作；在另一种情况下，团队可能认为依次发言太过于强调外在形式，影响了团队在已提出的想法上持续创新的能力，因此他们会选择其他方式。顾问的重点是让决策过程合法化，并在团队遇到困难时从旁施以援手。

（4）少数服从多数决策：投票和/或选举。这种决策方式我们并不陌生，它反映了我们（美国）的政治体制，并被认为通常适用于任何情况。简单的操作方式是在经过一段时间的讨论之后调研每个人的意见，如果大多数人的看法相同，就认为是最后的决定。另一种方式更为正式，就是提出一项动议，并给出备选方案，请大家就该动议进行投票——赞成、反对或弃权。

虽然这种方式看似完美无缺，但令人惊奇的是，即使是通过这种方式制定的决策，也常常无法得以有效实施。原因何在？如果请团队成员讨论这个过程或是对少数派的某位成员进行访谈，我们就会发现可能阻碍有效执行的三个心理障碍：少数派成员并不同意使用少数服从多数决策方式，但他们无能为力；少数派成员往往感到讨论时间不足，无法让团队真正理解他们的观点；少数派成员认为投票使团队分裂成了两大对立阵营，他们在第一回合输了，但他们会重组，寻求支持并在下一回合获得胜利，这只是时间问题。

换句话说，投票造成了团队分裂，失败者并不关注如何实现多数派的决议，而是想方设法赢得下一回合。如果要使用投票方式进行决策，那么团队必须让每个成员都意识到自己是团队的一分子，并且有义务执行团队的决议。顾问的任务主要是为团队说明每种决策方式的优劣之处，引导团队充分讨论从而找到最佳决策方式。

（5）**共识决策**。最有效但最耗时的决策方式是达成共识。我所定义的共识并不是指全体成员的意见完全一致，而是指一种沟通顺畅、氛围融洽、公平公正，每个人都感到他们有机会影响决策的状态。有人会调研与会者的看法，而并不采用投票这种正式程序。当然，如果团队能够遵循"并非简单的少数服从多数，而会寻求更广泛的共识"这一原则，那么投票也可以作为有效达成共识的促进手段。

如果大多数人意见一致，而少数派觉得他们有过机会来影响这一决策，那么共识就可以被达成。从操作上来说，这种共识的状态应该可以被定义为：少数持有异议的成员已经完全理解了团队决策，并准备好支持决策执行。这是一种心理状态，大概可以描述为："我明白你们大多数人想做什么。我个人并不会主动选择这么做，但我认为你们也了解了我的想法。我已经尽力让你们改变立场，但很显然我失败了。既然如此，我将遵循你们的意见，不遗余力地执行这项决策。"

为了达到这种状态，所有成员都应该有足够的时间来陈述反对意见，让其他人完全理解自己的想法。如若不然，他们会认为没有获得他人的支持是因为自己没有陈述清楚，并且持续纠结于这个想法。只有认真倾听反对意见，才能消除这种感觉，达成有效的集体决策。

顾问要帮助团队理解应该在哪些决策上达成共识，哪些决策是至关重要的。如程序性决策，即那些与团队如何工作有关的决策，是每个人都应该参与的决策，因此这些决策应该通过共识达成。另外，团队既可能决定把权力交给主席，也可能尝试非正式讨论，还可能进行头脑风暴。但无论做出什么样的决策，团队都应该确保每个成员都完全了解，并且不会产生想要破坏团队程序的念头。

（6）**无异议决策**。这是一种逻辑上完美但无法实现的决策，它要求所有人对行动方案都完全认同。实际上，团队只需要在一些重大决策上没有异议，在其他决策方面达成共识即可。顾问可以帮助团队指出在哪些方面对达成一致意见的要求过高。团队并不用在所有决策上都做到毫无异议，因为这会严重降低制定决策的效率。最重要的是，要抽出一些时间来确定在给定的任务或现状下使用什么决策方式。

最后需要注意的是，决策方式往往由会议发起人或会议主席来宣布。在这种情况下，顾问可以观察团队是否认可这种方式，如果仍有部分成员并不认可，顾问就应该找机会与会议发起人或会议主席面谈，看他能否给团队留出一些时间就如何制定决策进行讨论。实践证明，会议发起人或会议主席往往会担心失去对会议的控制而造成混乱，因此不愿意开展这种讨论。为了消除他们的顾虑，顾问可以说明不同的决策方式并不意味着沟通混乱。顾问如果可以提供一些备选的可行方案，就可以鼓励会议发起人或会议主席亲自试验并得出结论。

循环二：行动、评价、重新定义

循环一的三个阶段都发生在讨论环节，并不会涉及行动（除非团队希望收集数据以评估想法)。当团队就某个解决方案达成共识并准备付诸实施时,我们将进入循环二——行动循环。图8-1中并没有明确列出决定行动,而是用跨越循环一和循环二的那条线来代表这个过程。虽然团队已经决定采用某个方案或某种建议,但解决问题的过程还未结束。团队必须制定详细的行动计划,逐步实施,并校验这些行动有没有解决问题。在付诸行动之前,我们应该思考这个问题:"哪些信息能够证明我们的行动计划达到了预期效果?"

在这个过程中,团队只要发现他们没有正确界定最初提出的问题,就必须回到循环一,对问题进行重新定义,然后集思广益并进行检验。这种反复循环必不可少,并不是浪费时间。如果团队没有对问题进行准确定义,那么无疑会南辕北辙。无论在最初花费多少努力来准确定义问题,都要比投入大量人力物力来实施行动最终却发现方向错误划算得多。

制定并实施行动计划(图8-1的步骤4与步骤5)。制定行动计划包括定义问题、提出方案、检验方案这几个步骤。如果压缩或跳过这些环节,行动计划就无法得到有效实施,同时,可能会让团队质疑解决方案是否奏效,而非质疑实施过程是否出现了问题。因此,顾问的主要作用是让团队放慢节奏,鼓励他们在行动前进行精心策划。

在这个阶段我们常常出现的错误是仅仅制定总体计划,并没有将特定的任务落实到人,明确责任。在很多团队会议中,团队都做出了决策,但会议结束之后却毫无进展,因为所有人都在等待他人行动。

明确行动的责任人不仅可以确保计划的有效推进,还可以对决策进行校验,因为承担责任的实施人往往会提出一些在此前决策中并未考虑到的问题。

在有些时候,整个循环二都会被委派给某个人或某个团队,例如,解决前文中销售额下滑的团队的最终决策是"加大广告宣传力度",在制定这个决策之后,他们就对广告部提出了要求,而团队本身却放松下来开始重新查看销售数据。这样的做法合理吗?在很多情况下,答案是否定的。当团队将方案完全甩手交由其他人负责执行时,执行者可能很难完全理解并有效执行行动计划。因为他们并没有经历定义问题的过程,也不理解为什么其他方案被否决了,相反,他们会认为方案过于笼统,可行性不高。

同样,如果管理团队邀请工作组或咨询顾问来完成问题诊断过程(即循环一),而他们只是等待由对方出具书面诊断和解决方案,那么同样会导致问题。如果管理团队没有参与到问题诊断的过程中,而工作组或咨询顾问也没有周详地考虑方案落地执行环节(循环二),那么管理团队十有八九会否决这个方案或找个借口将其搁置一旁。

考虑到上述两种情况,最好确保负责循环一和循环二的团队人员有高度的重叠(或至少相互沟通)。当然,交由同一个团队来负责是最理想的状态。但如果一定要交由两个团队来负责,那么双方必须深入沟通。负责循环一和循环二的团队需要设定一个过渡环节,只有当负责循环二的团队对前期情况完全了解时,负责循环一的团队才能撤出。

负责循环一的团队应该尽早邀请负责循环二的团队的负责人参与到诊断和解决问题的过程中，至少需要让他完全了解最终解决方案制定所经历的全部过程。

在这个过程中，执行团队（负责循环二的团队）可以针对为什么没有选择其他在他们看来更好的方案，向负责循环一的团队充分提问。他们应该得到他们认为合理的答案，否则负责循环一的团队就必须重新审视这些方案。顾问在这个环节的作用是帮助团队认识到沟通的难度，越早意识到这一点就越能避免沟通失败。

评估成果。为了确保评价准确可靠，团队应该在下列问题上达成共识：

（1）评估标准；

（2）成果达成时间进度表；

（3）反馈评估信息的责任人。

当得出结果之后，团队需要返回到循环一，重新定义问题而不是基于此寻求其他解决方案。团队应该做好随时开始重新审视问题的准备。而顾问应该不断提醒：“我们现在正在解决什么问题？"

解决问题和制定决策小结

解决问题可以分为两个循环，循环一强调团队讨论，循环二则强调行动。循环一包括界定问题、制定解决方案、推测结果和评估方案这三个阶段。第一个阶段最为困难，并且需要收集更多信息，才能清楚地识别问题。循环二包括制定行动计划、实施行动计划、评估成果这三个阶段。制定计划本身就是一个解决问题的过程，也应该遵循循环一的三个阶段。如果循环一与循环二涉及不同的参与者，那么整个过程的难点就在于如何从循环一过渡到循环二，负责实施行动计划的团队应该尽早地参与到决策制定中来。

制定决策的方式包括：

（1）无回应决策；

（2）权威决策；

（3）少数决策（自我决策）；

（4）少数服从多数决策；

（5）共识决策；

（6）无异议决策。

团队必须理解上述不同决策方式，学会在不同情况下选择最适合的方式。

选择一个干预重点

在问题解决过程中，循环方式、决策方式等基本任务职能直接决定了团队的运作效率，因此顾问很容易就能让团队对此进行认知和处理。顾问的最大难点之一是从前文介绍的诸多类别中选择出一个干预重点，如将团队的注意力聚焦到什么行为上。

选择的三个关键标准是：

（1）在顾问看来，这个过程问题和团队效率的关联程度；

（2）过程问题的相关信息是否清晰明确，当团队聚焦这一问题时，团队成员能够理解顾问希望他们有所觉察的内容；

（3）这种干预措施能够推动问题解决过程前进，而非简单地中断这个过程。

如果对于过程问题的理解不够明确，团队就不能从中有所学习，也不利于他们在时间紧迫的情况下全身心投入工作。顾问必须了解团队的最核心任务，并集中对与之紧密关联的任务过程实施干预。我此前与爱克森公司的一次合作可以佐证这一点。

爱克森公司执行委员会会议的一个鲜明特点就是委员之间的沟通是完全自由的。他们总是相互打断对方发言，甚至大喊大叫；讨论往往偏离主题，总是在对一个议题形成结论之前就跳到了另一个议题。基于我过往在国家培训实验室长达10年的对团队和团队训练的研究和工作经验，我针对团队如何高效运作提出了一个清晰的模型。因此，我以专家顾问的角色进行了早期干预。我总是尽可能找机会引导团队思考随意打断他人发言的后果，同时表明我的意见——打断他人很不礼貌，而且会影响团队的工作效率；同时我也会指出我们是如何忽略重要意见和如何扼杀潜在奇思妙想的。

团队对此都非常认同，也都希望有所改善。但在10分钟之后，我们又会回到原来的模式。当我反思为何这个模型并不奏效时，我发现我将一个理想的模型强加到了一个隐性假设截然不同的团队之上。我曾经在另一些文章中介绍过该团队的隐性假设：这个团队始终希望寻找"真相"，而寻找真相的方式就是对想法进行相互辩论，最终存活下来的想法才是团队想要的。

在这个前提下，我开始思考哪些方法或许更有帮助，也是在这个过程中，我发现了过程咨询和专家咨询的联系和差异。我应该基于团队的原则和假设来推动工作，而不是将理想模型强加给团队。我必须意识到，这个执行委员会的核心任务就是寻求一些支持公司发展的好想法，因此提出想法并进行评价就是他们召开会议的两大目的。

由此，我想到了两种干预方式。首先，我意识到迅速处理大量信息会导致创意的流失，因此我开始在白板上一一记录团队成员的发言和想法（第一种干预方式）。

针对不完整的想法和观点（往往是由于发言人被打断），我采取了第二种干预方式。我并没有像往常一样对打断者提出批评，而是通过询问把话语权重新交还给被打断的发言人。我会说："约翰，你刚刚正在陈述你的想法，你想要说的表述完了吗？"这样的方式既保证了想法的完整性，又避免了因追究责任而转移团队的讨论焦点。我通过将这两种干预方式相结合，将之前可能被扼杀的想法挽救了回来，并将所有想法罗列在白板上，更好地帮助团队集中研讨创意，从而摆脱了原来的困境。

从这个案例中得到的教训也显而易见：只有当真正了解了团队的目的之后，我才能够通过聚焦正确的过程来实施有效的干预手段。而了解团队的任务以及小组所面临的困境（如这个案例中的想法不完整和评价过快），是制定有效干预措施的前提。

任务结构（单元格⑧）

如果对组织和团队观察足够长时间，你就会发现有些模式会再现——有些事情会定期发生而有些事情永远不会发生。例如，有些公司会采用议会投票方式，而有些公司哪怕问题得不到解决也不会采用投票方式；有些团队会安排会议议程并机械地遵循议程，而另一些团队会等到会议开始之后才临时决定议题。团队工作中的这种规律性就是团队结构极好的表现形式，这种稳定、可再现的规律会推动团队和组织完成任务。

在大型组织中，我们认为任务结构就是正式的层次结构，包括组织内的汇报线、信息管控系统或其他稳定的重复出现的流程。这些流程对于组织的新人而言就是组织的工作方式。需要注意的是，结构概念是过程概念的延伸，因为所谓结构，就是指那些稳定的、会重复出现的过程。

所有的团队都需要建立这样的规律性和稳定性，因为只有这样，团队的工作环境和工作模式才可以被预测，从而能够进行管理。形成这些模式的各种隐性假设是团队文化的一部分，因为这是团队成员共同认可的，因此我们可以把这种结构理解成团队文化的外在表现形式。团队文化并不是直接可见的，更多时候，团队文化是团队成员所共同认可的一些潜意识或无意识的假设，而这些假设被团队成员运用于应对各种内外部问题。

团队文化既可以通过行为来进行分析，也可以通过对与团队接触的外部人员或团队的内部成员进行访谈得到。我们需要始终牢记我们之所以关注这些文化，是因为它们反映了团队内的重要基本假设，而这些假设是我们所需要关注的。顾问最重要的工作，是让团队成员注意到这一点。

团队在外部环境中生存所相关的各种规则组成了团队内的任务结构，所有团队都面临至少五个基本生存问题。当了解了这些问题之后，顾问就能够总结出需要注意的问题并集中观察。

（1）**使命/首要任务**。团队存在的根本使命或首要任务是什么？这个问题的答案通常是公司章程、公司使命、经营理念、规章制度，以及团队成员对团队角色的隐性认知等。

（2）**具体目标与策略**。团队通常根据使命来制定具体目标和策略，并反映在书面目标声明、公司战略、经营计划、公开宣布的指标和截止日期中。

（3）**实现目标的途径**。实现目标的结构包括正式组织架构、分配的任务角色，以及解决问题和制定决策的循环，而组织结构图、职权分工、岗位描述和职责说明均属于该范畴。

（4）**考评和监督系统**。所有的团队都需要检验是否达成目标。为此，团队建立了正式的信息系统和管理系统，提出了管理计划、预算计划并进行评审。

（5）**问题应对与解决系统**。考评和监督系统能揭示出团队没有达成目标以及何时偏离目标，但如果要纠正这种情况，就需要问题应对与解决系统。虽然解决方案通常是随机应变的，但团队需要建立规范补救/纠正机制，并让它们成为团队结构的一部分。

在新团队中，任务结构的稳定性较低，也就是说新团队的"结构化程度"不高。随着团队的不断发展，团队会自行保留有效的过程，并将帮助团队获得成功的假设不断共享，最终得到团队全体成员的认可。而这个过程会逐渐通过组织结构图、程序手册、议事规则和其他文化载体记录和呈现。随着稳定性越来越高，最终会诞生"制度化"甚至"官僚主义"。

顾问能否在任务结构中实施有效干预，取决于团队本身是否意识到了这个结构需要做出调整。事实证明，引导团队认识自身的隐性假设是最有效的干预方式。可见的外部结构易于观察，但这些结构背后的深层假设却难以觉察。然而，如果不了解这些假设，团队就无法学会更高效地运作。

最后需要说明的一个问题是，顾问是否可以或应该参与到针对结构性问题的干预中。对团队进行观察并帮助他们认知自身结构无疑是一种必要的干预，但顾问能否参与到结构和文化的变革中呢？最关键的标准还是顾问能否提供帮助。如果某个团队真的希望我参与到他们对结构和文化的变革工作中，我并不会拒绝，但前提是我们必须达成共识。因为稳定的结构为团队成员提供了任务意义、可预测性和安全感，而结构的变化势必引起内部流程的变化，从而导致团队出现较强的焦虑和抵触；然而文化根植于结构，如果不对现有的文化假设做出调整，也就无法改变结构。

结　语

在本章中，我们首先回顾了顾问可以进行观察和实施干预的主要领域，本章的重点是团队的首要任务及对任务的界定。顾问应该聚焦于与小组任务相关的内容、过程和结构。本章阐述了在各个阶段的关注点，并提出了顾问可以使用的一系列有效干预措施。本章着重探讨了任务过程，但内容和结构同样非常重要。

在下一章中，我们将探讨与任务相关的人际关系问题，即团队如何界定自身边界，如何管理边界，以及如何通过建立融洽的人际关系来保证团队的运作、成长和发展。因此，我们研究的重点会放在何时以及如何进行干预、如何平衡任务过程和人际过程干预上。

我们将在第九章末尾的练习中，一并演练涵盖任务过程、团队建设和人际互动过程的案例。

第九章

引导式过程干预：人际互动过程

团队往往会邀请顾问加入任务过程，因此在第八章我们对任务过程进行了详细阐述。然而，我在本书中也一再强调，为了有效执行任务，必须对建立关系或建立团队的人际互动过程进行有效观察和管理。在现实中，任务过程和人际互动过程同时发生，相互交织在一起，从而引发了决策问题：应该关注人际关系的什么问题？应该何时进行干预？

团队的人际互动过程可以分为两大类：

（1）团队如何定义自身，如何划分边界（表8-1中的①、④、⑦单元格）；

（2）团队如何建立和发展内部关系模式（表8-1中的③、⑥、⑨单元格）。

本章将介绍这两类人际互动过程的简化模型，并给出顾问在不同情况下提供最有效帮助的建议。重点在于说明过程问题，在必要情况下也会对内容和结构进行介绍。

建立并维系团队的过程

在以往与客户接触的过程中，我会发现与我合作的团队可能处于不同的发展阶段。有些客户团队成员彼此之间从未合作过，是一个崭新的团队。而我参与或协助策划的探索性会议既可能是团队一次特殊的周例会，也可能是因咨询项目而新建的团队的首次会议。与会者既可能相互非常熟悉，也可能在会议中初次见面。由于情况复杂多变，因此顾问需要掌握一个建立和发展团队的简易模型。

当两人或多人组成一个工作或任务导向的团队时，每个人都会出现一些自我导向行为，这反映了所有新成员加入该团队时的顾虑。随着自我导向行为的逐步减少，团队成员开始更加关注彼此和当前的任务。然后，旨在完成团队任务的行为会与有助于团队关系建立和维系的行为同时产生。我会按照时间顺序来介绍这些步骤，尽管一些步骤在某些阶段可能会有所交叠。

加入新团队时的情绪问题：自我导向行为出现的原因

任何人在进入新团队时都会因潜在的情感因素而遇到一些问题，只有解决这些问题才能够迅速融入新环境。表 9-1 中左边一列列举了四种情绪问题。

表 9-1　新加入团队时引起自我导向行为的问题

问题	引发感受	（自我导向的）回应方式
①身份和角色 我是谁？		①强硬或激进回应 彼此斗争、操纵控制、对抗权威
②掌控力、权力和影响力 我能控制和影响他人吗？	沮丧不安	②缓和或支持回应 表示支持、提供帮助、结成联盟、相互支撑
③个人需求和团队目标 团队目标是否反映了我的个人需求？	紧张烦躁	
④接纳和亲密程度 团队接纳并喜欢我吗？ 我们能够达到怎样的亲密程度？	焦虑不安	③退缩或否认回应 消极怠工、无动于衷 滥用"逻辑和理性"

身份和角色。首先，团队成员必须确定自身和他人都认可的身份和角色，并根据自身价值为自己争取恰当的位置。换句话说，无论新成员是否意识到了这一点，他都要考虑："在这个团队中，我是谁？""在这个团队中，我的价值是什么？""我应该向他人展示什么样的角色定位？"

这个问题之所以处在首要位置，是因为每个人在不同情形下会扮演不同的角色，会采取不同的行为方式。我既可以成为积极进取的强势领导者，也可以成为诙谐幽默的压力缓解者，还可以成为安静的倾听者。在当下情形中，我应该扮演什么角色？

我们每个人都会随着生活场景的变化对生活状态有所调整。因此，当我们进入新环境时，往往都会有一些选择"弹性"。在正式的委员会或工作组中，最初的任务分工会在一定程度上解决这个问题。如某位团队成员被告知他在这个团队中将代表"人力资源"的立场，或一位强势的会议发起人明确告知其他团队成员他们所扮演的"角色"。然而，这充其量只是单方面决策，人们仍有很大的自由度来调整个人风格以让团队中的其他人接受。正如表9-1所示，只要情绪问题存在（无论成员是否意识到这一点），就会成为紧张感的来源，导致团队成员关注自我，因而减少对他人和团队工作的关注。

掌控力、权力和影响力。团队新成员所要解决的第二个问题就是权力和影响力的分配。我们每个人都有一定的控制和影响其他成员的需求，但需求的程度和表达形式因人而异。有些人可能希望影响任务最终的解决方案，有些人可能希望影响团队决策的方法或流程，还有些人希望在团队中地位显赫，也有人可能只想略尽绵薄之力。

在团队创立之初，成员们并不了解彼此的风格和需求，也无法很轻易地判断谁将会在什么方面影响他人。因此，顾问在初期会议中经常会觉察到大量相互交锋、试探和不同形式的影响尝试。顾问需要留意，以免对这种行为产生误解。虽然从表面来看，这无疑和团队所面临的任务毫不相干，这却代表了一个极其重要的过程——团队成员正为了摆脱自我关注而聚焦团队任务，开始了解情况，结识并接受队友。

此时，如果会议发起人执意按照既定议程推进，打断了这种相互熟悉和磨合，他就很可能得到肤浅的解决方案（因为成员尚未准备好执行任务），同时会在执行中因彼此磨合不足而导致严重影响方案实施的质量和进度。顾问在这个阶段必须协助会议发起人理解这种磨合对团队建设的意义和作用，认识到团队成员只有逐渐减少自我关注才能建立良好的沟通。

个人需求和团队目标。团队成员面临的第三个问题是逐渐成型的团队目标可能没有涵盖成员的个人目标和需求。如果这个问题过于突出，就会让团队成员产生"观望"的心态，妨碍他全身心地投入。只有当团队发展趋势令他满意并涵盖他个人目标时，他才会重新投入其中。团队整体面临的问题是，如果大量成员采取观望态度，团队就很难有明确一致的小组目标并展开行动。为应对这个问题，团队往往会求助于各种权威以确定议程、制定目标或提出任务。发起人如果能够顶住压力并制定目标，就可能解决一部分问题。然而，他并不能确保制定的目标能够让全体成员充分参与、竭尽所能。

更好的方式是直面问题，帮助团队成员理解，只有当他们个人的需求被相互分享和了解之后，才有可能制定出有效的团队目标。因此，团队在组建初期必须提供足够的时间，引导团队成员思考他们真正希望从这个团队中收获什么。而顾问的作用则是控制团队进度，并让团队成员理解前期沟通是团队发展至关重要、不可或缺的一部分。而记录也非常重要，它可以记下每个成员在探讨某个特定话题时所扮演的角色。设置对话环节并记录每个成员对当前情况的理解有利于营造团队的氛围，这一点我们将在第十章详细说明。

接纳和亲密程度。我们将这两点放在一起谈，是因为本质上它们与同一个深层问题有关。这个深层问题是：整个团队是否会接纳并喜欢我？为了达到相互接纳和尊重的最佳状态，我们应该达到怎样的亲密程度？每个团队都应该制定利于解决这个问题的标准，接纳程度和亲密程度也没有最佳或绝对的答案，而完全取决于成员、团队任务、时间限制和其他影响因素。但在工作规范建立之前，这个问题始终会是紧张感的来源。

这个问题最初体现在团队成员的相互称谓和礼仪上，随着团队的发展，焦点会转到是否应该标准化团队工作流程，在后期，这个问题会更加聚焦在团队讨论应该更加侧重团队任务还是允许并鼓励相互交流上。虽然团队负责人提倡"开放性"团队交流，但"开放性"本身是一个高度模糊的概念，开放的程度更多取决于团队不断发展的信任水平而不是特定发起人的倡议或期望。团队也可以用罗伯特议事规则或其他方式，但这些方式更多是将问题搁置而非彻底解决，顾问必须帮助团队意识到这个问题，这才是更有效、更合理的做法。

团队中的情绪回应类型

团队中新成员的深层情绪问题往往会引发紧张烦躁、沮丧不安和过于自我关注的感受。面对这些问题和随之而来的紧张感，我们通常会如何应对？表9-1右列罗列了三种回应类型：

（1）无视归属需求的强硬或激进回应；

（2）无视积极进取需求的缓和或支持回应；

（3）无视个人感受的退缩或否认回应。

强硬或激进回应往往体现为各种形式的斗争，如争论、反驳他人观点、讽刺嘲笑、故意无视他人、恶语中伤。尽管这种行为常常打着"辩论"或"探讨分歧"的幌子，从而并没有触犯团队的讨论规则，但顾问必须谨慎观察，弄清它们到底是真的在探寻更好的解决方案，还是仅仅通过挑战和测试他人反应来解决自己的情绪问题。

强硬或激进回应还表现为通过篡改流程、呼吁或告知他人讨论内容来控制其他成员等形式。如果试图控制的对象是团队中的权威，那么这种情绪反映了反依赖心理。所谓反依赖心理，就是指个人想要对抗权威的欲望。"主席想让我们做什么，我们故意不做！"或者"我们应该按照我们的方式来做，而不是按他的要求来做。"

在大多数正式团队中，公开的反依赖表达会受到礼仪要求和权力等级的约束，因此这种行为比较难以察觉。作为顾问来说，其应该觉察到这种行为，帮助团队认识到这种行为的正当性；帮助团队将情绪回应与任务中的不同观点区分开来应该并不困难。

缓和或支持回应在组织中数不胜数，成员通常会找到他们认同的人，然后与之结成同盟或组成小团体。小团体内部要尽量避免冲突，相互支持、互帮互助，遏制激进和分裂的想法。如果行为人依附的是团队中的权威，那么这种行为体现出的是依赖性，即寻求靠山并向其咨询建议和解决方案。

顾问如何将这种依赖行为与建设性的解决问题行为区分开来呢？第一，顾问要记录这些回应在团队或个人行为中出现的时间。情绪化的自我导向行为往往出现在早期，也就是成员试图在团队中占据自己的一席之地时。如果后期同样的行为持续出现，那么这往往意味着对于任务的真正支持。第二，顾问要判断支持行为是基于真正的相互理解还是基于盲目附和。我所描述的情绪化行为通常是指团队成员在尚未达到相互理解时拉帮结派，顾问必须协助团队把草率求助、盲目助人、过度依赖等行为与后期在团队建设和解决问题过程中可能出现的类似行为区分开来。

退缩或否认回应的主要特征是压抑紧张不安和其他感受，从而产生消极怠工、漠不关心、无动于衷的态度。仿佛在说："我没什么想法，你们继续奋斗吧，我只看着你们推动团队前进。等你们把事情都搞定，我再加入好了。"另一种情绪化的行为是，让团队认同在讨论中不应该加入任何情感因素，应该建立严格的流程，不惜一切代价避免情感因素的影响。当冲突产生时，他会说："各位伙伴，我们都是文明和成熟的人，要冷静理智地处理问题。我们要依据事实，千万不要受到任何情感的影响。"

如果真的足够理智和有逻辑性，就应该意识到在这种情况下，感受是必须考虑在内的"事实"。团队可以通过设置议程来减少或规避情感因素的影响，但情感并不会消失，团队也不能阻止情感对团队成员解决问题的行为产生影响。如果某个成员紧张焦躁而且过于关注自我，那么他将不再倾听和关心其他成员，更谈不上有效地解决问题了。

在处理情绪问题时，我们能够以上述任何一种方式进行回应，回应方式的选择取决于个人的性格、人际交往的经历、团队中其他成员的行为，以及组织结构和标准化程度。例如，在一个标准化程度较高且管理严格的团队中，选择退缩或否认回应的倾向会更高，从长远来看，这有可能会影响团队的团结和进取性。当这类团队面对较为复杂、困难的问题时，在引导团队将精力投入待解决的问题，以及彼此充分沟通以形成真正的团队解决方案等方面会面临较大的挑战。关于情绪表达的探索可能最初会导致团队的不适，但从长远来看，却更有利于帮助团队提升沟通能力和工作效率。

解决情绪问题并投入工作

前文已经探讨了每个人在加入新团队时可能会出现的四种情绪问题，即身份和角色，掌控力、权力和影响力，个人需求和团队目标，接纳和亲密程度。而团队成员会采用三种方式来应对这些问题，包括强硬激进的、缓和支持的、退缩否定的回应，通过磨合彼此了解并找到在团队中的舒适状态。在团队制定目标、建立影响力和亲密度规则之前，团队成员很难正确定位，他们会感到紧张烦躁并出现各种情绪反应。这会导致成员过度关注自身感受，影响倾听他人意见和解决问题，然而每个团队都会经历这个解决成员角色定位和情绪问题的痛苦过程。如果正式结构禁止这个成长过程，团队就仅仅是被某种正式结构捆绑在一起的一群个体，难以发挥真正的力量。

每个人都有偏好的人际应对风格，对团队成员来说，了解自我偏好风格非常重要。当我处于人际关系紧张状态时，我会偏好选择对抗、寻求归属感还是退缩？每种回应的结果又会是什么？由于人们的风格不同，所以团队在实施任务时所面临的挑战是如何将不同风格进行融合。激进者选择的方案会令缓和者不满，反之亦然；令激进者和缓和者都满意的方案会让退缩者不满。只有当团队成员意识到这些差异，并将这些视为团队力量源泉时,整个团队才能够高效运转。本章末尾提供了一个帮助团队成员处理这些问题的练习。

顾问帮助团队解决这些情绪问题的方式有很多。第一,他需要了解现状,同时不会因成员之间最初的沟通问题而感到焦虑。第二,他必须帮助团队意识到初期的冲突争斗、拉帮结派和消极退缩回应是团队成员认识彼此、相互磨合以在团队内找到自己定位的过程。为了达到这个目的,他可以进行培训干预,如对团队理论进行简要介绍。他也需要表明自己的观点:大家正在经历的是团队建设的正常过程,并没有浪费时间。第三,他需要让团队成员了解并欣赏团队风格的多样性,认知到每种风格在团队建设中都能发挥一定的作用。

为了提供帮助,顾问必须全面地了解团队组建的过程,并意识到随着个体自我导向行为的不断减少,团队意识会逐渐形成,团队也能够更好地管理其内部职能和外部关系,从而维系团队并完成首要任务。顾问必须协助团队管理者了解并接受团队建设需要投入大量时间和精力的事实。而团队管理者往往希望团队能够立即投入工作,从而忽略或否定团队需要组建成型这个阶段。如果团队因此未能迅速解决问题,团队成员可能就会愤愤不平或对团队大失所望。此时,顾问需要让团队了解这个现象背后的情绪原因,鼓励团队管理者不厌其烦地安排足够的时间让团队磨合以使团队成长,帮助团队成员意识到自己所表现出的愤怒和不耐烦也正是其他成员所面临的相同情感的反映。

最后,在团队成员对现状和情绪问题背后的原因都不了解的情况下，顾问要善于针对成员自身的行为给出有效的反馈。如果成员想深入了解并能够自行诊断，那么顾问应该尽力帮助每一个成员了解他自己的应对行为。

随着团队成员对自身行为的逐渐深入了解，他们也开始意识到队友的感受和应对方式。当他们逐渐意识到团队需要他们的贡献、能够包容他们的时候，他们会逐渐放松下来，也会越来越关注其他同伴。团队会因此进入一个良性循环——更少的紧迫感、更多的倾听、更多的担当、更强的整体配合、更少的形式主义、更强的自律和投入。但需要注意的是，团队只有自主解决内外部问题，才能够达到这个状态，仅靠外部强加要求和规定并不能实现这一点。

团队建设与内部维护

单单解决成员进入团队时的情绪问题并不能保证整个团队能够高效运转，同所有复杂系统一样，团队也需要不断地建设和维护。而且，只有团队内的人际互动良好并可持续，团队才能够提升到一个新台阶。换句话说，为了使团队能够持续维系并有效地解决问题，团队成员必须注重建立并维系良好的关系。正常来说，这应该是团队始终关注的问题，但正如我们在团队成立初期的诊断中所看到的一样，成员确实会因过分关注自己的需求而损害与他人的关系。

团队所面临的问题是如何修复这些受损关系和/或最大限度地减少损害。所谓关系受损是指团队成员因任务问题观点对立而怒目相向，或是因自己的立场或方案落选或被忽略而心生孤立、拒绝合作，又或是由于团队成员因误解或失误而没有执行已经形成共识的解决方案，还有就是因感到自己丢了面子或被侮辱而充满敌意，等等。在以上各种情况下，该成员会暂时聚焦于个人的需求和感受，对团队的努力贡献较少。如果团队没有进行关系维护，帮助该成员重新和团队达成和谐一致，团队就会失去该成员的支持，甚至该成员可能从中作梗，破坏团队的努力。为了避免这些消极后果，团队必须安排人员来实施团队建设与内部维护职能（如表 9-2 所示）。

表 9-2　团队建设与内部维护职能

协调	妥协	把关	鼓励	诊断	设置标准	校验标准

"协调"指的是成员通过"息事宁人"或"幽默救场"来消除争论和冲突。但有时，成员希望通过争论和冲突来深入了解对方的观点和深层假设，以达成共识和相互理解，协调会大大削弱这个作用。在争论和冲突被掩盖之后，团队看似更加和谐，却错过了最佳的解决时机。因此，只有当争论和冲突造成团队秩序混乱，并且成员过分关注自我而拒绝倾听时，才是使用协调手段的最好时机。需要将协调和"妥协"区分开来，前者是寻求拒绝和避免冲突，而后者是一个或多个成员为了达成一个可行的共识通过让步来减少冲突。

协调和妥协虽然都有助于减少个体之间的破坏性争论，但在解决问题方面的作用却很有限，因此，协调和妥协都应该属于维护职能而非任务职能。这一点至关重要，因为顾问往往会错误地将无条件地维护团队和谐、顺畅运转视为团队高效运作的表现。但事实并非如此。

团队有时需要通过激烈辩论来找到一个协调和妥协所无法实现的真正的综合解决方案。因此，当团队总是选择协调和妥协时，顾问要帮助团队直面并解决问题。然而，如果是团队成员为了个人理由（如保住自己在团队中的地位）相互争论从而导致沟通中断，维护过程就必不可少了。这时的维护主要是协调冲突，帮助每个成员重新审视自己的行为，从而重新建立良好的沟通机制以应对团队的关键任务。

某些成员活动可以被视为预防性维护措施。譬如，"把关"的作用是确保每个成员都有机会为解决方案贡献力量。因此，把关需要减少过于活跃成员的活动，调动被动成员的参与度。我常常发现有的成员刚开始发表意见，就被更加强势的成员打断、夺走话语权。反复几次之后，他就会放弃尝试而保持沉默，只在有人点名让他发言的时候才发表自己的观点。但是，对把关的程度控制比较复杂，我们既不希望打断他人而损害到他人的脸面，也不希望冒着他人毫无兴趣或不愿参与的风险邀请他人发表意见。

"鼓励"的作用是帮助一个人提出自己的观点。这样，一方面，成员的观点可以补充团队所需要的信息；另一方面，可以让他和其他成员都感受到团队开放兼容的沟通氛围。另外，鼓励也可以引导团队成员将他尚未解释清楚的观点完美表达出来。因此，把关更多是推动团队任务，而鼓励更多与团队维护和成长相关。

当团队中的人际关系破损到一定程度时，"诊断""设置标准"和"校验标准"就会成为团队最首要的工作。团队需要暂停手头的任务工作。

（1）审视关系受损的过程，了解成员对团队、规范、运作方式的看法。

（2）公开说明出现的问题和冲突。大多数团队只有在顾问在场或团队中存在某位真正过程导向的成员时才会采用这种方式。但团队若要保持高效率运作，就必须经历这个重新评估和反省的过程。

在维护过程中，顾问的责任往往是填补团队所缺失的职能。随着团队越来越有经验，成员越来越清晰团队的需求，成员也会承担起不同的角色责任。但在某些时候，顾问可能会系统地介绍维护功能，通过教育干预来提醒团队成员他们需要扮演的角色。

边界管理职能

所有的团队都存在于某个组织或社会环境中，因此，团队的主要任务之一就是管理它与外界环境的关系。这个过程涉及一系列职能，其中包括划分边界并且在必要的情况下维系边界或加强边界管理。表9-3列举了一些边界管理基本职能。

表9-3 边界管理职能

划分边界	巡视	谈判	诠释	技术把关	防卫	出入管理

"划分边界"是一个基本职能，是指区分团队内部和外部人员。团队领导者和成员会以一系列方式来说明团队，这些方式包括成员名单、团队制服、交流方式、肢体语言、团队内昵称、会议细节等。顾问可以借由这些内容来区分团队内部和外部人员。

"巡视"是指向团队提供所需的外部环境信息的活动。这些信息包括可以帮助团队预测未来的现实状况，可以使用的资源，外部关键人物对团队的看法，团队发展的有利因素和不利因素，等等。顾问所处的位置特别有助于进行巡视活动，及时发现问题以防止该团队因意外的环境事件而陷入危险之中。

"谈判"涉及大量活动，旨在满足团队需求、抓住机会、规避风险，并与外部关键人物建立良好的关系。因此，当遇到利益冲突或需要拓展和其他团队的沟通渠道时，团队就会释放信息、安排联络人与外部关键人物进行谈判。

"诠释"是指理解外部信息对于团队的意义，同时将团队的信息以合适的方式向外部发布，确保他人能够正确理解。在与外部进行信息交换的过程中，团队必须对这些信息进行筛选、归类和详细诠释，确保内部理解和外部接受。对顾问而言，这也是一个极好的提问机会，他可以向团队询问不同词语对他人的意义。

"技术把关"至关重要，它指的是向团队提供完成任务所需要的一切特殊信息。在产品开发等技术导向的团队中，很多成员会从外部技术环境中寻求关键信息并运用到他们的工作中，但每个团队都需要有人对有效完成首要任务所需要的信息进行分析、归类和管理，因此需要有人履行该职能。

"防卫"是指确保团队正直廉洁的活动。如谁有权限参加会议，可以与外部人员共享哪些信息，成员在保守团队秘密方面达成了哪些共识，如何应对不速之客，如何处理泄密者和令团队蒙羞者，等等。

"出入管理"是指团队引入新成员（迁入者）和移除现有成员（迁出者或被逐出者）的过程。团队必须为新成员提供社交活动、教导、培训，并举行欢迎仪式；团队还应根据成员离开的情况举行各种告别仪式。成员离开的原因可能是晋升、轮岗，也可能是他们并不喜欢这个团队，或是他们不胜任团队工作，又或是他们违反了团队准则被要求离开。原因不同，告别仪式也截然不同。

当然，我们还可以列举其他很多职能，上述分类对于团队成员所需履行的活动、所需扮演的角色也未必是最好的分类。顾问必须认识到，每个团队在创立和发展的过程中都应该考虑内外部的环境因素，通过观察团队实施和管理各项活动，顾问要明确问题点，找到最需要干预的地方。

团队成长与团队结构／文化发展

随着成员相互协作克服问题，团队会逐渐建立起对自身以及行为规范的一些基本假设。换句话说，团队在发展过程中，作为一个整体必须学会应对大环境中的外部生存问题，并管理和整合好内部过程。这种学习的成果，就体现为形成了团队公认的一系列隐性假设，即这个团队的"文化"。此外，团队维系文化的循环过程可以被认为是团队的人际结构，它类似于反复界定工作职能的组织架构。因此，将会出现稳定的角色关系，由恰当的礼仪和举止所支持的稳定的地位模式，以及良好的私交、工作之余的小圈子等固定模式，等等。

团队文化的一个重要组成部分就是团队成员的日常行为规范和准

则。通过观察团队中的关键事件以及对这些事件的处理方法，我们就能找到团队规范和文化假设形成的过程。例如，在担任顾问期间，我经常发现管理者或其他权威希望按照自己的想法制定解决方案，但其他成员却并不认可甚至反对。当出现这样的"不服从"情况时，如果管理者因此实施惩罚并明确要求强制执行，如果团队成员接受惩罚并缄口不言，团队就会形成如何面对权威的规范。并且，这个模式如果成功完成了任务并解决了人际问题，就会逐渐强化，最终成为团队的隐性假设。通过是否会告知新成员"这就是我们的行事原则——服从命令"，我们能够检验其稳定性。

再举一个例子，"开放式沟通"的规范是如何形成的。某位成员突然对另一位成员说"我认为你对待客户的态度存在严重问题"，其他成员尤其是团队权威对于这个批评的态度，会逐步形成团队关于公开和相互批评的规范。如果团队顿时鸦雀无声，团队领导者也假装若无其事地转换话题，这就暗示了这种公开批评并不得当。另一种情况，如果团队领导者说"约翰，我能理解你的感受，能不能告诉我们你观察到了什么事情使你得出了这样的判断"，那么他不仅传达了团队内可以进行类似评价的信息，同时还要求对方补充信息进一步交谈。这也是在尝试建立团队的规范，即只有在有案例、事实或数据支持的情况下，才能够得出对他人的评价。

虽然团队规范和文化假设不容易被识别和界定，它们却能对成员的行为、认识和感受产生较大影响。一部分影响来自它们作为个人指导原则被带入每一位成员的头脑中。更重要的是，一旦团队共享了这些规范和假设，团队成员就会将是否遵循和运用它们作为鉴定成员身份的一种方式。一旦规范和假设被团队认同，就很难在不涉及整个团队的情况下对其修改，因为每个成员都会因坚持自己的团队身份而抵制变更。

一些典型的团队规范可能这样描述：

"我们禁止在团队内诅咒或辱骂队友。"

"我们按时出席会议。"

"我们不应质疑或挑战主席的正式声明。"

"我们应该互相称呼名字，而非职位。"

"所有的成员都应该参与进来。"

"我们达成真正的共识，而不是简单投票。"

"我们应该等所有成员都到场之后才开始会议。"

那些公开的口头或书面规范，如团队规章和守则，可以被称为显性规范；那些不言而喻的规范可以被称为隐性规范或"潜规则"。当团队成员触犯规范时，我们就能够感受到规范的存在，如顿时鸦雀无声、指责、严厉斥责等。成员如果频繁违背规范，就会面临各种形式的惩罚。行为极其恶劣的话，他们将被从团队中开除。

顾问的一项重要职责就是引导团队成员了解规范和共同的隐性假设，同时检验团队在某些问题上是否真正达成了共识。这在此前的团队职能介绍中，被定义为标准设置和测试。对关键的团队流程缺乏共识对团队的破坏力最大，成员以为规则在发挥作用，事实却并非如此；

成员担心自己的意见不会被接受于是保持沉默，有价值的想法和建议就此被埋没；有时甚至会导致团队做一些违背所有团队成员意愿的事情，出现前文提到的阿比林悖论。

通过观察团队对于关键事件的处理方法，顾问可以推断出团队（有时是无意中）正在建立的规范，从而为团队提供帮助。他既可以询问团队按照规范处理事件的后果，也可以在反思和分析阶段通过回顾关键事件来帮助团队识别和重构一些规范。然后，团队可以自行测试这些规范是否有效，是否会阻碍有效行动。譬如在某个团队中，成员只有被点名才会发表意见和提供信息，这已经形成了一种规范。然而，团队发现这种方式严重影响了好的思路和想法的提出，因此寻求改变，而改变的方向是让规范与小组理想的运作方式相一致。

有时团队的隐性规范和显性规范甚至会出现相互矛盾的现象。例如，显性规范要求成员直言不讳，但隐性规范却禁止成员反驳权威的观点；同样，显性规范提倡成员平等，并在讨论中拥有平等的发言权，但隐性规范提倡位高权重的成员应该首先发言，团队中的其他成员应该赞同他们的观点；团队经常公开宣称成员相处时应该开诚布公，但面子问题阻碍了这种坦诚。所有人都知道不能完全遵循显性规范，规范的应用可能非常微妙，因此顾问必须通过实际案例让团队掌握如何观察规范及其影响。

随着规范的逐步成型，规范之间的联系越来越多，团队开始思考"文化"的问题。文化之所以难以改变，是因为当团队规范开始相互支持时，很难通过调整一两件事情而不重新设定整套规范来改变文化。假如某个团队制定了一项规范——"对于团队的重要决策,必须达成共识",这个规范往往以其他规范为支持,如"敢于提出不同意见""在团队解决问题时,必须始终保持坦诚和开放""在团队达成共识前,任何人不许付诸行动"。假定团队遵循以上规范已久,当新的团队领袖上任之后,团队在巨大压力下不得不加快决策速度。主席决定由他来制定决策,团队执行即可。然而,除非团队成员参与进来,对构成良好决策过程和可靠实施的深层次假设进行讨论和调整,否则"坚决服从主席命令"的决策规范根本难以落地。顾问必须协助团队理解规范之间的联系,从而在必要的情况下改变规范。

隐秘和不可讨论议程。与任务和人际关系同样重要的一个群体现象是"隐秘议程"或"不可讨论议程"。受社交礼仪和面子问题的双重影响,团队成员常常会将他们认为危险或不恰当的内容隐藏起来,不进行团队探讨。譬如成员所追求的个人目标,一旦类似的信息被公之于众,他们就可能会受到团队的排挤或否定,这些就是隐秘议程。还有一些例子是,团队领导者对于团队某项议程的决策已经有了决定,虽然他仍然鼓励大家参与讨论,但大家都明白他已经做出了决定,只是等待大家一致通过。

不可讨论议程可能会让团队感到尴尬或痛苦,或者所有成员都认为其他成员不会接受该议程,因此,尽管可能所有成员都心知肚明,但没有人会愿意提出议程。他们的想法可能是这样的:

"我们真的要公布这个丑闻吗?"

"这是要图穷匕见了吗？"

"我们还是把这个烂摊子留给别人吧。"

"我们还是把这个问题掩盖起来吧。"

"家丑不可外扬。"

"这真是个烫手山芋啊！"

需要注意的是，不可讨论议程总是影响巨大、污秽不堪、耸人听闻。我们明明知晓，却选择回避或否认。这些话题、事实或问题对顾问而言非常棘手，因为顾问可能并不知道背后的原因，更不知道当抛出这个问题之后会令谁感到尴尬（如案例 9.1）。当遇到这种情况时，我会这样发问："有没有什么事情是我们不愿意提及的？"这样的措辞方式为团队留有否认的余地。团队成长和发展的一个重要标志就是心理安全感逐渐形成，也就是艾萨克斯（Isaacs）所提出的"容器"概念，即在不会溢出容器"烫伤"他人的前提下处理事情。

人际关系的内容与结构（表 8−1 中的单元格①、③、⑦、⑨）

任何团队和组织都需要制定稳定可重复的流程来处理内部事务、保障成员齐心协力、塑造团队安全感。稳定可重复的流程能够让团队内部环境安全且可预测，从而能够让成员充分放松，将全部精力投入团队外部关键任务中。为什么需要这样的稳定性？人际交往过程的内容是什么？为了正常运作，所有的团队都必须针对以下问题找到稳定的解决方案。读者会发现，这些问题与新成员加入团队时所确定的问题极其相似，但相对于后者——从单个成员加入团队的过程来分析，以下问题是适用于任何团队和组织的更加通用的问题。

（1）**创建团队术语和团队概念**。可观察的结构和内容是该团队在一起工作时所演化出的实际语言，包括特殊术语、特定词语、概念的特殊含义、特殊符号，对于它们只有团队内部人员才能够正确理解。

（2）**划分团队界限，设定团队成员的标准**。可观察的结构和内容有招募政策和招募流程、象征团队成员身份的制服或徽章、返聘退出团队成员的机制、关于临时成员和合作成员的政策、信息权限和保密要求等。

（3）**权力与地位的分配**。所有团队都必须就谁可以在哪些事情上影响他人制定标准。在这个方面，形式上的结构与实际执行情况可能大相径庭。组织架构和汇报线的设置较简单，但员工有可能会对规则熟视无睹，取而代之以非正式结构。从更深层次来看，这是一套管理团队内部攻击行为的规范和机制，可以将团队内的破坏性攻击行为转化为团队可以接受的模式，从而保证团队的正常运作。

（4）**制定亲密程度和友情规范**。每个团队都应该制定关于开放程度、亲情友情、合作竞争的标准。这个领域的结构化程度非常低，它也是新成员在完全理解团队潜规则之前焦虑的最大来源。团队的日常沟通充斥着各种规则，"在这里，团队合作才是王道""不要参与任何政治斗争""必须按照正式职位来称呼上级""我们这里很随意，可以直呼其名""即使会有麻烦，也要直言不讳""绝不能在公开场合反驳上级",这些潜规则虽然并不像显性规范那样在正式结构中明确可见,但始终存在于文化之中。在更深层次上,这些规范和准则所涉及的是对归属感和爱意的管理。与强势掌控感一样,团队对归属感、爱意也必须建立管理模式以确保其转化为恰当的行为。一旦团队对这些管理模式失去控制,性骚扰之类的将导致团队崩溃的问题就会频频出现。

(5)制定奖惩制度。正式的奖励机制、绩效评估体系、团队纪律、潜力评级、晋升评价和其他激励政策通常都易于观察。然而同上一个问题一样,书面政策和实操情况往往有所出入,从而产生非正式的奖惩制度。

(6)解释和处理"玄学"问题或不可预测的事件。针对某些难以驾驭的不可预测事件和压力事件,每个团队都会有一些应对措施和惯例,但这个领域的应对形式的结构化程度最低。团队内部甚至会出现迷信、神话甚至"祈愿"之类的象征性仪式,这个过程可能会通过世代相传从而稳定下来。

针对上述问题,团队会在发展中逐渐形成一套逐步稳定的应对和解决办法,这些也都会成为团队假设,最终会成为团队文化的重要组成部分。再次说明,深层假设在团队运作中并不能被直接观察到,顾问只能通过政治联盟、沟通模式、团队成员相互沟通的表达模式以及团队的举止礼仪等进行侧面推断。

直接干预的重点应该放在可见的动态过程中,只有这样,团队成员才能和顾问保持同样的视角、看到同样的事物。而当团队逐渐学会分析自我过程时,干预的重点可以转移到无形的结构和文化因素上来。

如果团队需要进一步了解自身文化，那么顾问可以针对文化评估实施教育干预。

团队成熟度

虽然团队成熟度并没有一个通用的普适标准，但团队能够利用多个维度来识别和评估持续改进的结果和进一步发展的方向。这些维度罗列在诸如练习 9.2 的表格中，团队成员可以定期填写，以了解他们对于每个维度的看法、感知每个阶段的变化。但这只是示例，并不是唯一的选择。

以下维度既可以作为评价个人性格成熟度的标准，也可以应用于团队。

（1）在现实生活中，团队能否适应大环境？团队在大环境中有多"游刃有余"？

（2）团队是否就使命、目标和最终价值达成了基本共识？

（3）团队是否具备自我认知、自我检查机制？团队成员能否理解为什么要这么做？

（4）团队能否最大化利用现有资源？

（5）团队内部流程，包括沟通、决策、权限和影响力分配、团队规范是否达到了最佳组合状态？

（6）团队是否有能力从经验教训中进行学习？团队能否吸纳新信息并随机应变？

虽然任何一个团队都不可能在上述六个维度同时达到最佳状态，但这些维度可以帮助团队看到自己的进步、发现自己的不足，这意味着团队需要格外关注上述第（6）点，并保持较强的学习能力。

可以通过界定被团队和组织认为有益的学习和应对循环，来进一步细化这些标准。团队如果希望从自身经验中持续学习，就需要熟练掌握以下步骤：

（1）感知到团队内外部环境中的变化。

（2）将相关信息引进可以采取行动的团队或组织，消化信息而不是否定或推翻信息。

（3）根据信息调整内部过程，同时尽量降低或控制变化带来的不良影响。

（4）形成新的行为，以成功应对环境变化的影响。

（5）收集关于应对方式是否成功适应环境变化的反馈。

顾问的角色至关重要，他会协助团队确定并应对过程的各个阶段，同时判断团队的处理步骤是否得当。最重要的是，顾问要帮助团队成员确定擅长的领域和获得的成长，因为团队成员往往会看到工作中的问题，可能过早丧失信心。

干预任务还是人际关系

在前两章中，我介绍了在人际交往或团队环境中的主要观察对象。虽然当下所发生的事情最明显，也最容易被感知到，但就团队运作的结果来看，它却未必是最重要的。结构从根本上限制并决定了现状，并且难以理解或改变。过程才是最利于观察、分析和干预的层面，顾问在过程中也最容易提供帮助。然而，到底应该聚焦干预哪个过程呢？是团队任务过程，还是边界管理过程，抑或是人际互动过程？在我看来，答案显然是与团队首要任务相关的过程。

干预要聚焦首要任务

团队的首要任务是顾问决定观察对象和如何切入干预的最重要标准。首要任务是指团队存在的理由，团队的目标和使命，将团队和外部环境联系起来以保证团队生存的理念，等等。首要任务并非显而易见，通常可以通过访谈得到。但当时机尚未成熟时，我们可能得不到准确答案，因此需要深入观察和检验。但在任何情况下，迫使团队对自身的首要任务进行审视都会有所帮助。

无论是咨询顾问首次与客户接触，还是管理者接手一个新团队，安全系数最高或最有效的切入点都是聚焦首要任务或目标。你或客户期望实现什么？你如何进行规划？达成目标需要安排哪些必要步骤？许多咨询模型会将"与客户签订合同"作为最重要的环节，然而，这并不是正确的方法，这要求客户和顾问一起来揣测未知的未来。我们最好将重点放在眼前的目标上，以便从一开始就能实施有效干预，并为客户和员工提供帮助。

因为团队业绩是任务和人际层面各种复杂作用合力的结果，因此观察人际互动过程非常重要。但除非团队决定进行处理，否则顾问不一定需要干预所观察到的事物。对于顾问而言，最艰难的选择就是何时介入干预，何时搁置不理。这里再次强调，关键标准是人际互动过程对任务执行产生的影响程度，以及该过程对团队全体成员的可见程度。本章最后的案例 9.1 正说明了这一点。

结语、案例与练习

在本章中，我们重点介绍了在人际关系和团队互动中可以观察到的人际互动过程、内容和结构。观察和理解的重点是成员如何加入新团队、面临哪些人际关系问题、解决途径和采用的不同风格。所有团队都需要持续建设和维护，这是多种因素相互作用的复杂过程。一部分因素是团队对内部情感的管理，另一部分因素是团队如何与外部建立联系、划分界限、确定成员身份和保持团队完整性。

此外，我阐述了一个团队在处理其内部关系时所面临的主要结构性问题。通过将解决各种问题的过程固化到团队的运作中，团队会逐渐形成定义边界、分配权力和地位、奖惩、确定汇报关系以及管理难以预测和控制的事件的结构。而这些结构背后存在的默认假设决定了团队如何与外部联系、如何管理首要任务、如何处理内部关系，这一系列隐性假设共同构成了团队的文化。

顾问在选择干预重点时，应将干预重点放在首要任务过程上。不要对一些显而易见但与任务不相关的人际事件过于投入。只有当人际关系明显损害到团队效率并且团队对此已做好处理准备时，它才会成为干预重点。

案例 9.1　干预人际互动过程的不良后果

某个制造公司的负责人邀请我出席他们的例行工作会议，会议每两周举行一次，与会者有 8 人。我的主要客户——制造主管希望我对整个团队和他作为领导者的行为进行观察，以提升团队的效率。我需要参加他们的例行工作会议，并在我认为适合的时机进行干预。我作为团队成员加入该团队，受到了团队的欢迎，成了其中的一分子。

当大约参与 5 次会议之后，我注意到了一个令人不安却反复出现的现象。当一位名叫乔（Joe）的成员发表意见时，其他成员从来不予理会。这位成员负责团队中的一项具体事务，而且种种迹象表明他将这项工作完成得很好。但是团队其他成员看起来对他十分不友好，甚至有些无礼。几次会议之后，我观察到这种情况确实存在而且其他成员心知肚明，因此我决定对此进行干预。我说："我想知道大家怎么看待乔？他似乎很努力地做出贡献，但团队一直无视他的存在。"

我说出这些话之后，团队一片寂静，没有人对此发表任何意见。我的客户作为会议主持人若无其事地进行了下一项议程。我顿时明白我踩到了"雷区",但直到会议结束之后我才明白缘由。会后,我的客户将我拉到一边,他解释说乔是一名技术专家,他研发的几个重要产品曾给公司带来巨大收益。但随着年龄增长,他逐渐变得"过时"了,再也无法研发出有用的产品。高层管理者不愿意解雇他或者强迫他提前退休,他们通过团队协商尝试找到能够安置乔而不会"让他对公司产生太多危害"的位置。

我的客户自愿接纳了乔,而且要求他的团队对乔保持友好。但团队每个人都知道乔的意见与团队的任务并不相关。而我因为缺乏专业知识,所以并没有发现这一点。另外,对于乔本人而言,他希望能在一个团队中有归属感并有所贡献,这样他就十分满足了,他并没有注意到或者并不在乎团队对他的无礼行为。

而我的发言则"捅破了窗户纸",将乔可能被羞辱的事实摆到了台面上,令所有人感到尴尬。在没有足够的证据信息证明这个问题影响了团队效率之前,我就实施了干预。这是我的一个教训,它表明除非对情况真正了解,否则一定要坚持关注任务过程问题,对于人际事务,顾问只需要留心记录用于未来参考即可。

练习 9.1　帮助团队认知自我

向团队提出建议,在下一次团队会议结束前抽出 15 分钟时间,"回顾决策和制定决策的过程"。

这个练习旨在收集与会者对会议进行情况的感受,既可以采用开放式调研,也可以采用调查问卷。调查问卷中的问题主要聚焦于内部问题，你如果需要对外部问题进行信息收集，也可以设计并加入一部分问题。

在回收调查问卷之后，你需要一些时间进行分析。如果团队对诊断分析的价值表示怀疑，那么你需要先从开放式讨论开始，围绕团队目前存在的 1～2 个问题展开讨论，直到团队了解到此类讨论的价值并愿意投入更多时间才能够使用问卷。

练习 9.2　评估团队效率

每个成员在下列各个维度对团队会议进行快速打分。可以将这些维度列好，请所有与会者填写。在统计结果后，对它们进行逐一讨论。要特别关注那些和均值差异特别大的分数，了解是哪些事件或过程导致团队成员给出了这样的评价。

1. 目标

1	2	3	4	5	6	7
迷茫困惑、自相矛盾						清晰明确、一致认可

2. 参与度

1	2	3	4	5	6	7
少数权威主导、不善倾听						全员参与、积极倾听

3. 感受表达

1	2	3	4	5	6	7
不予理会、拒绝表达						畅所欲言

4. 问题诊断

1	2	3	4	5	6	7
直接制定解决方案						行动之前找出原因

5. 决策制定过程

1	2	3	4	5	6	7
自我授权或少数掌权						达成共识

6. 领导力

1	2	3	4	5	6	7
独裁专制、中央集权						权力分散、自由民主

7. 信任度

1	2	3	4	5	6	7
相互猜忌						高度信任

练习 9.3 观察和反馈

第三个练习是邀请一位团队成员作为过程的静默观察者，并让他适时进行反馈点评。在会议结束前 30 分钟，请观察者分享他的观察，然后分析与会成员的反应。

在会后进行诊断分析时，顾问必须慎之又慎。对于顾问来说，最大的诱惑就是等会议一结束就迫不及待地指出在过去的时间内所观察到的重大发现，而实际上团队往往会对顾问发出邀请从而加剧这种诱惑："您认为我们在会议过程中表现如何？""您已经观察了几个小时，有什么看法吗?"

此时,顾问必须牢记自己的基本使命:让团队分享看法,帮助团队学会独立诊断问题。如果顾问抵挡不住诱惑开始分享诊断结果,团队就会放弃诊断的责任;如果顾问给出一些团队成员不认同的观点,他(后期)的中立立场就会受到挑战;顾问如果先提出自己的看法,就可能无法起到监督纠偏的作用,甚至有可能带偏讨论重点或给出个人偏见。

当团队通过观察发现问题之后,顾问可以通过查遗补漏并提供团队相关理论来加深团队成员的理解。需要强调的是,必须由团队自身来完成观察诊断,顾问只能在相关领域进行协助。如果团队极力要求顾问代劳,那么顾问应该礼貌拒绝并鼓励团队独立诊断。

练习 9.4　衡量团队成熟度

衡量团队成熟度是指帮助团队进行评估并推动"成熟度"成长,因此我以问卷的形式给出了一些评价维度。

团队成熟度评价维度:

1. 完善的反馈机制

1	2	3	4	5	6
很差					很好

2. 完善的决策制定程序

1	2	3	4	5	6
很差					很好

3. 强大的凝聚力

1	2	3	4	5	6
很弱					很强

4. 灵活的组织和程序

1	2	3	4	5	6
僵化死板					非常灵活

5. 充分调动人力资源

1	2	3	4	5	6
很差					很好

6. 沟通清晰

1	2	3	4	5	6
模糊					清晰

7. 成员共享的明确目标

1	2	3	4	5	6
模糊不清、未达成共识					清晰明确、一致认可

8. 对于权威的依赖性

1	2	3	4	5	6
很低					很高

9. 领导的职能分配

1	2	3	4	5	6
差距悬殊					分配均衡

10. 创新能力和发展潜力

1	2	3	4	5	6
很局限					很宽广

11. 补充其他相关维度

_____

_____

第十章

引导式过程干预：对话

人际关系伴随着某种谈话形式展开。顾问通过谈话与客户建立关系。诊断式提问是谈话的一种形式，伴随着信息传递、说服、对抗和计划反馈。会议期间的团队互动是多种谈话形式的交互作用。从某种程度来说，生活就是各个角色之间的一系列结构性谈话。事实上，正是这种谈话能力让人类与众不同。

正如我们所周知，有些谈话形式更容易打动他人，有些谈话形式则更具有启发性从而能够帮助客户解决问题或实现目标。因为谈话者的意图不同，所以谈话者对谈话既可以顺其自然，也可以加以引导管控。在第七章中，我提到计划反馈就是一种"人为控制"的谈话形式，旨在帮助客户了解他们如何更好地与他人交流，他人如何看待其表现，以及他们可能存在的盲点。另一种"人为控制"的谈话形式是对话[此处所使用的"对话"模型来自戴维·玻姆（David Bohm）1989年的研究，由威廉·艾萨克（William Isaacs）1993年开发]。

对话这种形式可以促使谈话者意识到我们的文化学习、语言和心理活动中所蕴含的一些隐性假设。日常对话和即兴对话由前文中提到的文化规范控制，并受到ORJI循环中所描述的所有心理偏见和过滤器的影响。在日常沟通中，我们往往会假设彼此拥有并理解共同的假设。而当沟通出现障碍我们分析原因时，又往往将问题归咎于对方的动机或无能。而当我们和他人发生争论或冲突时，我们依然倾向于将问题归咎于对方的动机和意图，却很少考虑彼此可能拥有完全不同的文化前提和假设。如果双方真的互相理解，那么他们的目标可能不会产生冲突，而对于调解者而言，最大的挑战就是让双方认识并接受这一点。

对话这种谈话形式假定每个人都有不同的假设立场，并且在大多数情况下无法达成相互理解。因此，在获得计划反馈的信息进行学习之前，我们更加需要意识到自己的隐性假设，并认识到对话中的其他人可能会按照不同的假设进行操作。对话有利于营造更有效的人际学习氛围，而且当不同的隐性假设和语境定义产生冲突时，对话是解决人际冲突的唯一途径。

在本章中，我将对话作为一种谈话形式进行更加正式的分析。在日常生活中，我们能很容易找到一些与真正的对话十分相似的有意义的谈话。即使没有从形式上把这些谈话定义为对话，顾问和客户也可以由此获得很多实质意义。我们每个人都可以想出很多例子，在这些例子中，我们进行了富有成果的对话并实现了相互理解。我们需要深入挖掘的是促成相互理解的原因，以及如何组织谈话的结构以形成有效对话。

对话与敏感性训练

探索对话概念的最好方式是将对话这种谈话和沟通的形式与其他耳熟能详的形式进行对比，尤其是对照贝塞尔人际关系培训课程（Bethel Human Relations Training Courses）中关于敏感性训练的概念和实践。为了解释清楚对话和敏感性训练的区别，我将以我的经历现身说法，从而解密这两个概念。有些人认为敏感性训练只是主要用于个人疗愈的方法，而对话则高深莫测。在我看来，这些刻板印象妨碍了我们理解和实践这些学习过程，两者的关联以及两者的最大差异都与"倾听"这个特别的元素相关。

绝大多数的交流和人际关系研讨会强调"积极倾听"，这意味着人们应该关注所有的沟通渠道，包括语言、肢体语言、语气语调和蕴含的情感，首先应该专注于对方说什么，而不是思考自己想做出什么反应。与此相对，对话强调的就是最初需要倾听自己内心的声音，从而找到那些让我们"情不自禁"地选择表达时机和表达内容的深层假设。敏感性训练的重点是更多地聆听他人的感受并由此调整沟通的各个方面，对话则更强调聚焦于思考过程——我们的过往经历是如何形成个人的认知方式和思维方式的。

对话所基于的假设是，如果能更好地了解我们的思维是如何运作的，就能正确认知沟通和相互理解的内在复杂性，从而逐步形成更多的共识，发挥集体智慧的力量。对话的一个重要目标是通过逐步建立组织内一系列共享、公认的认知和共同的思维过程，提升团队的整体认知水平和创造力。虽然关于对话，我们所关注的焦点往往是在大型组织中如何达成共识，但对话的理念同样适用于小团队，哪怕是由顾问和客户组成的二人小组。只有当顾问和客户形成共同的假设并拥有共同的语言时，顾问才能提供真正的帮助。

虽然主动倾听他人意见在对话过程中起到了一定作用，但它并不是核心或最终目的。实际上，在对话中我花费了更多时间进行自我分析，了解自己的隐性假设，花费在主动倾听上的时间相对较少。最终，对话参与者确实做到了倾听，但中间的过程却与敏感性训练有所不同。

在典型的敏感性训练中，参与者会通过"打开自我"和分享、给予和接受计划反馈、审视沟通中的所有情感问题来探索人际关系。而在对话过程中，参与者会探索思维和语言的复杂性，通过了解思维和认知过程中归类的随意性，从而意识到我们在基本认知过程中的缺陷和偏见。我在麻省理工学院的前同事弗雷德·考夫曼（Fred Kofman）用鸭嘴兽的故事很好地诠释了认知和思维偏见。这种生物在首次被发现时，引起了科学界的重大争议。它究竟是一种哺乳动物、爬行动物还是鸟类？我们自动假设这种生物只能被归为"哺乳动物""鸟类""爬行动物"，却忘了以上分类是为了区分现有物种而发明的，但鸭嘴兽可能就是一个新物种。弗雷德提醒我们，鸭嘴兽就是鸭嘴兽，除非是为了方便起见，否则我们没有必要一定将鸭嘴兽归入哪一类。实际上，我们在按照思维定式进行归类时，很可能错失了解真实现实的机会。

我们的思维过程是将事物分门别类进行归类从而便于认知和理解，而这些归类方式是伴随着我们成长而习得的。对话过程让我们意识到，这些分类是为了方便我们处理与生存相关的外部现实而在文化中逐渐演变形成的，因此充满随机性，认知差异和认知偏见是可能存在的。随着在对话团队中的思考逐步加深，我们开始看到我们感知外部现实的随意性，从而意识到团队中的其他人可能有不同的视角。我们意识到现实是一个连续的过程，而我们的思维会将其切分成各种概念和类别。

敏感性训练的目的是利用团队过程来发展我们的个人交际能力。而对话旨在建立一个活跃的、有创造力的，最重要的是共同思考的团队。对话在发挥作用之后，能让团队的力量远超成员个人能力之和，实现无法想象的创新思维水平。因此，对话是创造性问题识别和问题解决工具的有效载体。在顾问与客户关系中，对话可以打破客户或顾问原有的单一思维，碰撞出更有创造性的诊断洞察和干预思路。

在敏感性训练中，接受和给予计划反馈是重中之重。这个过程与文化规范背道而驰，会威胁到"面子"，因此会引发高强度的情绪问题和焦虑。这一过程让我们以他人的眼光审视自己，反思自己盲目的一面，产生更多洞察。虽然对于很多人来说这一过程很新颖，而且对自我完善来说很有必要，但是它仍存在一些潜在的风险。因为接受计划反馈可能打破我们对于自身的原有美好幻想，而给予计划反馈则有可能招致接收人的敌意。

相反，对话强调谈话的自然发展，并不鼓励刻意的计划反馈和人际互动（尽管没有明确指出）。在对话中，所有团队成员都是学习对象，他们能够共同分享集体智慧碰撞出新想法的喜悦。虽然在这个过程中可能会出现反馈（尤其是针对影响谈话自然发展的个人行为），但是不鼓励将反馈作为团队过程的目标。

当团队成员围坐成一圈面向"篝火"而不是彼此交谈时，对话最为有效。团队的共同财产是所有成员的想法，而不是一个或几个特定成员的几句话。对话也可能与一些文化规范相违背，如回答问题的规范、交流时彼此相互注视的规范、给每个人大致均等的发言时间的规范。对大多数人而言，自然交谈的感觉像是没有目标，随性漫步，抛开了对完成任务或得出解决方案的压力。一位参与者在参与两个小时的对话之后的感受是，这是他这么多年来首次在会议中保持沉默倾听。

对话与其他沟通形式的重要不同之处在于团队规模不受限制。敏感性训练仅适用于10～15人的团队，而我曾参与过的某个对话团队有60人，并且我所知道的最大规模的成功对话团队超过了100人。如此庞大的团队想要有所共识确实很难，大型团队对话的参与者通常都要求具备小型团队对话经验。在大型团队对话中，参与者也不会期望有过多的个人发言时间。然而，对话非常适合两人团队，正如我所言，对话应该是顾问与客户建立关系过程中必不可少的一部分。

在敏感性训练中，每个人都应该参与到学习过程中。但在对话中，由于最终的目标是团队能够作为一个整体达到更高的沟通水平，因此个人贡献会受到一定的限制。因为大部分工作是对内自省，检查自身的隐性假设，所以团队成员不需要"争抢"发言时间。从会议频次和时长而言，对话更加灵活多变而且更为轻松。

如何启动对话

在我参与的所有对话活动中，发起人都会将座位布置成圆形，在活动开始之后会首先介绍对话的概念。在任何情况下，团队在开展对话之前都必须完全理解这个概念的本质，而方式是将对话与我们过往类似真正沟通的经历联系起来。我们可以邀请参与者回想他们与他人十分顺畅沟通的场景，然后从中提炼和识别出共同的主题。表10-1简要介绍了这个过程。

表 10-1 对话的流程安排

- 尽量将座位布置成圆形，环圈而坐更能体现人人平等；
- 介绍对话的概念，请每位成员回想过去"十分顺畅的沟通经历"；
- 请成员向邻座伙伴讲述这个经历，并总结这个经历的特征（结合具体场景介绍而不是讲述抽象的概念，效果非常显著）；
- 请成员依次向团队分享顺畅沟通的特征并记录在白板上；
- 请每位成员对这些特征依次进行点评，讲述自己的感受和反馈；
- 待所有成员都反馈完成后，让大家各抒己见、自由发言（这里需要安排至少1.5～2小时）；
- 在必要情况下进行澄清和说明的干预，使用数据或概念表明沟通中的问题（下文会介绍所涉及的概念）；
- 要求每位成员以自己的方式发表评论，结束此次会议。

这个启动方式所蕴含的理念暗合群体动力学原理，并包含了几个关于新群体的重要假设。

（1）当所有成员感觉地位平等时，团队的状态最佳（即使团队中存在职级和地位之分，仍应该坐成一圈）。

（2）当团队成员感到有足够的发言时间以表现自己在团队中的身份时，团队的状态最佳。因此，在开场时，发起人应该让每个人都发言，保证每个人的话语权和空间。在较大的团队中，虽然并不是每个人都有机会发言，但基本要求是所有人都能够畅所欲言，并且团队应该竭尽所能做到这一点。开场也可以采用成员轮流介绍自己的姓名并作简要介绍的方式，关键是让每个人都在团队内"亮相"。

（3）在团队成立早期，成员主要关注个人和自身感受。因此，介绍每个人的个人经历并简要点评不失为一个良好的开端。

会议持续的时间和频次取决于团队的规模、会议主题和对与会者的约束条件。我所接触的大多数团队的会议时间在一到两小时，但有些会议应该压缩或延长会议时间。在我自己所操作的研讨工作坊中，我会连续几天每天花费 20 分钟时间来介绍对话这个概念，取得了不错的效果。如果团队会议不止一次，那么建议在以后的每次会议的开场环节都举行一些启动仪式，哪怕只是让每位成员都发表一下此时此刻的一两句感想。这个安排的用意是让每位成员都有说话的机会，同时暗示团队所有成员都应该对此次会议有所贡献（不论贡献的内容和形式是什么）。显而易见，这个环节会因团队规模不同而有所差异，但宗旨是一致的——"我们都以平等的身份参与到会议中"。

如果团队需要进行一些概念说明，那么发起人或会议主持人可以安排在会议初期或进行过程中作一些理论讲解。然而，如果安排的时机不恰当，就可能会破坏团队研讨的过程。

对话中的相关概念

如果团队不了解对话的概念，那么我们需要提供一些基础概念介绍。将对话和其他谈话形式进行对比是很好的解说方式。图 10-1 使用艾萨克基本谈话模型，按照两种基本路径来呈现谈话的过程。这个模型强调了谈话背后的各种关键心理学概念，揭示了我们内心是如何选择发言的时机和内容的。

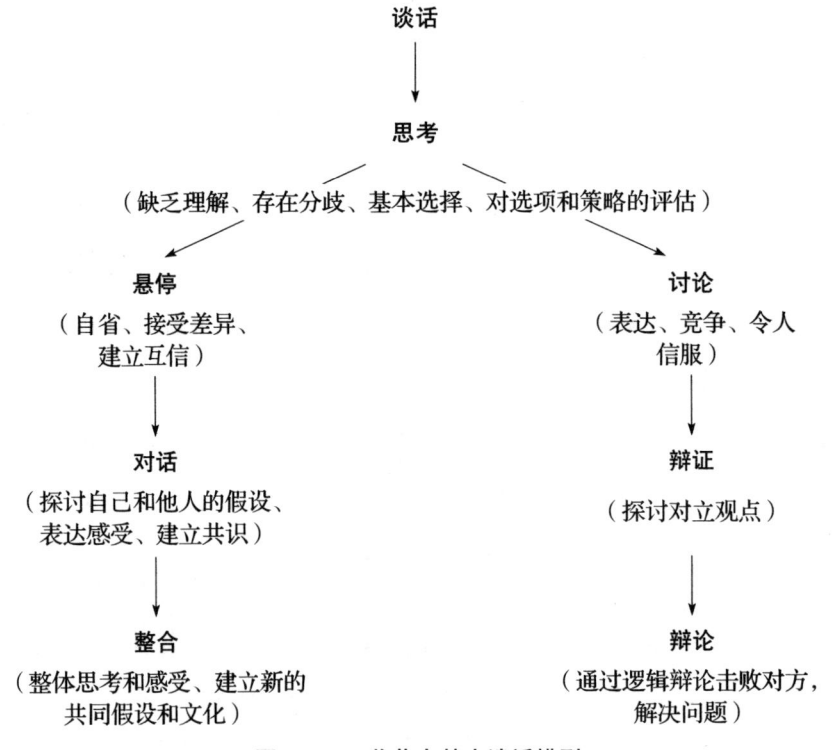

```
                    谈话
                     │
                    思考
       （缺乏理解、存在分歧、基本选择、对选项和策略的评估）
              │                          │
             悬停                        讨论
        （自省、接受差异、           （表达、竞争、令人
           建立互信）                    信服）
              │                          │
             对话                        辩证
       （探讨自己和他人的假设、         （探讨对立观点）
         表达感受、建立共识）
              │                          │
             整合                        辩论
       （整体思考和感受、建立新的      （通过逻辑辩论击败对方，
           共同假设和文化）                解决问题）
```

图 10-1 艾萨克基本谈话模型

悬停。随着对话的进行，我们不免会发现一种情形，即我们得到

的回应与想象的并不一致。我们感到他人没有理解我们的观点，或者感觉受到了反对、质疑和攻击。在这种情况下，我们的第一反应往往是以焦虑或愤怒来回应。然而，我们真正需要思考的第一个问题是，是否应该确信这种感觉以及是否应该将其释放出来。只有当对自身情绪十分了解和敏锐时，我们才会意识到这种选择。但是否将自身情绪宣泄给他人，这显然应该是一种选择。

随着对这些选择的深入了解，我们会逐步意识到这些感受是由我们对团队中其他人所作所为的感知触发的，而这些感知本身可能是不正确的。正如前文所言，ORJI循环中最难的部分就是准确观察。在轻易产生焦虑和愤怒之前，应该仔细思考我们得到的信息是否准确和我们是否对信息进行了正确理解——他们真的在质疑或挑战我们吗？

这个思考过程至关重要。我们的观察能力和反思能力越强，就越能够意识到我们最初的认识往往受基于文化因素和过往经验的期望影响。而我们的感知，又往往源自我们的需求、期望、推测、心理防御，以及文化假设和思维定式（它们是最重要的）。这个反思的过程使我们意识到，倾听他人的首要任务是识别自身认知过程的扭曲和偏见，并加以纠正。在真正了解他人之前，我们必须学会了解自我。然而，当我们就任务展开激烈讨论时很难进行自省，而且西方文化中也并没有自省的传统。

当认知到自己的感知可能并不准确时，我们就面临下一个选择：要不要通过进一步解释说明、询问对方意见或其他方式重点关注反对者，从而抓住重点进行探索。从观察团队过程我们可以了解，抓住当下的问题（如要求某人对其言论进行解释）可以快速将问题聚焦到某些人或某些主题。

另一种选择则是"悬停"，这意味着暂时将我们的看法、感受、判断和意向"停下并悬挂搁置"起来，静观内心和他人的动向。在谈话中，这意味着当他人的评论让我感到不安时，我可以选择：（1）发表自己的感受；（2）（搁置不处理）让事情顺其自然发展。当我觉得我的观点被误解时，要做到"悬停"尤为困难。但我多次发现，当我选择悬停时，随后进一步的发言常常可以澄清问题，帮助我验证或更正观点，而无须我极力进行解释和干预。

当团队中的许多成员通过"悬停"产生效果之后，团队会开始沿着如图10-1所示的"对话"路径前进；如果团队成员没有选择"悬停"，而选择通过当即反对质疑、阐述解释或采用其他方式来要求他们所关注的人/事进行反应，团队就会沿着"讨论"的路径前进，最终会陷入无用的"辩论"之中。"悬停"要求个人反思，这与团队动力学训练中强调对"现时现物"的观察十分类似。艾萨克指出，反思会聚焦于过去，而他也强调，我们应该关注"本体感受"，即注重并活在当下。

归根结底，对话让我们能够快速深入了解自己的想法。尽管在心理学学术层面可能对"本体感受"是否存在存有争议，但这种方式确实能让我们缩短内部反馈循环，让我们与"现时现物"更加紧密地关联起来，同时还让我们意识到自己的认知和观念是过往经历和当下事件共同作用的结果。这个悬停反思的过程虽然难度很大，但正是对话的核心。

对话 vs. 讨论。我们如何来判断"对话"和"讨论"孰优孰劣？我们是否应该始终选择"对话"的方式？只有当团队成员能够相互理解、思维一致时，讨论和辩论才是有效解决问题和决策的方法。矛盾的是，团队只有首先经历过至少一次"对话"过程，才能达到这种思维和语言的同频。而如果在时机尚未成熟时，团队成员就误以为彼此之间的沟通已经毫无障碍而过早采用了讨论的方式，那么他们很有可能最终达成"伪共识"。他们看起来对于某个主题达成了一致，但在实施过程中会发现某些概念含义上的细微差异会严重影响行动和实施过程。

此外，对话是建立共识的必经过程。只有通过对话，团队成员才能理解相互交流过程中各个词语的隐含意义。通过"悬停"和保留分歧，团队对于事物的定义会愈加清晰并逐渐建立共识，使更高水平的相互理解和创造性思维成为可能。当从看似跳跃的随意谈话中反思自己和倾听他人时，我们开始注意到每个团队成员在思考和表达含义中的偏见和小细节。在这个过程中，人们并不会相互说服，而会建立一个共同参与的经历，从而能够进一步共同学习。团队获得这种共识的程度越高，就越容易形成决策，按照团队意图来实施决策也越简单。

团队动力学。对话的过程同时也是团队建设的过程。身份、角色、影响力、团队目标、开放性和亲密规范、权威等一系列问题都有待确定，尽管其中很多是隐性而非显性的。团队将显示所有发生在团队权威与顾问之间的经典问题，诸如：顾问会不会明确团队的方向？如果顾问给出明确的方向，团队是否会执行？顾问是已经有了答案，还是会和我们一起进行探索？我们何时才能不依靠顾问独立运作？

团队在成长和发展过程中出现的各种问题，如果干扰和混淆了对话进程，就必须加以处理。因此，顾问也必须非常熟悉团队引导的操作。团队中的问题可以分为两类：与对话发展相关的问题、与团队整体发展相关的问题。从我自己的经验来看，对话过程会加速团队的发展，因此应该成为每次会议的主要推动因素。这是因为对话可以让团队成员产生心理上的安全感，如果组织存在变革需求，那么个人和群体更容易发生转变。虽然对话本身并不能产生改变的需求，但对话无疑会促进改变的过程。

由于对话过程在最初阶段看起来效率很低，团队很少会自愿参加对话。所以，团队要启动对话需要一些参与对话的最初动机，如小组成员感到不安、内疚或焦虑，只有克服这种感受才能完成任务。从长远来看，核心任务和问题才是团队成立的根本原因。

团队最初会感到对话方式走了弯路或使解决问题的效率降低，然而，只有当人们感到心理安全时才会真正有所改变，而通过对话所阐明的隐性或显性规范，既能够提供方向，又能够控制风险，给人以双重的安全感。团队如果能够采用对话方式来处理任务和问题，就能够更快地实现有效沟通。

容器。艾萨克提出，必须为对话提供一个"容器"——通过营造氛围并制定一系列明确或隐性的规范，以保证团队成员在讨论"敏感问题"时不会"被热水烫伤"。咨询顾问必须致力于此，搭建模型并做好表率——放下所有的成见和判断，保持中立。当冲突不断升级甚至要爆发时，这项技能尤为重要。顾问作为调解者，可以接受现状，承认冲突的切实存在，并倡导团队成员在看待这个问题时不带有个人判断、指责，甚至可以泰然处之，只有这样，团队才能暂时放下冲突。

对于对话来说，最重要的特征是聚焦于思维的过程而不是情感本身，因此它可以有效地帮助团队成员控制情绪。对话者通过了解认知过程是如何运作的，了解情绪的产生过程，而不是将情绪作为首要解决问题。虽然情绪需要被理解，但它不一定需要表达出来；即使表达出来，我们也不用本能地应对，团队成员可以尝试了解情绪的来源，思考情绪可能产生的后果，通过理性对待，从而能够控制感受。

对话，是关于任务还是关于过程。当人们提议对话时，我们常遇到的一个问题是："我们讨论的主题是什么？"这个问题要视情况而定，有些时候对话本身就是一个主题；在另一些时候，我们会用更具有反思性的对话方式来思考一些紧急问题；还有一些时候，主持人只是框定范围，真正的主题会在团队成员进行开场介绍和评论时"冒出来"。

一旦一个团队经历过对话，对话就可以长期自发延续下去。在我曾经服务的团队中，有一些团队即使在处理其他有时限的具体工作任务时，也会围坐成一圈，进行对话。他们重视开场发言的价值，不断提升"悬停"的能力，越来越清晰地认知到我们的思想对外部世界划分的随意性，在工作中尊重自身和他人的假设。

从定义上看，对话只有在团队中才具有意义。两人或两人以上通过协作才能使对话发生。这种协作取决于个人的选择——基于某种从对话中获得最大收益的态度，以及反思和"悬停"的技能。团队一旦具备了这些态度和技能，就可以通过对话形式解决一些紧急问题。

正如前文所言，大多数人对对话有一定的了解，也一定经历过不同形式的对话。因此，在解决问题的会议中，也可以建议团队尝试对话。如果希望对话的效果更好，那么事实证明最好尽早让团队成员知晓：我们的评论和看法的背后都有我们自身的隐性假设，如果我们分享并理解彼此的隐性假设，那么解决问题的过程将大大改善。因此，每当我发现谈话逐渐转变为讨论或辩论时，我就会叫停，请团队思考这些分歧是否来自不同的假设，然后深入探索这些假设。从这个角度来说，顾问的核心任务就是持续让团队聚焦在对话背后的认知思维和隐性假设上。

结语、案例与练习

对话是一种良好的沟通方式，对话意味着对话者之间的相互理解和坦诚的意见交流。从这个意义上说，顾问与客户之间的协助关系要求双方实现对话，而非讨论或辩论。因此，实现对话是任何面对面协助关系的前提。在大型团队中对对话性质进行分析，有助于澄清沟通中的基本问题，很显然，这些问题在两人场景中同样存在，因此分析也同样适用。

如何让谈话越来越趋近于"对话"？为了改善与客户的沟通，顾问应该如何干预？这是过程咨询所面临的一个问题。很显然，第一个原则是顾问必须承认假设存在差异这个事实，了解客户的假设发挥作用的时间和方式，了解双方关于现实假设的不同之处，以及了解思维过程划分外部世界的随意性。对顾问来说，他必须具备"悬停"的能力，以及能够检查假设并帮助客户认知到其自身假设。

为了达到这个目的，顾问最有效的措施是不要直接给出答案。我常常会面临来自客户的压力："我应该做什么？""请给我一些接下来怎么做的建议。"此时，我有一个与文化不太相符但非常有效的方法——保持沉默（悬停）。意想不到的是，沉默往往会引导客户提供更多信息，他会自行得出答案或者进行更加深入的思考。同时，我也为他做出了一个示范，他也未必要事事给出答案。"悬停"是训练反思技能的开端，是顾问希望客户能够掌握的技能之一。人们只有熟练观察和反思，才能得出新视角。

随着顾问与客户关系的不断发展，双方必然会展开对话。但是，随着对话不断深入，他们可能会忘记对话的初衷，因此，不定期对对话的有效性进行评估是很有帮助的做法。这种做法既能够加强客户对对话动态的认知和了解，也可以帮助客户培训同事以改善团队的对话方式。众所周知，当对话的各方来自不同的文化背景时，开展对话的能力至关重要。以下案例对此进行了一些说明，练习也有助于培养读者的初步认知。

案例 10.1 对话中的反文化因素

在一个为期五天的过程咨询和文化培训研讨会上，我将 100 名左右的参与者分成小组，每组 8 人。我要求他们每天进行 30 分钟的对话练习。我简单地介绍了对话的概念，并且对他们的对话设立了一些规则，鼓励他们进行反思。这些规则包括：（1）假想团队成员围坐在篝火旁，每个人都对着篝火而非团队伙伴来发表言论，不要互相看；（2）即使没有完全理解对方的发言，也不能要求对方进一步阐述；（3）当其他人对自己提问时，不必做出回答。

30 分钟之后，我请大家发表感想或提出问题。最普遍的反馈是大家既无法做到不进行眼神交流，也很难做到不澄清疑问、不回答问题。许多参与者感到非常不自在，于是直接忽略了我的要求；也有一些参与者试图不进行眼神交流，却很难做到；几乎所有人都认为"悬停"这种做法有违常理。然而在进行了第二次、第三次练习之后，所有人都既能做到避免眼神交流，也能做到避免追问问题和回答问题，实现了对话。在连续的 30 分钟会议中，令人惊讶的是，房间内一下安静了许多，争吵声几近于无。

案例 10.2 挑战平等参与的规范

在一次为期两天的过程咨询研讨会中，我受邀进行了一次两小时的对话练习，参会的 20 位成员都是专业的律师或顾问，所以我基本不需要提供太多引导。在开场时，我请每位成员介绍了自己，并简要说明自己希望从这次对话中学到什么。在两个小时的会议中，对话非常顺畅地从一个主题过渡到另一个主题。我看到参与者的反思能力显著提高了。

当对话练习即将结束时，我请每位参与者对此次练习进行总结。其中有一位参与者认为，这是他多年以来第一次能在两个小时内"有权保持沉默"。这个评论既最令人印象深刻，也最能说明问题。在大多数团队中，默认规则是每个人不仅拥有发言的权利，也拥有参与的义务，因此不能不发言。会议主持人常常点名迫使沉默的成员发表看法，而这是一种错误的假设。这位参与者提醒我们沉默反思是多么有意义，而将保持沉默的权利赋予成员又是多么重要。

案例 10.3 用对话解决工作问题

我曾与某家大型石油公司的勘探和生产部门合作，协助其找出部门的亚文化。公司希望借此评估这个部门的绩效并决定是否取消这个部门。在与该部门的 40 名优秀员工沟通并进行文化分析的过程中，我发现了两种强势的亚文化，分别对应勘探的核心技术和主要任务，以及生产的主要任务。文化分析虽然提供了一些信息，但既无法证明该部门存在的必要性，也无法提供评估绩效的方法。该部门中也有一些明显的评估指标，如勘探的石油 / 天然气蕴藏总量、生产效率等，但并未在部门内达成共识。

随后，我开始协助这个部门的 12 位高级主管制定绩效评估体系，但在参加的几次连续会议中，我却发现他们每次都不断陷入对各种议题的争辩之中。我从中觉察到，这个团队绝不是仅有前文提到的两个评估指标，12位主管每人都有关于绩效评估的个人假设，因此我提出在下一次会议中，我们进行3个小时以上的对话，而不要讨论具体工作。

我们选在一个晚上，将座位排成一圈，先进行了简单的开场介绍。随后，我建议请每个人轻松地谈一谈绩效评估对他们的意义，以及他们希望如何评估自己。规则就是不允许提问和质疑，让大家畅所欲言，而我会在白板上记录下每一个人的意见。

这个过程持续了1个多小时，所有的成员都认为有了实质性的进展。他们现在意识到了评估的复杂性以及此前未能达成共识的原因。在接下来的1个小时以内，他们聚焦于工作任务，就应当以不同的方式衡量勘探和生产部门达成了共识，并向更高层管理者提出了一份关于绩效评估的详尽报告。就此，对话有效地帮助他们达成了工作共识。

这个案例强调的是对话作为可控谈话的一种，是解决问题必不可少的一个过程。但如果没有外界帮助和概念方法的学习，那么团队难以接受这个过程。因此，顾问必须提供一个鼓励个人进行分享的"容器"，成员可以放心大胆地分享自己的观点。在对话这个环境里，即使最后没有达成共识，团队成员也只会觉得自己只是分享了一些观点，而不像正式沟通失败那样感到丢了面子。

由于团队成员已经习惯了采用更加激烈的辩论形式，所以轮流发言的方式为他们提供了安全感。值得注意的是，对话结构要求互动，以强化"共享"的概念，以及确保成员可以沉默以便于他们安全地进行反思。在石油公司勘探和生产部门的团队中，一旦他们分享了各自的观点，参与方式就会发生重大的转变，同时每个人都乐于接受这一点。

练习 10.1　快速对话练习（限时 30 分钟）

（1）找到六七位同事，围坐成一个圈。

（2）假想你们是围坐在篝火旁的一个"委员会"。

（3）开场之后，每个人自我介绍并简要说明自己的现状、感受和想法。介绍完毕后，说"我参与进来了"。然后，由右手边的伙伴依次进行介绍，直至所有人发言完毕。

（4）介绍完成后，保持沉默一段时间，然后用 20 分钟时间请每个人谈谈自己的想法。

（5）最后，请每人用一两句话谈谈自己的收获作为总结。

练习 10.2　分析对话条件

（1）找到一位同事。

（2）与他相互分享在过往最为顺畅、愉悦和有意义的一至两次对话经历。

（3）依次分析对话，包括对方在对话中的性格、对话的场景、持续的时间、关注的重点及其他相关内容。

（4）分析两次顺畅对话的共同特征。概括出：良好沟通应该具备哪些条件？如何使团队满足这些条件？

04
第四部分

实践中的过程咨询

截至目前，我已经说明了过程咨询的基本理念，详细介绍了顾问在操作中必须遵循的原则以及在对话过程中的必要干预措施，以便于顾问提供计划反馈、创建更多的对话、提升团队效率。另外，我也分析了造成沟通互动和人际关系扭曲的潜在因素。现在，我会介绍在一段时间内所有这些影响因素是如何一起发挥作用的。

读者需要注意的是，"专家"（给出专业意见）、"医生"（诊断并开处方），以及过程咨询顾问这三种角色会持续相互作用。随着现实情况的不断变化，顾问或施助者需要不断相应地进行角色变换。因此，过程咨询应该被看作施助者所必须掌握的技能，而非一种专职角色。然而，施助者要想了解在何时应该扮演何种角色，就必须了解和掌握过程咨询的技能，即快速诊断、调整个人行为顺应现状、顺其自然、抓住机遇。

咨询项目的进程非常复杂，我们很难用简单的"收集信息—接触客户—签订合同—诊断—干预"的简单时间顺序来描述。在咨询过程中，顾问首先对联系客户进行干预，然后与中间客户进行交流，接着可能与主要客户一起参与到（包括一系列联系客户、主要客户，同时需要考虑最终客户及不知情客户的）项目中，共同解决客户需求和问题。在与每一种客户进行合作时，顾问都必须时刻进行诊断，及时调整干预手段以建立和巩固协助关系。谈话是实现这些目的的途径，因此保持对交流和谈话的动态关注非常重要。

第十一章将通过大量案例材料和分析性评述来说明这一点。第十二章是本书的最后一章，我将总结概括建立协助关系的基本理念。

第十一章

实践中的咨询

到目前为止，我们主要探讨了如何建立顾问-客户两人或小型团队的协助关系。但大多数咨询项目发生在更大型组织的学习或变革项目中。在这些更大的项目中使用过程咨询往往被标注为"组织发展（OD）"。当组织变革涉及人员因素时，过程咨询模型、专家模型和医患关系模型会一如既往地相互作用，推动组织发展的进程。当然，哪怕是最强的技术性问题，也依然会涉及人为因素，因此建立协助关系、在恰当的时候实施过程咨询，是任何良好咨询的共同特征。

在本章中，我更多侧重组织环境来说明这一点。顾问如何进入一个组织？如何与新客户系统的各个部分建立联系？如何选择与客户合作的环境与方法，并随着项目的发展与客户建立坚实的心理契约？

我列出的大部分案例资料源于比林斯公司。比林斯公司对我来说有特殊的意义,从 1966 年到 1993 年,我一直担任这家公司的顾问,很荣幸地被邀请参加各种工作会议,我通过在这家公司的实践获得了很多过程咨询的精髓。当然,出于对比的考虑,我也会列举一些其他组织的例子。

初次接触、进入组织

当客户组织中的某人面临或感知到某些问题时,他会打电话或写邮件与顾问联系,这就是顾问与客户的初次接触。联系客户会在电话或邮件联系中说明他感觉到的正常组织程序无法解决的问题,或者看到的无法用当前组织资源处理的问题,他希望顾问能够实施"培训干预",针对他所指定的相关主题为执行团队开展一场讲座或培训。这些主题通常与我的研究领域有关,我曾经撰写过相关的书籍和文章,包括管理发展、职业发展、沟通和团队动力、组织社会化,以及近年关于文化、文化变革和组织学习的主题。

1966 年,当我初次结识比林斯公司时,它还是一家小型的高科技制造公司。公司由三位创始人创建,他们原本都是电气工程师,因为希望实现自己的科技梦想,所以构思了一个具有不错市场前景的产品并决定付诸实践。他们从当地一家成立于 20 世纪 50 年代末的风险投资公司那里获得了一些天使投资。

我与他们的第一次接触是在 1966 年,当时我在麻省理工学院共事过的一个熟人查尔斯（Charles）给我打来电话。他当时是比林斯公司的产品经理兼总裁助理，职位级别仅次于创始人和总裁，因此查尔斯就是我的联系客户。他认为由于近期的组织变革，高层管理团队出现了沟通问题。因为公司已经制定了未来十年的快速增长战略，所以这个团队必须首先解决这些问题。查尔斯不仅知道我对组织中的人际问题十分感兴趣，也知道我在团队动力学方面经验丰富，因此他说服了总裁兼主要创始人约翰·斯通尝试将一位外部顾问引入高层管理团队。在得到批准后，他立刻给我打来电话，如果我有兴趣，他可以安排我和这位总裁见面。

界定关系：探索性会议

在前几章中，我详细介绍了如何用一种有效的方式应对初始邀请。如果首次电话或会晤被认为有所裨益，而且我认为我有兴趣且有能力解决所提出的问题，联系客户和我就会共同探讨下一步计划，这基本就是探索性会议。会议参与人员、会议地点、持续的时间、费用预算等，必须由顾问和联系客户共同决定。由于过程咨询理念要求每一项干预措施都必须由客户和顾问共同决策，所以首要问题就是创建一个解决问题的过程，以正确定义探索性会议的性质。在探索性会议中，我可能会遇到客户系统中的其他成员，但我此时并不知道他们到底是中间客户还是主要客户。

探索性会议的目的包括：

（1）精准定义问题所在。

（2）评估顾问参与是否对组织有所帮助。

（3）确认我对这个问题是否有兴趣。

（4）检验我和客户之间是否存在共鸣。

（5）如果上述问题的答案都是肯定的，顾问就可以和客户共同制定接下来的行动步骤。

在与客户筹划会议时，最重要的问题是"应该邀请谁参与"。如果由我来决定，那么我的选择标准是这样的：

（1）在公司层级较高的员工，如果其思维得到拓展，就可以有效影响公司其他人。

（2）愿意邀请顾问来解决组织问题的员工。

（3）对问题有所觉察，希望解决问题，或是目标和愿望并未实现的员工。

（4）对行为科学有所了解，在咨询过程中能保持积极活跃的员工。

我们应该避免邀请敌对、怀疑或者对咨询工作一无所知的员工参加初次会晤。如果一个或多个类似的员工出现在现场，要求我证明我能够为他们提供帮助，就会使我们的探讨主题产生偏移。如果我被迫成了一个"推销员"（证明自己能够帮助对方），我就违反了过程咨询中要让客户自己解决问题的理念。从另一个角度来说，如果客户体系中参与会议的成员对协作模式非常感兴趣，我们就能够在后期通过设置会议和场景，建设性地化解反对意见和冲突。

我们通常会花费半天的时间举行探索性会议，因为在这个会议中，我已经开始推进协助关系，所以我会向联系客户说明此次会晤会收取费用。而我所提出的诊断性问题、我对团队的观察和应对都会对团队形成初始干预，而这些干预会在一定程度上影响客户对自身问题的认知。在此次会晤后，联系客户会对问题产生新视角和新洞察，而我也在此过程中投入了时间。

在比林斯公司，我与联系客户查尔斯举行了初步的探索性会议。查尔斯坦率地提出了他对总裁在关键人物处理方面的担忧，他担心他们之间存在沟通不畅，而基于过往经验他认为公司需要引进某种力量稳定大局。我询问斯通是否同意向我求助，以及他对外聘顾问的看法，查尔斯回复，斯通和其他主要管理人员都赞成邀请外部顾问与他们合作，所有人都认为需要得到一些外部帮助。

在共同商讨后，大家决定让我参加一次执行委员会的例会，以了解实际情况。届时我会见到斯通，检验我们是否投缘。因为斯通个性极强，而我进入后会与他的直接下属紧密合作，所以这个过程十分必要。

在多数情况下，我无法从最初的接触中了解咨询的真正目标，因此我们只能在探索性会议中进一步讨论。事实上，探索性会议的一个重要作用就是帮助客户厘清他们需要什么样的帮助，但这并不代表最初接触的顾问就一定会负责进一步的项目。有时我会建议联系客户，对于我个人的最佳使用方式就是通过一至两次会议确定客户的需求。

顾问和客户双方都不会对进一步合作做出任何承诺，在这个阶段，顾问的角色更接近于医生，帮助客户决定未来需要什么样的专家。

在探索性会议中，我会提出一些探询问题，目的是：（1）描述当前问题，强调重点；（2）测试联系客户的开放和坦诚程度；（3）尽量展示我的个人风格。如果客户含糊其词，不愿意正视组织问题，对自己的需求和顾问的定位不了解，我就会更加谨慎。如果没有深入探索，就不能推进进一步的工作。如果我对于建立良好关系缺乏信心，我就可能会中止合作。如果联系客户过于关注表面问题，或搞错了我的擅长领域，又或是对基于组织心理学框架的顾问所提供的帮助有所质疑，那么我会更加谨慎。如果客户只是为了向我求证他已经采取的行动是否可行以求安心，或是只希望我快速解决表面问题，那么我不会考虑进一步合作。

埃特纳制造公司的人事负责人致电我，邀请我与他以及他的两位人事经理共同评价他们打算在整个公司推广的新的绩效评估计划，我同意在麻省理工学院进行为期一天的探索性会议。其间，公司代表向我介绍了这个项目，在他介绍的一个半小时内，我质疑了其中的一些观点，但发现客户不断地进行自我防御。随着讨论的深入，我发现客户仅仅关注他们既定的方案，从他们对待质疑和询问的态度也可以看出，他们不愿意修订方案的任何部分。他们并不需要我的评价，而只是希望得到我的认可。因此在当天结束时，我说明我仅能提出这些问题并终止了合作关系。

事实证明，处理好与联系客户的关系、在探索性会议上共同做出决定很复杂。如果没有经过深思熟虑，那么也会充满陷阱。而我的忠告是始终记住自己正努力提供帮助，而我的所作所为都是干预。当与同事复盘过往案例时，我还发现但凡后期推进不太顺畅的项目，顾问的错误几乎都发生在最初关系建立时期。

场景设置与工作方法

有一些关键问题在关系建立初期就需要确定（有些甚至在探索性会议之前就会涉及），包括设置工作场景、制定工作进度表、说明工作方法和设定工作目标。这些问题至关重要，不仅界定了与顾问相链接的客户系统，并且建立了客户和顾问的共同期望。

场景设置。 在场景设置中，我会遵循以下基本原则：

（1）顾问应该与联系客户、中间客户共同确定进一步行动的具体内容。顾问不能像举着 X 光机器的心理学家一样徘徊在组织外部，仅对引起他注意的事物进行观察。如果客户能够单独与我沟通，而非将我直接带到组织中，那么对我来说会更理想。事实上，在我了解问题和组织政治生态之前，我会避免直接接触客户组织。我曾多次遇到类似的情况，联系客户或中间客户只是想利用我玩弄政治手段，他们邀请我做讲座或出席会议，向他们的团队显示他们的高深莫测。只有当顾问与客户相处融洽时，顾问才能真正参与进来应对客户的问题。

（2）应该尽可能让更高层级的人参与到项目中。首先，层级越高的人员，越能体现出组织中的基本规范、价值观和组织目标。他们奠定了组织的基调，制定了组织高效运转的标准。如果顾问无法接触到这个群体，他就无法了解组织的基本规范、目标和准则，就无法履行自己的道德责任。

只有当顾问认可组织的规范、目标和准则时，他才能够帮助组织来推动实现这些准则。如果顾问认为组织的目标违反基本道德或是出于某些原因他无法接受，那么他可以尝试改变组织目标或者选择终止合作关系。顾问不能抛开组织中领导的意图而自行其是。

其次，参与者层级越高，变革带来的回报也就越大。顾问如果能够帮助总裁了解组织过程并帮助他改变相应的行为，总裁就能够进一步影响他的直接下属，从而实现在组织中逐级影响。更通俗地说，顾问应该找到组织中最有影响力的场景或群体，从而施加影响。通常来说，这往往是高层团队。

（3）场景设置应该便于观察，包括问题解决、人际互动和团队协作的过程，通常会安排为每周或每月的例会，或是客户团队定期共同处理事务的活动。顾问不仅要观察成员与顾问的互动，更要关注成员之间的互动。因此，调研问卷和访谈都只是权宜之计，顾问必须想方设法观察到成员日常相处的情形。

（4）场景设置应该尽量融入工作之中。顾问应该尽量避免团队与他见面会晤只是为了应对顾问访谈或接受培训。在团队与顾问建立信任关系之后，可以召开这样的会议。而此时还为时过早，团队对顾问还没有产生足够的信任，因此他们还无法进行有效的人际关系讨论。与此同时，顾问所收集的数据也不足以帮助团队展开此类讨论。因此，顾问定期参与到例会或工作会议中是很好的选择，因为这样，顾问不仅可以感知团队成员更加自然真实的表现，还可以了解团队成员的具体工作。

通常来说，在与联系客户共同设置场景的过程中，顾问会向联系客户介绍以上原则。同时，顾问还会向联系客户传授一些计划性变革、组织过程和组织动力学方面的知识。

工作方法。工作方法应该尽量遵循过程咨询的原则和理念。顾问不应该躲在某个会议室而应该广泛被团队成员接触到，以便于随时进行沟通交流。这样的方式也可以避免顾问看起来像是诊断专家，使用特殊工具得出客户无法理解的结论。最好采用观察、非正式访谈或团队讨论的方式，向团队说明顾问并没有现成的答案或标准的专家解决方案，同时也表明顾问欢迎提问和互动沟通。顾问所提出的问题必须与客户需求相关。我通常会选择在初期提出一些简单的询问，与客户系统或团队会议中一起合作的人员建立关系。访谈者在访谈中，不仅需要介绍自己，也需要了解他人。

许多咨询模型会要求顾问对客户系统中的每一个人进行访谈，但我对此并不认可。探索性会议表明，并不是客户系统中的每一位成员都能够随意发表言论，除非我设置了私下的非正式场景，或是在我安排的会议中，议程要求成员畅所欲言。在这种情况下，我和联系客户会策划一系列个人访谈，但是对访谈的人选确定或选择理由，顾问应该与联系客户或中间客户共享。但这种个人访谈的方式不应该成为顾问使用的常规方式，因为顾问会因获取了他人不了解的信息而自动进入专家角色。

如果顾问使用问卷、调查表或测试，或使用包含大量术语的方式进行调研，被访谈者就无法对顾问有所了解。同时，收集数据、进行诊断的技能对于被访谈者来说过于神秘深奥，一旦顾问被蒙上了"神秘的面纱"，就无法为被访谈者所真正信任，被访谈者也就无法以诚实的态度来回答问题。因此，除非得到了客户体系的一致认可，否则我不愿意使用这些工具中的任意一种。

为了说明这些过程的发展，我会通过介绍一些案例，来展示与客户系统建立联系的各个方面。

在比林斯公司，我们将执行委员会的某次例会安排为探索性会议。在这次会议中，我与创始人兼总裁斯通以及执行委员会的其他一些主要成员见面，深入探讨进一步的计划。我们在斯通办公室隔壁的会议室开会，中间是一张椭圆形的长桌，上面悬挂着6只可以活动的机械手，每个机械手的食指指向前方。当有风吹过时，机械手会指向不同的方向。这不禁让人联想到随意指责的过程，我也开始对这个组织的氛围展开了联想。

在会议中，我对"局外人"帮助团队或组织提升效率的想法产生了浓厚的兴趣。我还发现，这个团队愿意建立开放的关系。我解释了通过观察和适当地进行过程干预来提供帮助的理念，建议对执行委员会团队中的每一位成员进行个人访谈以加强了解。同时，我建议我持续地参加执行委员会每两周半天的例会,而个人访谈会安排在我参与几次例会之后进行。他们对此表示了一致赞同。

在探索性会议中,我观察到很多关键细节。譬如斯通不拘小节却非常强势;团队成员与总裁之间的关系是关键,成员彼此之间的关系并不太重要;斯通是一个自信的人,他看到我的价值就会允许我参与,如果他认为我无法发挥价值,就将毫不犹豫地和我中止合作关系。

斯通认为没有必要和我单独面谈,这一点既令我印象深刻,也反映了他的管理风格。他对自己在团队内与我沟通的方式感到很满意。在首次会议快要结束时,我提出和他进行一次单独对话,以确定我们的风格匹配和心理契合度如何。当我和他进行一对一对话时,他感到极其不自然,没有什么想要和我分享的内容,对我所提出的人际互动的观点也兴致寥寥。一对一对话旨在检验他对于个人行为反馈的接受程度。他对此表示接受却并不在意。我后来了解到,他的态度反映了他对于个人权力和身份的强烈意识,他认为非常了解自己,并不在意他人的反馈。

斯通也很明确地向我表示,他需要的是整个团队的效率提升,而不是针对某些特定问题的解决方案。对于他允许我定期参加工作例会,我感到很惊讶,也很高兴。基于对客户的定义,斯通和他的团队显然是我的主要客户,我将从参加执行委员会例会开始,集中精力帮助该团队更有效地运作。

在博伊德日用品公司,我以同样的方式展开了咨询。在我与总裁的探索性会议中,我询问他是否定期与直接下属举行会议,他告诉我他们有周例会。因为这是一家本地公司,所以我以参与例会的方式开始了我的工作。在会上,总裁向团队介绍了我,说明了邀请我参加会议是为了帮助团队更有效地运作,然后请我介绍了一下自己的角色。我对过程咨询做了简要介绍,并说明了一些其他相关概念。我申明我不会积极踊跃发言,希望团队能够像往常一样工作,我会在必要的时候给出评论。在几次会议之后,我逐一访谈了这个团队的七位成员,在进一步了解团队的同时帮助团队调整目标以提升效率。

在中央化学公司,模式完全不同,因为路途遥远,所以我只同意花一周的时间提供服务。这是一个从教育干预开始的案例,我首先为他们举行了管理变革的工作坊。

联系客户是该公司组织发展团队的一员,他十分了解如何最大化地发挥顾问的作用。在联系我之前,他咨询了我的同事迪克·贝克哈德,对于即将实施的变革项目,他们建议以研讨会的形式进行,主题是帮助业务经理提升诊断能力并改善行动计划。迪克就能否在英国举行类似的研讨会征询了我的意见,在得到我的同意后,联系客户向我介绍了关于研讨会的细节。

在确定采用研讨会形式之后,我和同事一起安排了这一周的计划,我们一致同意应该根据实际情况来修正和完善计划,因此计划直至我在会议前一天抵达研讨会场所才最终确定。但我们做出了一项关键决定——只邀请希望改善自身工作状态的经理参加,并要求其下属中负责人事职能的一名同事与他一并参会,这样我们就可以探讨团队变革问题。

几个月后，当我到达中央化学公司时，我与联系客户（内部顾问）、他的上司（人事总监）以及对此项目感兴趣的人事部门成员进行了会面。我们一起审视了研讨会目标和日程安排，决定保持方案的灵活性，随着对变革目标的深入了解而适当调整，并决定由内部顾问和我一起实施该计划。研讨会的地址设置在英格兰北部偏远地区的培训中心，团队全体成员（共18人）每天将集中研讨。联系客户负责基本安排，研讨内容由我来提供。

在比林斯公司和博伊德日用品公司，我直接参与到工作小组中，而在中央化学公司，我通过举行研讨会帮助管理人员更好地完成任务。第三种模式是将这两种方法结合，即为了解决组织内的某个特定问题而举行会议，顾问负责会议筹划和引导，由与会者献计献策来解决问题，详见以下美国国税局的案例。

这个项目发生在20世纪60年代，当时美国国税局培训部门的一些员工在几年前就开始接受敏感性训练，后来他们又将这个项目引进作为中高层管理者的发展项目，在分析组织过程方面积累了大量经验。越来越多的成员意识到该组织的主要挑战是总局与各个外地分支机构之间的矛盾，如决策权下放多少的矛盾、现行机制是否符合最初决策权下放规则的矛盾、责权范围方面的矛盾。

该组织在总局设置有强有力的职能负责人，他们经常与各区域负责地方税收的局负责人发生冲突。为了完善税收运作机制和提高组织形象，总局经常会实施一些全新的财务计划或公关方案。而总局往往会试图绕过正式的分局部门组织，直接与各分局中的财务人员和业务人员进行对接，这导致了各分局对总局的不满和矛盾。

总局培训团队获悉，核心管理团队（包括总局和分局的）共 15 人会定期召开年会。培训团队的一位成员致电我，询问我是否能够为这个团队组织和策划一次引导他们学会解决组织内部问题的会议。

我与培训团队的几位成员进行了一次探索性会议，了解到美国国税局从未外请过顾问，他们也不了解局长和各位高层对这个建议的看法。但他们此前在对参与敏感性训练的部分分局负责人进行民意调查时，了解到关于"引入行为导向外部顾问"一项大家都很期待，因此他们敢于尝试组织此次会议。

随后，由培训负责人、两位培训骨干和一位积极的分局局长组成了核心小组。我们进行了一天的探索性会议，探讨确定了下一步的策略。为了确保会议的效果，我们应该让大部分参与会议的人员参与到会议的筹划和设计中来。因此，我们组建了另一个策划小组，由数量相同的总局人员和分局局长组成。该小组通过两天时间策划了整个会议，然后将策划方案提交国税局局长审批。

在这两次会议中，我作为顾问的角色至关重要。在为期两天的策划阶段，我引导他们放弃了由我进行培训讲座的传统形式，而选择由我抛出总局与分局之间的各个问题，供他们讨论。与此同时，我必须承担成功组织会议的责任，并为自己找到一个合适的角色进入会议。

经过两天的策划，会议方案概要如下：

（1）为期三天的会议的主题是对整个组织顶层设计的探索，旨在有效改善组织关系。

（2）整个会议由我主持，避免总局或分局人员主导讨论。

（3）会议议程依据迪克·贝克哈德提出的一个模型而设计，即每位与会者提前通过邮件将他当前所面临的重大组织问题整理好发送给我。我通过邮件整理出最核心的问题和主题。这些内容将在为期三天的会议中逐一进行讨论，并构成三天的议程。

首先，邮件这种形式为每个人提供了畅所欲言的机会，避免了激怒上级或其他同事；其次，这样的方式让我能够在会议开始之前收集所有与会者的信息；最后，每位与会者都有机会参与到会议议程的制定中来，而非像此前一样由局长或副局长个人制定议程。由此可以预料，所有成员从一开始就将更多地参与到会议中。

当然，用邮件收集信息也会存在一些问题：（1）撰写邮件有时会有所夸大，难免言过其实；（2）我们很难确定，所有与会者会坦率地相信一位素未谋面的教授，并将组织存在的严重问题告知于他。然而，我们还是决定采用这样的方式，为了降低风险，我们请策划小组成员和与他们相识的与会者进行沟通，呼吁他们开诚布公地进行准备。

当我们就会议方案达成共识后，将其提交局长审批并得到了他的大力支持，因此形成了最终的计划。我向策划团队指出，局长和副局长必须谨慎地扮演好各自的角色，如果他们太强调自身的权力地位而减少对组织问题的关注，整个团队就会退缩沉默，最终问题将无法有效解决。我与局长和副局长都进行了沟通，让他们理解了这种全新的会议模式,了解了潜在风险并勇于承担。

当准备就绪之后,团队决定由副局长发出邮件通知,向与会者说明会议形式并邀请大家撰写并给我发送邮件。策划团队负责跟进,以确保每位与会者都充分理解会议要求并按照要求执行,同时也让与会者都了解此次会议的内容和议程都来自与会者本身。

这个看似漫长的过程对成员参与到面向过程的会议中来至关重要。虽然最初的想法来自培训部门和我本人,但这些(面向过程的)想法显然对总局和分局的与会者产生了很大吸引。如果没有他们的鼎力参与,会议就无法保证效果。

这些邮件对现状给出了坦率的评价,我从这些反馈中整理出足够多的问题,并筛选出了高度相关的议题作为会议议程。因为议题是从被提及频次较高的问题中进行选取的,所以可以让大家集中讨论或深入挖掘而不用担心某位参与者感受到威胁。我主持了会议,与会者就未来总局与分局之间如何建立有效的关系达成了共识,局长和副局长都完全融入了团队,而没有像往常一样主宰整个会议。

通过精心筹划协助过程,我们顺利解决了困扰他们多年的紧张关系这一棘手问题,我们客观公开地讨论了这些问题并做到了对事不对人。从而,我们营造了一种高效解决问题的氛围,不仅可以建设性地处理难题,还可以规避森严的层级制度阻碍。从这个案例中我也学到了,最终结果的好坏,很大程度上取决于外部顾问和各种内部客户之间的协作与干预。

通过这些案例,我想表达的是,工作方法是可变的,而且它与初次接触客户和探索性会议中所了解的现实紧密相关。咨询并没有标准的方案，关键是要让客户充分参与，共同决策确定最有效的推进方式。同时，如果我认为客户建议的方案并不可行，那么我也会直言不讳地提出。例如，客户会建议我在探索性会议之前对所有参与者进行心理测试，这时，我会尝试说服客户，说明这种做法是不妥当的。在讨论中，过程咨询的原则会不断地被应用和检验。如果我认为客户的策略并不正确而客户一再坚持，那么我会尝试让自己放弃一定要说服客户的想法。值得注意的是，让与会者给我写私人邮件的"技巧"的目的是最大化地让客户在解决问题的过程中参与进来。而如果没有这样的过程，他们将以被动、依赖的状态参加会议，等待领导推进议程。所有这些考虑都与"心理契约"的概念息息相关。

心理契约

心理契约是指除了会晤时间、时长和费用等基本信息之外，顾问与客户对各自付出和收获的一系列期望的总和。许多咨询理论主张，在一开始就尽可能正式和明确地提出这些期望，但以我的经验来看，试图明确表达所有人的期望既不太可行也收效甚微，这是因为双方都很难把握不断变化的现实，都无法正确评估付出和收获，即使签订了正式的协议也往往不能如愿。因此在每个阶段，我们都可以坦率地说出自己的期望，但这种期望应该包括对于最终目标、发展趋势和可能出现的问题的不确定性。

在比林斯公司中，斯通和我之间的心理契约并不明确。虽然我们彼此都有着良好的意愿，但最初我们都不清楚我的参与能否发挥作用，以及合作关系的发展趋势。这种模糊的心理契约并不仅仅是因为处于合作初期，也反映了斯通的管理风格，然而当时我并不知道这一点，斯通也无法向我解释。正如他在数年后谈论起我对公司的贡献时所说到的："当我发现某个部门存在问题时，我会请沙因先生和他们谈谈，然后就希望问题迎刃而解了。"

虽然斯通希望我实施干预并解决问题，但他并不希望我对他自身进行干预，他也没有兴趣检查我的工作。实际上，有时当我向他汇报我的工作进展时，他表现出毫无兴趣甚至有些厌烦。他并不愿意干涉我的工作，只有当我明确指出根据我所观察或发现的事情，需要他改变行为并加以配合时，他才会参与进来。

另外，我了解到斯通的一个重要需求是向一位中立的外部人员倾诉自己的想法。我曾花费许多时间倾听他的管理理念、对公司和下属的看法，以及他的烦恼。我们通常都会提前约定议程，但可能在几分钟内就转换了话题，接下来我们可能花费一个小时或更长的时间来讨论斯通当天的各种想法。我不得不学会灵活应变，有时可能只是默默倾听，有时却需要激烈地反驳他的观点。斯通需要与他人共同思考，他总是说："当我独自思考时，总是难以明智地决策。但当我与一群聪明人一起讨论时，我的思维会快得多。"

在员工会议中，我也能够按照自己的计划行事。虽然斯通和他的下属希望我尽量参与并竭尽所能，但他们并不会要求我做什么以及何时去做。虽然团队成员也希望我对他们有所帮助，但只有当我采取具体行动之后，他们才能预见到我能够提供何种帮助。除此之外，我们并没有对项目角色进行准确界定，而这正是比林斯文化的重要体现。角色和职责往往模糊不清，但该团队完全乐于接受这种不确定性。在这种企业文化氛围下，按照正式合同协议履行完全行不通。

我的费用账单详细记录了我花费时间的地点和方式，人力资源部门的副总裁负责支付费用。随着合作关系的发展，这位副总裁成了我的"内部线人"。我们花费了大量时间探讨斯通的想法，以及如何正确地处理他提出的各项议题。我和这个团队的其他成员也会保持类似的谈话。所以从某种意义上说，我同时担任了整个团队的私人顾问。

正如前文所提到的，模糊的心理契约在过程咨询中乃是常态。实际上，因为顾问和客户都无法准确预测他们所面对的现状和未来，所以过程咨询的基本理念反对死板的咨询程式安排。需要确定的只有客户需要的时间量、顾问能够提供咨询的时间量，以及顾问的计费标准。即使在时间量预估方面，我认为在初期以开放的方式来设定时间量也极为有效，即我们会按照需求的最大时间量来设定，但并不一定会全部使用。最核心的标准依旧是，基于客户所面对的现实，什么是最能帮助客户的，什么是最有价值的。

我既可以承诺每月为客户服务的天数，也可以按照小时或天来计费，但我既不愿意承诺签订长期合作协议，也不愿意客户按照格式合同将我束缚住。我认为理想的状态是，一旦合作关系不尽如人意或无法奏效，任何一方都可以终止合作关系，这可以保证双方合作的基础是获得实际价值，而不是单纯地履行合同义务。

从另一个角度来说，顾问和客户都应该按照双方约定给予项目足够多的投入时间。如果我每月只能抽出一天时间，而客户问题的解决需要投入更多时间，那么我从一开始就不应该与客户建立合作关系。我会尝试计算一个给定项目在正常情况下的合理时间花费，并确定自身有足够的时间，这时我才会接手这个项目。对客户来说，在预计成本时需要注意，如果他需要顾问投入更多时间，那么他应该准备好足够的资金来支付费用。除了与客户签订的咨询框架合同外，我们之间并没有任何形式的正式文本协议。当就按天计费的标准达成一致之后，我会记录我每月投入的时间，然后将账单每月发送给客户。

我会在合作初期尽量搞清楚客户有意或无意隐瞒的期望，因为这些期望有可能需要我违背个人意愿采取某些行动。譬如，除了希望我解决所提出的问题之外，客户还希望我以其他方式提供帮助，包括对下属进行评估，处理"问题员工"，指导如何处理具体管理问题，支持决策，协助宣传决策，担任沟通渠道，以及调节冲突，等等。我必须尽早地了解这些期望，以免在日后无法达到客户期望时成为陷阱或失望的源头。然而，如果客户确实隐瞒了某些动机，我能做的就是小心诊断、避免陷阱。

对我自身而言，我必须清楚地了解我对客户系统以及自己作为顾问的期望。例如，我希望进行访谈、探索问题并花费足够多的时间来了解现状；希望在过程导向的咨询活动中得到客户的支持；希望团队成员能够成为共享诊断和其他干预措施的责任人。我必须明确指出，我并不是处理组织及其特有文化的人际关系专家，但我会尝试通过提供其他工具和系统全面地引导客户思考来帮助客户解决这些问题。此外，我必须指出，我会通过观察员工的工作状态、访谈或其他双方认可的途径来收集信息。最后，我必须明确指出，当我参与会议时，并不会慷慨陈词，只有在必要的情况下才会对现状加以点评或给出反馈。因为在通常情况下，客户在聘请顾问后都会认为他们有权坐下来听取顾问的培训或汇报，然而，顾问花费几个小时只坐在团队中观察，却很少发言，这不仅会违背团队成员对顾问的期望，还会使团队成员因顾问的观察而产生焦虑。在合作初期，我越能让大家相信我不会收集任何对个人不利的信息，日后的观察合作将越顺利。

需要说明的是，我所指的客户不仅仅是联系客户或高层管理者，而是与我一起工作的整个团队，即整个组织乃至更大的社群。因此，我不会支持任何可能对特定组织（如员工、顾客或供应商）造成伤害的决定，虽然我可能与他们从未谋面。这种不知情客户和最终客户是过程咨询中最棘手也是最重要的考虑因素。我所知道的其他一些顾问，他们中的许多人实际上都会将客户系统中的最高级别管理者（如总裁）定义为主要客户，为他出谋划策，协助他实施各种干预措施，尽管这些措施可能会对组织中的其他人造成伤害。

相比而言，我所采用的方式不会让合作方认为我在"兜售"谁的观点和决策，因此我更容易获得他们的信任。我的工作角色更像是助产士或催化剂，而不是变革项目的马前卒。一旦我赢得合作方的信任，我在组织中的工作就会更加游刃有余。

在比林斯公司，当我与斯通和他的六位核心下属共事几个月之后，他们都将我视为潜在的有效沟通渠道。我的首要任务是聚焦于整个团队和执行委员会会议，但通过随后几个月我分别对他们进行访谈，他们都有机会向我陈述对于会议的期望。随着关系越来越密切，他们也开始真诚地邀请我将任何我认为需要向他们反馈的内容告知他们，这些内容主要是团队中其他成员的感受和反应。尤其是，他们想通过我知道斯通对于某些事物的看法，也希望我将他们的看法传递给斯通。因为他们彼此相互信任，对我也非常信任，所以他们将我与其他人的联系视为一种额外的有效沟通渠道。他们会非常开放地分享对彼此以及斯通的看法，因为他们了解我会很好地传递他们的意见和反馈。他们并不希望我对他们所陈述的事情完全保密。

这个现象引起了我的注意，在我最初的认知中，我成为类似的信息传递渠道并不是理想的方式，这也反映了他们缺乏直接沟通的能力。因此，我采取了两个措施：其一，我努力训练他们直接表达自己的感受；其二，当我认为有助于实现他们的工作目标时，我会通过协助他们传递无法分享的信息和意见来直接干预他们的工作过程。

一个简单而关键的事例可以说明这一点：皮特（Pete）和乔（Joe）在某种程度上是竞争对手，他们很少相互交流。皮特完成了一项研究并撰写了报告供整个团队讨论。在提交报告的三天前，我到访公司并在皮特的办公室和他进行了交流。我询问报告的进展情况，皮特回复说一切进展顺利。但他坦率地表示乔没有找他拿与乔的工作相关的备份数据，他对此表示很困惑，同时认为这是乔对他不尊重的表现。

一小时之后，我遇到了乔，并向他询问了备份数据的问题（我之所以单方面决定干预，是因为我认为这么做会有所帮助）。乔正忙于准备会议，他表示关于皮特所提到的备份数据，他确定是保密数据，虽然他非常希望得到这些数据，但他确信皮特绝不会提供给他。

我告知了他关于皮特愿意分享数据的消息，他大为震惊。他当天晚些时候就去找了皮特，皮特热烈地欢迎了他，并提供了乔希望得到的三份数据。我仔细评估过向乔透露皮特的想法是否会伤害到皮特或乔，我判断潜在收益应该很明显地大于风险，因此我便这么做了。事实也正如我所料。

我和比林斯公司管理层团队成员的心理契约显然已经超出了我们的预期和目标，然而这是根据实际情况而发展的，在不同情况下，结果可能会截然不同。

结　语

接触和进入组织的过程、场景与工作方法的选择，以及心理契约的演变都是灵活多变的。重要的是必须让联系客户与顾问共同设置进一步的工作场景和工作步骤。所有决策都必须遵循过程咨询的基本假设，以便于保证客户所获得的学习内容可以自我延续。顾问需要在即时干预措施设计方面成为专家，要让这些措施在有所帮助的同时揭示更多现实。此外，必须始终将顾问的反应视为一种干预和新数据的一种来源。

最大的难点在于诊断过程和干预过程同时发生。我既需要保持对于现实的开放性，也需要意识到我的口头回应、面露困惑、保持沉默、争论或提问都是直接干预。我不能长时间地思考决定下一步对策，所有的决定都必须瞬间完成。始终要牢记我所做的一切皆是干预。

第十二章

正确对待过程咨询和协助关系

本章旨在总结、评论和反馈。在此我要感谢我的同事奥托·夏默尔和他的妻子卡特琳，他们仔细认真地阅读了本书的初稿并提出了很多宝贵意见，这让我更加深入地思考了一些问题。另外，迪克·贝克哈德、沃纳·伯克、迈克尔·布里姆和大卫·科格伦的反馈意见也让我受益匪浅。他们的建议和想法丰富了本书的内容，大大增强了本书的说服力。

关于最后一章的内容，我想首先回顾一下过程咨询的十项基本原则，因为这十项基本原则对于反思、复盘的作用尤其重要；然后，我会聚焦其余的一些问题，尤其是与过程咨询教学相关的问题。

过程咨询的精髓——十项基本原则

当我们反思过程咨询和建立协助关系时，不禁会发问：过程咨询理念的"不同"之处精髓何在？为什么我们要学习和掌握这种技能？基于我 40 余年的实践总结，我认为其精髓在于"关系"这个词。坦白地说，在所有涉及个性、团队动力和文化等的人际互动中，"协助"成功与否的决定性因素都是施助者与需要帮助的个人、团队或组织之间的关系。从这个角度而言，从与客户开始接触起，我所有的一言一行都是对客户的一种干预，这些干预会让客户和我对现状做出诊断，同时建立协助关系。而衡量我成功与否的标准就是我是否真正提供了帮助，以及客户是否感到有所受益。

另外，在建立协助关系过程中有一些基本原则，我需要不断地提醒自己牢记，让我们来回顾一下：

（1）**始终尽力提供有效帮助**。很显然，如果顾问无意提供有效帮助或解决问题，协助关系就无从谈起。在所有人际关系中，提供有效帮助的意愿是建立良好关系并促进相互学习最有力的保障。

（2）**永远从当前现实出发**。如果无法了解自身和客户的真实想法和实际情况，顾问就无法提供帮助。

（3）**探索未知信息**。深入了解自己的唯一途径就是将真正掌握的信息与自以为了解的信息、一无所知的信息区分开来。实践证明，这也是了解未知领域最有效的方式。要想验证期望或假设，我必须进行探索，努力发掘出哪些是我真正不知道和应该了解的信息，就如同扫描大脑数据库，找到那些空白的存储空间一样。如果我对答案一无所知，就应该虚心向人求教。

（4）**顾问所做的任何工作都是对组织的干预**。与客户的每次互动不仅会得到诊断信息，同时也会对客户和顾问产生一定影响。因此，我必须对自己的言行负责，谨言慎行以建立良好的协助关系。

（5）**问题诊断与问题解决的责任人是客户自己**。顾问的任务是建立关系帮助客户，而不是代替客户来解决问题，也不是站在客户情境之外对客户指手画脚。

（6）**顺其自然**。由于我缺乏对客户真实情况的了解，因此我必须尽量顺其自然，不能根据自己的感受来判断未知的情况。而当协助关系达到足够的信任度，客户与施助者对现状也有了共识之后，协助关系就会向共享和双赢继续发展。

（7）**选择时机至关重要**。实践检验证明，无论是表达观点、澄清问题、建议方案还是说明其他任何我想要说明的事物，都必须把握与客户匹配的时机。在不同时间说出相同的话会产生完全不同的结果。

（8）**建设性地寻找干预机会**。当客户表达出对新知识的兴趣时，当客户表达愿意关注新观点时，都是干预的好时机，顾问应该抓住机会充分利用。而此时，顾问最重要的工作是找到可以帮助客户建立优势和积极动机的领域。

（9）**所有的尝试都能够获取信息：错误无法避免，恰是学习的源泉**。无论我如何遵循原则，我的干预都依然可能会对客户产生意想不到的不良影响。我需要从错误中进行学习，而非自我辩护或感到羞愧内疚。我无法通过完全了解客户的所有信息来规避错误，我能做到的是当每次错误发生时，我能够从中更加了解自己和客户的实际情况。

（10）**迷茫时，与他人分享问题**。在咨询过程中，难免会出现精疲力竭、无所适从、灰心丧气或寸步难行的情况。在这种情况下，最有帮助的方式就是与客户分享我的问题。我们处理的就是客户的现状和问题，因此将客户纳入我的工作是完全可行的。

这些基本原则并没有规定具体咨询的做法，而是提供了正确的思维方式。当情况模棱两可时，这些原则可以给我指明方向。

我们能否将干预分类

在本书的前期版本中，我试图对干预进行分类。但当我反思这些分类方法时，我发现类别并不重要，真正重要的问题是，我们需要弄清在不断发展的关系中，在特定时机应该如何干预更有帮助。我喜欢"促动式干预"的概念，这意味着顾问在综合所有因素之后可以选择在任何时间给出最有帮助的干预措施。当然，顾问应该掌握干预的基本技能，包括提问、联系、调查反馈技术等，其中很多在前文中已有提及，并在其他有关组织发展的图书中有很详细的描述。

然而，掌握各种干预技能并不意味着你能够满足当下需求并推动协助关系。恰恰相反，太着眼于干预技能反而会让你忽略现实，因为人们总是在寻找机会发挥个人特长。好比说当你有一把锤子时，你看什么都像钉子。那么最基本的技能应该是什么呢？

显性知识、训练技能、隐性技术

当我举行过程咨询研讨会时，学员们常常反映我给年轻顾问的建议只适合我自己——因为我经验丰富，地位尊崇——并不适合他们。这个问题包含两个部分：首先是我究竟掌握了哪些他们不具备的知识？其次是在建立协助关系中，显性知识、基于训练的技能以及基于经验的隐性技术的作用各占多大比重？细心的读者会发现，在全书中我并没有罗列这三个知识层次的区别，原因在于它们与建立协助关系都息息相关。显性知识（如几个章节中介绍的简化模型）至关重要，对于新顾问来说，他们要尽可能多地了解心理学、团队动力学与组织动力学；但是仅有显性知识还不够，我们可以通过参加研讨会、实习和反复实践掌握技能和最为关键的隐性技术。相比年轻顾问，我的后两种知识显然要精深得多。但正如我反复强调的，过程咨询的核心是处理现实，因此新手必须从个人的实际情况出发。

比如说，与我合作的某个管理者对我的工作非常了解，他知道我是过程咨询专家。我必须接受这个现实并采取对应的干预措施。如果是一位年轻顾问，他知道对方并不了解他的经验和技巧，那么他必须从现实出发。因此，虽然我和这位年轻顾问会采取不同的干预措施，但我们都会竭尽全力建立良好的协助关系。虽然我们的协助关系的发展阶段可能不同，但经验丰富与成功并没有必然联系。

我曾经观察过新顾问在各种情况下的应对，他们失败的原因往往是没有坚持过程咨询的原则，过早地进入了专家模型并给出建议。这些错误显然是缺乏经验的后果，并不能证明这些原则毫无价值。如果新顾问能够坚持施助者身份并避免上述错误，他就能像我一样获得成功。

在"管理计划变革"课程中，我不止一次观察到这一点。当我教授该课程时，我会安排角色模拟来进行演练。当我扮演顾问时，我固然能有所帮助，而当我扮演客户，由学员来扮演顾问时，那些遵循过程咨询原则的学生可以表现得比我更好。他们成功的要素并不是练习的时间足够长，而是他们愿意放下顾问／专家的身份来了解现实，因此他们能够获得更多的洞见。

不可否认的是，协助关系能否有效建立还要看客户与顾问的个性风格是否匹配。两位经验丰富的顾问可能会建立两种截然不同的有效的协助关系。很多时候，客户并不会仅仅根据联系客户所介绍的我的相关信息就决定合作，他们会希望和我见面，以测试彼此的个性风格是否匹配。从这个角度来说，个性风格匹配的重要性会远远大于经验的影响。

总之，隐性技术和技能固然重要，但新手顾问也可以凭借他的个人经历胜任工作。相对于经验不足而言，对于协助这个概念的认知不足、不严格遵守过程咨询的原则才是真正的问题所在。

结　语

有时，我会反问自己为什么对过程咨询如此热衷。我从个人经历中吸取了经验和教训，并希望和读者分享。在观察自己和他人提供帮助的过程中，我反复发现了一些简单的真理。虽然我们已经在心理治疗、社会工作、教学和辅导过程中掌握了很多类似的真理，但我们坚持认为组织咨询与众不同。很多顾问反复强调进行正式诊断、撰写书面报告和给出解决方案的重要性，否则他们就认为自己没有尽责。我们已经在其他服务行业中学会了如何调动客户的积极性，如何引导客户规划自己的学习进度，以及如何帮助客户提升认知并解决自己的问题。为什么我们不能把这些知识运用到组织管理和咨询领域中？这个问题令我十分困惑。

我尝试提出疑问，是不是销售产品、推广项目、进行诊断或给出解决方案要比"售卖"帮助更简单？咨询公司是企业，不可避免地会面临财务生存的压力，需要提供消费者愿意花钱购买的产品和服务。但一旦咨询成为一项业务，它和我所理解的咨询就会有所差异。咨询公司会转变为售卖专家服务的企业——售卖信息、创意和解决方案。但它们是否会出售"帮助"呢？我很难确定。

施助者也需要谋生，因此会根据服务收取费用。但心理医生和社会工作者并不会在接触到客户之初就确定诊断方法、形成正式的治疗方案，而会以一个长期项目来进行运作。他们会先与客户建立关系，只有当客户认为需要进一步服务时，他们才会提供这项服务。这种合作关系就是我所期望的，由客户对问题负责并自主决定是否需要进行调研、举行工作会议或与某家咨询公司签订两年变革项目的正式合同。但遗憾的是，大多数管理咨询和组织咨询公司都没有能够做到这一点。

我之所以强调先建立关系的重要性，是因为与我合作的很多组织都曾经花费大量人力物力引进大型咨询项目。他们虽然投入巨大但往往收效甚微。因此我认为，只有与客户系统各层级人员建立合适的关系，顾问才能够提供帮助。而这种协助关系的建立，需要施助者明确自身的定位并循序渐进。归根结底，本书就在讲述这种定位。

Authorized translation from the English language edition, entitled Process Consultation Revisited: Building the Helping Relationship, 9780201345964 by Edgar H. Schein, published by Pearson Education, Inc., Copyright © 1999 by Addison-Wesley Publishing Company, Inc.

All rights reserved. No part of this book may be reproduced or transmitted in any form or by any means, electronic or mechanical, including photocopying, recording or by any information storage retrieval system, without permission from Pearson Education, Inc.

CHINESE SIMPLIFIED language edition published by CHINA RENMIN UNIVERSITY PRESS CO., LTD., Copyright © 2022.

本书中文简体字版由培生教育出版公司授权中国人民大学出版社出版，未经出版者书面许可，不得以任何形式复制或抄袭本书的任何部分。本书封面贴有Pearson Education（培生教育出版集团）激光防伪标签。无标签者不得销售。

图书在版编目（CIP）数据

过程咨询. Ⅲ, 建立协助关系 /（美）埃德加·沙因著；葛嘉，朱翔译. -- 北京：中国人民大学出版社，2022.1

ISBN 978-7-300-29646-3

Ⅰ.①过… Ⅱ.①埃… ②葛… ③朱… Ⅲ.①咨询服务 Ⅳ.① C932.6

中国版本图书馆 CIP 数据核字（2021）第 161092 号

过程咨询Ⅲ：建立协助关系

[美] 埃德加·沙因 著
葛嘉 朱翔 译
Guocheng Zixun Ⅲ: Jianli Xiezhu Guanxi

出版发行	中国人民大学出版社		
社　　址	北京中关村大街 31 号	邮政编码	100080
电　　话	010 - 62511242（总编室）	010 - 62511770（质管部）	
	010 - 82501766（邮购部）	010 - 62514148（门市部）	
	010 - 62515195（发行公司）	010 - 62515275（盗版举报）	
网　　址	http://www.crup.com.cn		
经　　销	新华书店		
印　　刷	北京联兴盛业印刷股份有限公司		
规　　格	160 mm × 230 mm　16 开本	版　次	2022 年 1 月第 1 版
印　　张	20.75 插页 2	印　次	2022 年 10 月第 2 次印刷
字　　数	210 000	定　价	79.00 元

版权所有　侵权必究　印装差错　负责调换